DAS LEONARDO-PRINZIP

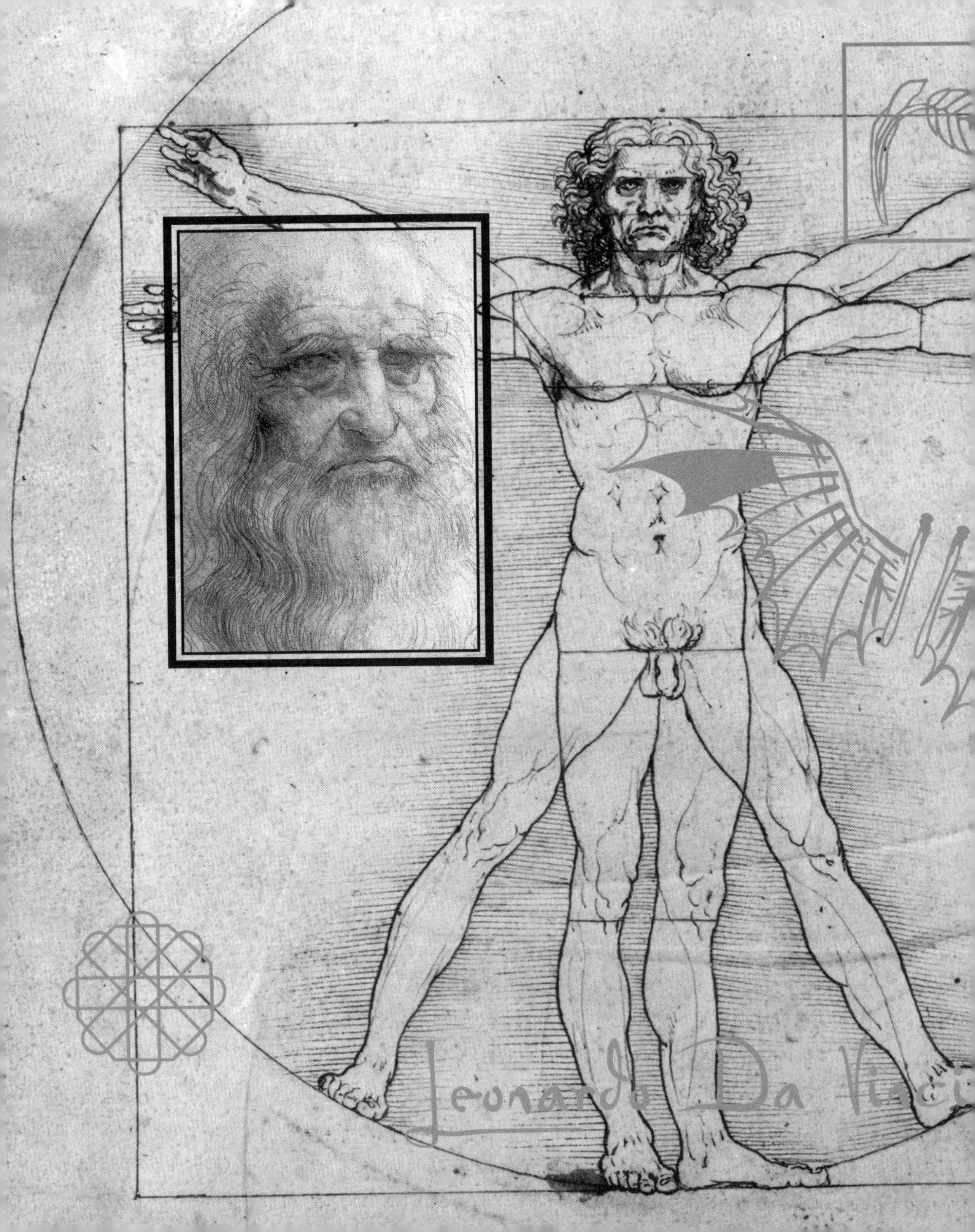
Leonardo Da Vinci

MICHAEL J. GELB

Das Leonardo-Prinzip

Die sieben Schritte zum Erfolg

Aus dem Amerikanischen von
Sabine Lorenz und Felix Seewöster

vgs

Die Deutsche Bibliothek – CIP-Einheitsaufnahme

Gelb, Michael J.:
Das Leonardo-Prinzip : die sieben Schritte zum Erfolg / Michael J. Gelb.
[Übers. aus dem Amerikan. von Sabine Lorenz/Felix Seewöster]. – Köln : vgs
1998
Einheitssacht.: How to think like Leonardo da Vinci <dt.>
ISBN 3-8025-1378-9

Titel der amerikanischen Originalausgabe. How to think like Leonardo da Vinci. Seven steps to genius every day.
Erstausgabe 1998: Delacorte Press, Bantam Doubleday Dell Publishing Group, Inc., New York

Originalzitate aus:
Leonardo da Vinci, Tagebücher und Aufzeichnungen.
Übersetzt und herausgegeben von Theodor Lücke, Leipzig 1940
Leonardo da Vinci, Sämtliche Gemälde und die Schriften zur Malerei.
Hrsg. von André Chastel, München 1987

Redaktion: Martina Weihe-Reckewitz
Lektorat: Marcus Reckewitz, Bonn
Umschlaggestaltung: CCG Werbeagentur, Köln
Satz: Greiner & Reichel, Köln
Druck: Freiburger Graphische Betriebe, Freiburg
Printed in Germany
ISBN 3-8025-1378-9

Besuchen Sie unsere Homepage im WWW: http://www.vgs.de

Dieses Buch ist dem Leonardo-da-Vinci-Denken gewidmet, wie es sich im Leben und in den Werken von Charles Dent manifestiert.

DANKSAGUNG

Grazie all denen, die bei der Entwicklung der Da-Vinci-Übungen und während der Entstehung des Manuskripts mit wertvollen Hinweisen und kritischen Anmerkungen halfen: Jolie Barbiere, Dr. Rudy Bauer, Stacy Forsythe, Michael Frederick, Ruth Kissane, Cathy Raines, John Ramo und Dr. Dale Schusterman.

Grazie den „cognoscenti" der Musik: Audrey Elizabeth Ellzey, Joshua Haberman, Murray Horwitz, Dr. Elaine Jerdine und Stacy Forsythe.

Grazie meinen Klienten und Freunden, die den Geist Leonardo da Vincis in ihren Firmen und Organisationen lebendig erhalten, allen voran Ed Bassett, Charlie Bacon, Bob Ginsberg, Dave Chu, Peter Cocoziello, Jim D'Agostino, Marv Damsma, Doug Durand, Gerry Kirk, Delano Lewis, Joseph Rende, Dr. Raj Sisodia und dem Team von Lucent Idea Verse.

Grazie molto meinen Eltern, Joan und Sandy Gelb, die mir den Anstoß zu einem Lebensentwurf im Geiste da Vincis gaben. Dank auch an Joan Arnold für unermüdliches Überarbeiten des Manuskripts und konstruktive Kritik; an Sir Brian Tovey, der mich an seinem Wissen über Florenz und die Renaissance teilhaben ließ; an meine wunderbare Agentin, Muriel Nellis, und ihr Team, vor allem Jane Roberts.

Grazie mille an vier Menschen, die auf ganz besondere Weise zu diesem Buch beigetragen haben:

Dank an Nusa Maal für ihren Beitrag zum Zeichenkurs, die wunderbaren Illustrationen und für ihre Pionierarbeit im Bereich der multi-sensorischen Intelligenz.

Dank an Tony Buzan, den *uomo universale* der Moderne, für die Erfindung der Mind Maps, jenes Denkinstruments im Sinne Leonardos schlechthin.

Dank an den großen Raymond Keene, daß er mich an seinem profunden Wissen über Geschichte und Genialität teilhaben ließ.

Und Dank an Audrey Elizabeth Ellzey für ihre Unterstützung bei den Recherchen und zahllosen Verwaltungsaufgaben sowie für ihre Wahrheitsliebe im Geiste da Vincis.

Inhalt

TEIL 3

VORWORT: „AUS DER SONNE GEBOREN“

Denken Sie einen Moment nach: Wer sind Ihre größten Helden und Heldinnen, die Vorbilder, die Sie am meisten beeindrucken? Wenn Sie Glück haben, zählen Ihre Eltern dazu. Vielleicht orientieren Sie sich aber auch an großen historischen Gestalten. Denn die Beschäftigung mit Leben und Werk großer Künstler oder Gelehrter vermag das eigene Leben um entscheidende Einsichten zu bereichern.

Die Helden meiner Kindheit waren Superman und Leonardo da Vinci. Doch während ich das Interesse an dem „Mann aus Stahl“ irgendwann verlor, wuchs meine Faszination für Leonardo da Vinci mit zunehmendem Alter immer mehr. Im Frühjahr 1994 lud man mich ein, in Florenz vor einer Gruppe angesehener Top-Manager zu sprechen. Der Veranstalter bat mich, einen Vortrag über die Bedeutung von Kreativität und Ausgeglichenheit in Beruf und Privatleben vorzubereiten. Ohne auch nur eine Sekunde lang zu zögern, schlug ich ihm ein Seminarthema vor, von dem ich schon lange geträumt hatte: Denken wie Leonardo da Vinci.

Eine Aufgabe, die nicht auf die leichte Schulter zu nehmen war. Die Teilnahme an meinem Seminar war nicht billig, und überdies war es nur eins von verschiedenen anderen Seminarangeboten, die den Mitgliedern der Gesellschaft jedes Jahr eröffnet werden: Man trifft sich in den großartigsten Städten der Welt, um sich mit Fragen der Geschichte, Kultur und des Berufs zu beschäftigen und Erfahrungen auszutauschen. Die Teilnehmer konnten also zwischen verschiedenen miteinander konkurrierenden Seminaren wählen – parallel zu meiner Veranstaltung wurden fünf weitere angeboten, darunter eines, das von dem früheren FIAT-Präsidenten Giovanni Agnelli geleitet wurde. Und die Teilnehmer waren aufgefordert, nicht nur jeden Seminarleiter auf einer Notenskala zwischen eins und zehn zu bewerten, sondern auch ungeniert Veranstaltungen zu verlassen, wenn sie mit dem Angebot unzufrieden waren.

Mir war klar, daß ich, meiner seit frühester Kindheit bestehenden Begeisterung für das Thema ungeachtet, ein ganzes Stück Arbeit vor mir hatte. Meine Vorbereitungen bestanden daher nicht nur in intensiver Lektüre, sondern auch in einer Art Pilgerreise, die mich zunächst in die National Gallery in Washington zu Leonardo da Vincis Porträt der *Ginevra Benci* führte. In New York besuchte ich die Wanderausstellung „Codex Leicester", die von Bill Gates und Microsoft gesponsert wurde. Weiter ging es nach London, um die im British Museum aufbewahrten Manuskripte einzusehen, und nach Paris, wo ich ein paar Tage mit der *Mona Lisa*, mit *Johannes dem Täufer* und mit der *Jungfrau und der hl. Anna* verbrachte. Den Höhepunkt dieser Pilgerreise aber stellte ein Besuch des Château de Cloux bei Amboise dar, wo Leonardo die letzten Jahre seines Lebens verbrachte. Heute beherbergt das Schloß ein Museum, in dem einige phantastische, von Technikern der Firma IBM realisierte Entwürfe da Vincis gezeigt werden. Den Boden zu betreten, auf dem er gewandelt war, in seinem Arbeitszimmer zu sitzen und aus seinem Fenster zu sehen und die Aussicht zu genießen, die sich ihm jeden Tag geboten hatte, erfüllte mein Herz mit Ehrfurcht, Bewunderung, Staunen, Trauer und Dankbarkeit.

Die letzte Station meiner Reise war selbstverständlich Florenz, wo ich schließlich meinen Vortrag hielt. Der Spaß begann, als die Dame, die mich vorstellen sollte, ihre Notizen mit meinem eingereichten Redemanuskript über Leonardo da Vinci vertauschte. Sie sagte: „Sehr geehrte Damen und Herren, es ist mir eine besondere Ehre, Sie heute mit einem Menschen bekannt zu machen, der über eine unvergleichliche Fülle von Fähigkeiten verfügt: Anatom, Architekt, Botaniker, Stadtplaner, Kostüm- und Bühnenbildner, Koch, Humorist, Ingenieur, Reiter, Erfinder, Geograph, Geologe, Mathematiker, Militärwissenschaftler, Musiker, Maler, Philosoph, Physiker und Geschichtenerzähler … Meine Damen und Herren, gestatten Sie mir, Ihnen vorzustellen … Mr. Michael Gelb!"

Ach, hätte sie doch recht gehabt.

Nun, mein Vortrag war ein Erfolg (niemand verließ den Saal) und animierte mich zum Schreiben dieses Buches, das Sie jetzt in Händen halten.

Noch vor jener unvergeßlichen Vorstellung meiner Person hatte einer der Teilnehmer der Tagung mir gegenüber bemerkt: „Ich glaube zwar nicht, daß man lernen kann, wie Leonardo da Vinci zu werden, aber ich komme trotzdem zu Ihrem Vortrag." Vielleicht empfinden Sie ähnlich. Geht der Autor dieses Buches tatsächlich davon aus, daß jedes Kind mit den Fähigkeiten und Begabungen eines Leonardo geboren wird? Glaubt der Autor wirklich, daß wir alle Genies vom Format eines Leonardo da Vinci werden können? Die Antwort ist: *Nein*. Obwohl ich mich über Jahrzehnte der Frage gewidmet habe, wie sich menschliche Potentiale entdekken und ausschöpfen lassen, stimme ich Francesco Melzi zu, einem Schüler und Anhänger Leonardos, der anläßlich seines Todes schrieb: „Der Verlust dieses Mannes wird von allen betrauert, liegt es doch nicht in der Macht der Natur, einen zweiten wie ihn zu erschaffen." Je länger ich mich mit Leonardo da Vinci beschäftige, desto größer werden meine Bewunderung und mein Respekt. Jedes große Genie ist einzigartig, doch Leonardo war vielleicht das größte von allen.

Die entscheidende Frage ist: Lassen sich die Prinzipien, nach denen Leonardo da Vinci lernte und lebte, auf uns übertragen, um unser Intelligenzpotential voll auszuschöpfen? Meine Anwort auf *diese* Frage lautet selbstverständlich: *Ja*!

Ist es Hybris, sich vorzustellen, daß wir lernen können, wie das größte aller Genies zu lernen? Vielleicht. Doch ich gehe davon aus, daß sein Beispiel uns tatsächlich dazu dienen kann, zu entfalten, was bereits in uns angelegt ist.

Lassen Sie mich die schönen Worte des Dichters Sir Stephen Spender an den Anfang unserer Reise durch den erhabensten Geist der Weltgeschichte stellen:

Immer habe ich jene im Sinn, die wahrhaft gross waren

Immer habe ich jene im Sinn, die wahrhaft groß waren.
Die schon im Mutterleib sich an die Geschichte der Seele erinnerten
Durch Korridore des Lichts, wo die Stunden Sonnen sind,

Endlos und singend. Deren lieblicher Ehrgeiz darin bestand,
Ihre Lippen, immer noch vom Feuer benetzt,
Vom Geist erzählen sollten, der von Kopf bis Fuß in Gesang gewandet ist.
Und die von den Zweigen des Frühlings
Die Wünsche sammeln, die wie Blüten über ihre Körper fallen.
Wertvoll ist, nie zu vergessen
die Wonne des Blutes, aus zeitlosen Lenzen gezogen,
das durch Felsen bricht in Zeiten, lang vor der Entstehung unserer Welt;
Nie sein Vergnügen im einfachen Licht des Morgens zu verleugnen,
Noch sein ernsthaftes Verlangen nach Liebe am Abend;
Nie dem Verkehr zu gestatten, durch Lärm und Dunst
Das Erblühen des Frühlings zu ersticken.

Nahe dem Schnee, nahe der Sonne, im höchsten Gefilde
Sieh, wie diese Namen vom wogenden Gras gefeiert werden,
Und von den vorbeiziehenden weißen Wolken,
Und dem Geflüster des Windes im lauschenden Himmel;
Die Namen jener, die zeit ihres Lebens für das Leben kämpften,
Die in ihren Herzen das Zentrum des Feuers trugen.
Aus der Sonne geboren, reisten sie eine kurze Weile der Sonne entgegen.
Und hinterließen der lebendigen Luft das Zeichen ihrer Ehre.

Wir leben zwar in einer Welt voller Lärm, Schmutz und Verkehr. Doch auch Sie sind aus der Sonne geboren und befinden sich auf der Reise zur ihr. Dieses Buch ist ein Leitfaden für diese Reise, inspiriert von einem der größten Genies der Geschichte. Eine Einladung, frei zu atmen, das Feuer im Zentrum seines Herzens zu spüren und den eigenen Geist aufblühen zu lassen.

Michael J. Gelb
Januar 1998

TEIL 1

Einleitung

Ihr Verstand funktioniert besser, als Sie vermuten.

Wohl kaum jemand wird die Genialität Leonardo da Vincis in Zweifel ziehen. Neuere wissenschaftliche Forschungen hingegen belegen, daß die meisten Menschen ihre eigenen Fähigkeiten unterschätzen. Sie sollten sich jedoch mit dem Gedanken vertraut machen, daß Sie über ein buchstäblich unbegrenztes Potential an Lernfähigkeit und Kreativität verfügen. 95 Prozent dessen, was wir über die Fähigkeiten des menschlichen Gehirns wissen, wurde erst in den letzten zwanzig Jahren erforscht.

Der Intelligenzbegriff, mit dem die meisten von uns aufgewachsen und vertraut sind, basiert auf dem klassischen, den IQ ermittelnden Intelligenztest von Alfred Binet (1857–1911). Er entwickelte diesen Test, um menschliche Fähigkeiten wie Verstehen, Schlußfolgern und Beurteilen möglichst objektiv messen zu können. Obgleich der Test zum Zeitpunkt seiner Ausarbeitung einen entscheidenden Durchbruch darstellte, zeigen neuere Studien, daß das traditionelle Konzept des IQ-Tests zwei entscheidende Fehler aufweist.

Die erste Schwäche des Binetschen Ansatzes besteht in der Annahme, daß die Intelligenz eines Menschen etwas von Geburt Gegebenes, Unveränderliches sei. Obwohl man davon ausgehen kann, daß bestimmte Begabungen tatsächlich genetisch angelegt sind, haben Wissenschaftler wie Buzan, Machado, Wenger und andere gezeigt, daß sich der IQ eines Menschen durch entsprechendes Training signifikant anheben läßt. In seiner kürzlich in der Zeitschrift *Nature* erschienenen statistischen Studie über mehr als zweihundert Untersuchungen zum IQ kommt Bernard Devlin zu dem Schluß, daß der IQ eines Menschen nur zu 48 Prozent genetisch, zu 52 Prozent aber durch Elternhaus, Umwelt und Bildung bestimmt wird.

Der zweite Irrtum, dem die landläufig geltende Vorstellung vom Intelligenzbegriff unterliegt, betrifft die Annahme, die durch den Intelligenztest gemessenen verbalen und mathematischen Fähigkeiten seien das *sine qua non* der Intelligenz. Diese strikte Limitierung des Intelligenzbegriffs mußte durch neuere psychologische Studien aufgehoben werden. In seinem zum modernen Klassiker gewordenen Buch „Frames of Mind“ aus dem Jahre 1983 führt der Psychologe Howard Gardner seine mittlerweile anerkannte Theorie der multiplen Intelligenz aus, die davon ausgeht, daß jeder Mensch über mindestens sieben meßbare Intelligenzen verfügt (in späteren Arbeiten differenziert Gardner dieses Schema und benennt weitere 25 Subkategorien). Die sieben Intelligenzkategorien und einige ihrer hervorragendsten Vertreter (von denen sich Leonardo da Vinci insofern unterschied, als er über Genialität in allen Bereichen verfügte) sind:

- logisch-mathematische Intelligenz: Stephen Hawking, Isaac Newton, Madame Curie
- verbal-linguistische Intelligenz: Shakespeare, Emily Dickinson, Jorge Luís Borges
- räumlich-mechanische Intelligenz: Michelangelo, Georgia O'Keeffe, Buckminster Fuller
- musikalische Intelligenz: Mozart, George Gershwin, Ella Fitzgerald
- körperlich-kinästhetische Intelligenz: Morihei Ueshiba, Muhammad Ali, F. M. Alexander
- interpersonal-soziale Intelligenz: Nelson Mandela, Gandhi, Elisabeth I.
- intrapersonale Intelligenz (Selbstkenntnis): Viktor Frankl, Thich Nhat Han, Mutter Teresa

Neuere psychologische Forschungen haben jedoch nicht nur unser Wissen über Wesen und Ausprägung der Intelligenz erweitert, sondern auch zu faszinierenden Einsichten in die Leistungsfähigkeit des Gehirns und dessen Potentiale geführt. Die Ergebnisse ließen sich in dem einfachen Satz zusammenfassen: Ihr Verstand funktioniert viel besser, als Sie vermuten. Die phänomenalen Kapazitäten des eigenen Gehirns anzuerkennen, ist die Voraussetzung für das Erlernen einer Denkweise, die der Leonardo da Vincis ähnlich ist. Machen Sie sich die folgenden Fakten bewußt:

- Ihr Gehirn ist flexibler und vielseitiger als jeder Computer.
- Ihr Gehirn kann pro Sekunde sieben neue Fakten aufnehmen und verarbeiten, und das Ihr ganzes Leben lang, ohne seine Kapazitäten auch nur annähernd erschöpft zu haben.
- Ihr Gehirn läßt sich bei entsprechendem Training in seiner Leistungsfähigkeit mit zunehmendem Alter sogar noch steigern.
- Ihr Gehirn sitzt nicht nur im Kopf. Der bekannten Neurowissenschaftlerin Candace Pert zufolge „ist Intelligenz nicht nur im Gehirn, sondern auch in über den ganzen Körper verteilten Zellen lokalisiert … Die klassische Abspaltung mentaler Vorgänge, die auch Emotionen einschließen, vom körperlichen Geschehen besitzt nicht länger Gültigkeit".
- Ihr Gehirn ist einzigartig. Unter den sechs Milliarden Menschen, die derzeit die Erde bevölkern, und den mehr als neunzig Milliarden, die im Laufe der Weltgeschichte auf ihr gelebt haben, gab und gibt es – abgesehen von eineiigen Zwillingen – keine zwei in ihren Anlagen und Fähigkeiten identischen Menschen. Kreative Begabungen, Fingerabdruck, Mimik, DNA und Träume eines jeden Menschen sind einzigartig.
- Ihr Gehirn ist in der Lage, eine beinahe unbegrenzte Anzahl von synaptischen Verbindungen und potentiellen Gedankenmustern herzustellen.

Welchen Veränderungen unterliegt Ihr Gehirn, wenn Sie älter werden? Viele Menschen glauben, ihre mentalen und physischen Fähigkeiten müßten mit zunehmendem Alter zwangsläufig abnehmen, weil die Gehirnkapazität ab dem fünfundzwanzigsten Lebensjahr kontinuierlich abnimmt. Wahr ist jedoch, daß sich die Leistungen eines durchschnittlichen Gehirns im Alter sogar noch steigern lassen. Die Neuronen sind in der Lage, im Laufe eines Lebens immer komplexere Verbindungen herzustellen. Und das neuronale Netz ist derart dicht gespannt, daß wir selbst bei einem täglichen Verlust von eintausend Gehirnzellen am Ende unseres Lebens nicht einmal ein Prozent des gesamten Hirnvolumens eingebüßt haben.

Auf diesen letzten Punkt machte zuerst Pjotr Anokhin aufmerksam, Schüler des legendären Psychologie-Pioniers Iwan Pawlow an der Universität Moskau. Mit der Veröffentlichung seiner Forschungsarbeiten im Jahre 1968 verblüffte Anokhin die Fachwelt, konnte er doch beweisen, daß die Zahl der potentiellen Gedankenmuster, die ein durchschnittliches Gehirn herzustellen imstande ist, mindestens bei 1 gefolgt von 10,5 Millionen Kilometern Nullen liegt.

Anokhin verglich das menschliche Gehirn mit einem „vielseitigen Musikinstrument, das gleichzeitig eine unendliche Anzahl von Musikstükken spielen kann". Er betonte, daß jeder Mensch von Geburt an mit einem buchstäblich unbegrenzten Hirnpotential ausgestattet ist. Und er behauptete, daß noch kein Mensch je dieses Potential voll ausgeschöpft hätte.

LERNEN SIE VON LEONARDO

Entenküken lernen zu überleben, indem sie ihre Mutter imitieren. Das Lernen über Nachahmung ist für viele Lebewesen, die Menschen eingeschlossen, eine grundlegende Methode der Aneignung von Fertigkeiten und Wissen. Als erwachsene Menschen genießen wir darüber hinaus noch ein weiteres, einzigartiges Privileg: Wir können uns aussuchen, wen und was wir nachahmen. Und wir sind in der Lage, bewußt neue Vorbilder zu wählen, um andere zu ersetzen. Es ist daher nur sinnvoll, uns an herausragenden Menschen zu orientieren, um durch Nachahmung dieser Vorbilder unsere eigenen Potentiale besser auszuschöpfen.

Leon Battista Alberti (1404–1472) war der erste *uomo universale* und gehörte zu Leonardo da Vincis Vorbildern. Der Architekt, Ingenieur, Mathematiker, Maler und Philosoph Alberti war auch ein begabter Sportler und talentierter Musiker.

Wenn Sie also ein besserer Golfspieler werden wollen, studieren Sie Spiel und Taktik eines Ben Hogan, Jack Nicklaus oder Tiger Woods. Haben Sie sich das Ziel gesteckt, eine Führungspersönlichkeit zu werden, sollten Sie sich mit Menschen wie Winston Churchill, Abraham Lincoln oder Elisabeth I. beschäftigen. Und wenn Sie ein Renaissancemensch werden wollen, sollten Sie sich mit so herausragenden

Figuren wie Leon Battista Alberti, Thomas Jefferson, Hildegard von Bingen und vor allem Leonardo da Vinci auseinandersetzen.

In ihrem „Book of Genius“ unternehmen Tony Buzan und Raymond Keene erstmals den Versuch, die bedeutendsten Genies der Weltgeschichte nach objektiven Kriterien in eine Rangliste einzustufen. Unter Berücksichtigung von Kategorien wie „Originalität“, „Vielseitigkeit“, „führend im jeweiligen Fachgebiet“, „Universalität der Vision“ und „Kraft und Energie“ stellen sie folgende „Hitliste“ der zehn bedeutendsten Genies auf:

10. Albert Einstein
9. Phidias (Baumeister im antiken Athen)
8. Alexander der Große
7. Thomas Jefferson
6. Sir Isaac Newton
5. Michelangelo
4. Johann Wolfgang von Goethe
3. die Erbauer der Pyramiden
2. William Shakespeare

Und das größte Genie aller Zeiten ist den umfangreichen Recherchen von Buzan und Keene zufolge: Leonardo da Vinci.

Wie Giorgio Vasari in seinem Buch „Le Vite de più eccelenti Architetti, Pittori e Scultori italiani“ (Florenz 1550, Leben der ausgezeichnetsten Maler, Bildhauer und Baumeister) über Leonardo schrieb: „Zuweilen schickt uns der Himmel Wesen, die nicht nur die Menschheit repräsentieren, sondern das Göttliche selbst. Und indem wir uns sie zum Vorbild erwählen und ihnen nachzueifern suchen, sind unser Geist und unser Verstand möglicherweise fähig, sich den höchsten himmlischen Sphären zu nähern. Die Erfahrung lehrt, daß jene, die dazu angeleitet werden, die Spuren dieser wunderbaren Genies zu erkunden und ihnen zu folgen, selbst dann, wenn die Natur ihnen wenig oder keine Hilfe leistet, sich zumindest den übernatürlichen Werken anzunähern vermögen.“

EINE PRAKTISCHE ANLEITUNG ZUR GENIALITÄT

Im folgenden können Sie sich mit einem in der Praxis erprobten Ansatz vertraut machen, der Ihnen helfen soll, die essentiellen Elemente der Genialität Leonardo da Vincis auf sich selbst anzuwenden, um so Ihr Leben zu bereichern. Sie werden eine ebenso faszinierende wie originelle Methode kennenlernen, die Sie Ihren Alltag mit neuen Augen wird sehen lassen. Ihnen werden effektive Strategien vorgestellt, mit deren Hilfe Sie kreatives Denken und neue Möglichkeiten des Ausdrucks erproben können. Sie werden bewährte Techniken kennenlernen, die Ihnen dabei helfen, Ihre Sinne zu schärfen, um noch unentdeckte Potentiale Ihrer Intelligenz freizusetzen und Körper und Geist in Einklang zu bringen.

Wir beginnen mit einem kurzen Überblick über die Renaissance und die Parallelen, die die Zeit, in der wir heute leben, mit jener Epoche aufweist. Es folgt eine biographische Skizze über Leonardo und eine zusammenfassende Darstellung seiner wichtigsten Kunstwerke und Erfindungen. Im Zentrum des Buches aber steht die Erläuterung der „Sieben Prinzipien Leonardos". Die Formulierung dieser Prinzipien ist das Ergebnis einer intensiven Auseinandersetzung mit der Person Leonardos und seiner Methodik des Denkens, ihre Benennung ist der italienischen Muttersprache des Genies entnommen. Sie werden Leonardos Prinzipien intu-

Giorgio Vasari (1511–1574), Baumeister der Uffizien in Florenz und ein Schüler Michelangelos, veröffentlichte die Lebensbeschreibungen großer Künstler im Jahr 1549 und kann als Begründer der Kunstgeschichte bezeichnet werden. Seine Künstlerbiographien sind nach wie vor die wichtigste Quelle zur Erforschung der italienischen Renaissance-Kunst. In unnachahmlicher Weise porträtiert Vasari Leben und Werk von beinahe zweihundert Malern, Bildhauern und Baumeistern, unter ihnen Giotto, Masaccio, Brunelleschi, Donatello, Botticelli, Verrocchio, Raphael, Michelangelo, Tizian und selbstverständlich Leonardo.

itiv und unmittelbar verstehen und sie in Ihrem Alltag einfach anwenden können.

Die sieben Leonardoschen Prinzipien sind:

Curiosità – Ein durch unstillbare Neugier geprägter Zugriff auf das Leben sowie das unnachgiebige Streben nach Wissen.

Dimostrazione – Die Bereitschaft, sein Wissen mittels neuer Erfahrungen und mit der Bereitschaft, aus Fehlern zu lernen, einer beharrlichen Prüfung zu unterziehen.

Sensazione – Das beständige Schärfen der Sinne, vor allem des Sehens, mit denen wir uns den Zugang zu Erfahrungen erschließen.

Sfumato (wörtlich: in Rauch aufgehen) – Die Bereitschaft, sich auf Mehrdeutigkeiten, Paradoxien und Unsicherheiten einzulassen.

Arte / Scienza – Die Entwicklung des Gleichgewichts zwischen Kunst und Wissenschaft, Logik und Phantasie. „Ganzheitliches" Denken.

Corporalità – Die Kultivierung von Anmut, Beidhändigkeit, Fitneß und Spannung.

Connessione – Die Anerkennung und Würdigung der inneren Verbundenheit aller Dinge und Phänomene. Systemisches Denken.

Wenn Sie bis hierher gelesen haben, sind Sie bereits dem ersten Leonardoschen Prinzip gefolgt: *Curiosità* – das beständige Streben nach Wissen – steht am Anfang, denn der Wunsch zu wissen, zu lernen und zu wachsen, liegt aller Erkenntnis und Weisheit zugrunde.

Wenn Sie nun auch noch ein Interesse daran haben, selbständig zu denken und Ihren Verstand von einengenden Gewohnheiten und vorgefaßten Meinungen zu befreien, dann sind Sie dem zweiten Prinzip – *Dimostrazione* – auf der Spur. Auf seiner Suche nach der Wahrheit stellte Leonardo da Vinci immer wieder bekanntes Wissen in Frage.

Halten Sie nun einen Moment inne und versuchen Sie sich an jene Momente im zurückliegenden Jahr zu erinnern, in denen Sie besonders intensiv zu leben geglaubt haben. Vieles spricht dafür, daß Sie in diesen Momenten Ihre Umwelt mit besonders geschärften Sinnen wahrgenommen haben. Das dritte Prinzip – *Sensazione* – zielt auf die Sensibilisierung Ihrer

Selbstbildnis

Sinne. Leonardo war davon überzeugt, daß das Schärfen der sinnlichen Wahrnehmung der Schlüssel zu einem intensiven Erleben ist.

Während Sie Ihre Sinne schärfen, die Intensität von Erfahrungen ausloten und Ihre kindliche Neugier wiedererwecken, werden Sie immer häufiger auf Ungewißheiten und Mehrdeutigkeiten stoßen. Die Fähigkeit, „Verwirrung zu ertragen“, ist das hervorragendste Merkmal kreativer Menschen. Bei Leonardo war diese Fähigkeit wohl ausgeprägter als bei irgendeinem anderen Menschen. Das vierte Prinzip – *Sfumato* – leitet Sie dazu an, sich mit Widersprüchen anzufreunden.

Damit aus Ungewißheit Ausgeglichenheit und Kreativität erwachsen, bedarf es des fünften Prinzips – *Arte / Scienza* –, des „ganzheitlichen“ Denkens. Doch Leonardo da Vinci war überzeugt, daß Ausgeglichenheit nicht nur auf mentale Aspekte beschränkt werden darf. Er verwies daher auch auf die Bedeutung des sechsten Prinzips – *Corporalità* –, der Ausgeglichenheit von Körper und Geist. Und wenn Sie zu den Menschen gehören, die an die Beziehung der Dinge untereinander, an verknüpftes Denken und Systeme glauben, wenn Sie verstehen wollen, wie sich Ihre Träume, Ziele, Werte und Ideale in den Alltag integrieren lassen, dann wenden Sie bereits das siebte und letzte Prinzip an: *Connessione*.

> „Wir achten ihn, indem wir von ihm lernen“
>
> – Freud über Leonardo da Vinci

Jedes Prinzip wird mit Beispielen aus dem Werk Leonardos erläutert und durch Skizzen und Gemälde des Künstlers illustriert. Es folgen jeweils einige Fragen zu Ihrer Selbsteinschätzung. An diese Fragen schließen sich praktische Übungen an, die Ihnen helfen sollen, die Leonardo-Prinzipien im privaten wie im beruflichen Bereich umzusetzen. Die beste Vorgehensweise besteht darin, dieses Buch zunächst einmal ganz durchzulesen, ohne die Übungsanleitungen zu befolgen. Beschränken Sie sich darauf, die Fragen zur Selbsteinschätzung zu reflektieren. Nach diesem ersten Lesen sollten Sie die Erklärungen zu den einzelnen Prinzipien erneut lesen und dann den Übungsanleitungen folgen.

Das letzte Kapitel schließlich lädt Sie zu einem „Leonardo-da-Vinci-Zeichenkurs für Anfänger“ ein.

Die Renaissance, damals und heute

In der Nähe des Arno, ein wenig abseits der ausgetretenen Touristenpfade der toskanischen Kapitale Florenz, liegt die Kirche Santa Maria del Carmine. In der dort befindlichen Brancacci-Kapelle kann man Fresken von Masolino und Masaccio bewundern. Das erste Fresko auf der linken Seite ist Masaccios Darstellung der Vertreibung von Adam und Eva aus dem Garten Eden. Eben dieses Bild markiert den Beginn der Renaissance: Gegen die zweidimensionale Entrücktheit mittelalterlicher Malerei wirken Masaccios Adam und Eva wie menschliche Wesen – die ausdrucksvoll dargestellten Körper und Gesichter der Figuren Masaccios bringen authentische Gefühle zum Ausdruck. Die irdische Schwere ihrer körperlichen Erscheinung und die perspektivische Darstellung verkünden den Anbruch einer neuen Ära, einer Zeit der Hoffnung und der grenzenlosen neuen Möglichkeiten für die Menschheit.

Um die Bedeutung dieser neuen Ära angemessen würdigen zu können, aber auch um einen entsprechenden Hintergrund für unsere Studien zum Thema Leonardo da Vinci zu haben, werfen wir zunächst einen Blick auf die vorhergegangene Epoche. In seinem Buch „A World Lit Only by Fire: The Medieval Mind and the Renaissance" hat William Manchester treffend beschrieben, daß das Europa der Vorrenaissance beherrscht wurde „von ununterbrochenen Kriegen, Korruption, Gesetzlosigkeit, Besessenheit von seltsamen Mythen und einer nahezu undurchdringlichen Mauer von Stupidität". Die Zeit vom Zusammenbruch des Weströmischen Reiches bis zu den Anfängen der Renaissance bewertet Manchester als eine Periode, „in der nichts von tatsächlicher Bedeutung erfunden oder verbes-

---

Masaccio, der mit seiner Vertreibung aus dem Paradies das erste wirkliche Renaissancegemälde schuf, hat das Thema ironisch umgesetzt. Sowohl Michelangelo wie auch Leonardo da Vinci studierten es ausführlich. Leonardo kommentierte das Gemälde: „... bis der Florentiner Tommaso mit dem Zunamen Masaccio durch ein vollkommenes Werk zeigte, daß alle, die als Urheber etwas anderes hernahmen als die Natur, die Meisterin aller Meister, sich vergeblich abmühten".

sert wurde. Abgesehen von der Einführung der Wassermühle im 9. Jahrhundert und der Windmühle im 12. Jahrhundert, gab es keine wirklich relevanten Erfindungen. Keinerlei neue Ideen tauchten auf, keine neuen Territorien außerhalb Europas wurden erkundet. Alles blieb so, wie es schon immer gewesen war. Im Zentrum des Ptolemäischen Universums stand die bekannte Welt: Europa und an seinen Außenrändern das Heilige Land und Nordafrika. Man glaubte, die Sonne bewege sich täglich einmal um die Erde und irgendwo hoch über dem Firmament befände sich das himmlische Paradies. Könige regierten mit uneingeschränkter Machtvollkommenheit, und alle anderen machten, was man ihnen sagte ... Die Kirche war unteilbar und das Leben nach dem Tod eine unabänderliche Gewißheit; alles Wissen war bekannt und nichts würde sich jemals ändern."

Das französische Wort „Renaissance" setzt sich aus dem Verb *renaître* (wiederbeleben) und dem Substantiv *naissance* (Geburt) zusammen. Die Italiener übersetzen es mit *rinascimento*. Nachdem die Menschen über Jahrhunderte in Leibeigenschaft und Aberglauben gefangen gewesen waren, erlebte nun das Ideal der menschlichen Stärke und Kreativität eine Wiedergeburt. Giotto hatte die Wiedergeburt dieses aus der Klassik stammenden Ideals vorhergesagt, Brunelleschi, Alberti und Masaccio belebten es, und mit Leonardo, Michelangelo und Raphael erreichte es seinen Höhepunkt. Der dramatische Umsturz der mittelalterlichen Weltsicht ging einher mit einer Reihe von Entdeckungen, Erneuerungen und Erfindungen. Darunter:

- *Die Druckerpresse* – Wissen, bis dahin ein Privileg der Kirche und der Herrschenden, wurde nun erstmals auch breiteren Schichten zugänglich. Gab es 1465 noch weniger als sechzig Exemplare der Gutenberg-Bibel, dem ersten in Europa gedruckten Buch, waren Ende des Jahrhunderts bereits mehr als fünfzehn Millionen Exemplare im Umlauf.
- *Der Bleistift und preiswertes Papier* – Schreiben und damit auch das Aufzeichnen von Wissen und Gelerntem wurde breiteren Schichten ermöglicht.
- *Astrolabium, Magnetkompaß und große Segelschiffe* – Die Folge war eine erhebliche Ausweitung des Schiffsverkehrs auf den Welt-

meeren sowie des internationalen Handels und Informationsaustausches. Der durch die Fahrten von Kolumbus und Magellan erbrachte Beweis, daß die Erde keine Scheibe ist, erschütterte weite Bereiche des bis dahin sicher geglaubten Wissens.

- *Weittragende Kanonen* – Zwar kannte man bereits Katapulte, Wurfgeschütze und kleinere Kanonen, doch mit ihnen ließen sich Festungsmauern nicht durchbrechen. Den Weg für die weitaus wirkungsvollere weittragende Kanone bereitete Mitte des 15. Jahrhunderts ein ungarischer Techniker namens Urban. Mit der Verbreitung der neuen Technik verloren nicht nur die Festungen der Feudalherren den Status der Uneinnehmbarkeit, auch der Feudalismus selbst geriet ins Wanken. Die Zeit war reif für die Geburt moderner Nationalstaaten.
- *Die mechanische Uhr* – Die Erfahrung, daß Zeit meß- und kontrollierbar ist, beflügelte den Handel. Im Mittelalter hatten die Menschen keine Vorstellung von Zeit, wie sie uns heute selbstverständlich ist. Die große Mehrheit wußte nicht, in welchem Jahr, geschweige denn, in welchem Jahrhundert sie lebte.

Viele Erfindungen und die meisten großen Kunstwerke dieser Epoche verdankten ihre Verwirklichung dem aufkommenden Unternehmergeist, dem sich ausbreitenden Bedürfnis nach Konsumgütern und einem Run auf Kapital. In ihrem wundervoll illustrierten und reich mit Quellenmaterial ausgestattetem Buch „Worldly Goods: A New History of the Renaissance“ zeigt Lisa Jardine, daß die kulturellen und intellektuellen Transformationen der Renaissance durch einen immer mehr an Bedeutung gewinnenden Kapitalismus vorangetrieben wurden. Sie stellt die These auf, daß „jene Impulse, die wir heute als ‚Konsumismus‘ abtun“, bereits dem Denken der Renaissance zu-

> Das wachsende Bewußtsein für die menschlichen Fähigkeiten spiegelt sich auf faszinierende Weise in den Änderungen der Schachregeln wider. Vor der Renaissance konnte die Dame bei jedem Zug nur ein Feld weitergesetzt werden; als sich der Horizont des Wissens und der Wahrnehmung der Menschen jedoch erweiterte, gewährte man ihr die Bewegungsfreiheit und spielentscheidende Macht, die sie bis heute genießt.

grunde lagen, die jene Kunstwerke und Erfindungen hervorbrachte, die wir heute so schätzen. Und der Kommerz spielte auch in diesem Bereich eine entscheidende Rolle: „Der Ruf eines Malers gründete sich auf seine Fähigkeit, ein kommerzielles Interesse an seinen Arbeiten zu wecken, nicht auf irgendeinen immanenten intellektuellen Wert."

Dennoch bleibt die Frage zu beantworten, warum die Renaissance ausgerechnet zu diesem Zeitpunkt ihre Anfänge nahm. Über einen Zeitraum von eintausend Jahren hinweg ist die Darstellung der europäischen Errungenschaften in den Bereichen der Wissenschaft und Forschung vernachlässigenswert. Im Mittelalter konzentrierten sich intellektuelle Energien und Anstrengungen vornehmlich auf die Diskussion doktrinärer Detailfragen und die Rechtfertigung des „Heiligen Krieges". Anstatt neue Länder zu erforschen und Innovationen und Ideen zu entwickeln, verschlissen sich die klügsten Köpfe in Debatten darüber, wieviel Engel auf der Spitze einer Nadel Platz finden. Und die Kirche zögerte nicht, jeden, der ihre Dogmen in Frage stellte, zu foltern. Selbstverständlich setzte dies der Unabhängigkeit des Denkens gewisse Grenzen.

Das entscheidende Ereignis, das die Renaissance einläutete, ist nach meiner Meinung und der meines Kollegen Raymond Keene der Ausbruch der Pest, die im 14. Jahrhundert über ganz Europa hinwegfegte. Beinahe die Hälfte der Bevölkerung wurde innerhalb kürzester Zeit dahingerafft. Priester, Bischöfe, Adelige und Ritter starben ebenso wie Bauern, Leibeigene, Huren und Kaufleute. Die Tatsache, daß auch Frömmigkeit, Andacht und Kirchentreue keinen Schutz darstellten, erschütterte den Glauben der Menschen aller Schichten. Darüber hinaus konzentrierte sich in den Händen der wenigen glücklichen Überlebenden wohlhabender Familien praktisch über Nacht ein immenser Reichtum. Anstatt wie früher ihren Reichtum der Kirche zu spenden, begannen sie jedoch in unabhängige Forschung zu investieren. Auch wenn die Akzentverschiebung im Bewußtsein der Menschen zunächst kaum wahrnehmbar war: Man suchte vermehrt nach Antworten außerhalb von Kirche und Dogma. Die Dämme der über ein Jahrtausend dicht gehaltenen ekklesiastischen Reservoirs brachen. Eine Flut intellektueller Energie begann durch die vom Pestatem geschlagenen Deichbrüche zu strömen.

Fünfhundert Jahre nach der Renaissance, in einer Zeit, in der Staaten und weltweit operierende Unternehmen mit der Kirche um die Loyalität der Menschen buhlen, erlebt die Welt eine noch dramatischere Erweiterung des Wissens, der globalen Vernetzung und eine Expansion des Kapitalismus. Das Flugzeug, von Leonardo da Vinci erträumt und prophezeit, Telefon, Radio, Fernsehen, Kino, Fotokopierer, Computer und nun auch das Internet sind Bestandteile eines immer komplexer werdenden Netzes weltweiten Informationsaustausches. Revolutionäre Fortschritte in der Landwirtschaft, in der Automatisierung und in der Medizin werden als selbstverständlich zur Kenntnis genommen. Wir haben Menschen auf den Mond und Instrumente auf den Mars gebracht, wir haben die Kraft des Atoms entfesselt, den genetischen Code nahezu entziffert und etliche Geheimnisse des menschlichen Gehirns entschlüsselt – die dramatischen Entwicklungen in den Bereichen der Kommunikation und Technologie stimulieren die Kräfte des Kapitalismus.

Daß der Wandel sich beschleunigt, ist nicht zu übersehen. Welche Wirkung er auf unser privates und berufliches Leben haben wird, weiß noch niemand vorherzusagen. Doch wie die Denker am Ende jener durch den Schwarzen Tod verursachten, verheerenden Umwälzung sind wir uns selbst die Frage schuldig, ob wir es uns leisten können, den Autoritäten unserer Zeit – seien es Kirchen, Regierungen oder Global Player – das Denken zu überlassen.

Mit Sicherheit läßt sich allerdings sagen, daß der sich beschleunigende Wandel wie die zunehmende Komplexität der Welt den Wert des intellektuellen Kapitals erhöhen. Die Fähigkeit des Individuums zu lernen, sich anzupassen und unabhängig und kreativ zu denken, steht hoch im Kurs. In der Renaissance blieben jene Menschen auf der Strecke, die noch in den Grenzen des Mittelalters dachten. Heute, im Informationszeitalter, sind jene vom Aussterben bedroht, die den Denkmustern des Industriezeitalters verhaftet bleiben.

Die Renaissance wurde inspiriert von den Idealen der klassischen Antike – dem Bewußtsein für die Fähigkeiten und Potentiale des Menschen sowie der Leidenschaft für Entdeckungen –, doch sie paßte sie auch den Erfordernissen der Zeit an. Heute können wir uns analog dazu von den Idealen der Renaissance inspirieren lassen und die daraus resultierenden Erkenntnisse den Erfordernissen unserer Zeit und unseren Bedürfnissen anpassen.

Der sich immer rascher vollziehende Wandel hat ein nie zuvor dagewesenes Interesse an persönlicher Entwicklung und spiritueller Erfahrung hervorgerufen. Die einfache Verfügbarkeit von Informationen ermöglicht diesen heftig ersehnten Zugang zu den esoterischen Traditionen der Welt. (Vor hundert Jahren noch hätte man einen indischen Berg besteigen müssen, um Meditieren zu lernen; heute belegt man einen Kurs in der Volkshochschule, lädt sich die entsprechenden Informationen aus dem Internet herunter oder wählt aus Hunderten von Büchern in der örtlichen Buchhandlung aus.) Zugleich trägt die ungeheure Informationsflut aber auch zu einem tiefgreifenden Zynismus, zu einer Fragmentierung und einem Gefühl der Hilflosigkeit bei. Wir haben mehr Möglichkeiten, mehr Freiheiten, mehr Auswahl als jede andere Generation vor uns. Und dennoch gibt es mehr Schund, mehr Mittelmäßigkeit und mehr Müll als je zuvor.

Vielleicht haben Sie ebenso wie viele Menschen, die ich kenne, das Gefühl, die größte Herausforderung unserer Zeit bestünde darin, angesichts zunehmenden Drucks von allen Seiten ein möglichst ausgeglichenes, erfülltes Leben zu führen. Wie gesagt, im Mittelalter hatten unsere Vorfahren keine Vorstellung von Zeit; wir dagegen laufen Gefahr, uns vollkommen von ihr bestimmen zu lassen. Im Mittelalter waren den meisten Menschen Informationen nicht zugänglich, und die wenigen Bücher, die es gab, waren in lateinischer Sprache geschrieben, einer Sprache, die nur die Elite beherrschte. Heute werden wir von einer nie dagewesenen, erbarmungslosen Flut von Daten überschwemmt. Im Verlauf von fünfhundert Jahren haben wir uns von einer Welt, in der alles gesichert schien und nichts sich veränderte, in eine Welt bewegt, in der nichts mehr sicher scheint und sich alles beständig verändert.

Den Suchenden, die sich einen Weg durch diesen Zivilisationsdschungel bahnen wollen, um tiefere Bewußtseinsebenen zu ergründen, Schönheit und Lebensqualität zu finden, zeigt Leonardo da Vinci – der Schutzheilige aller unabhängig Denkenden – den Weg.

Der moderne Renaissancemensch

Das Ideal des Renaissancemenschen oder *uomo universale* bezeichnet einen in sich ruhenden, ausgeglichenen Menschen, mit den Künsten ebenso vertraut wie mit den Wissenschaften. Der Kanon der geisteswissenschaftlichen Fächer, wie er weltweit an allen Universitäten gelehrt wird, geht auf dieses Ideal zurück. In einem Zeitalter zunehmender Spezialisierung ist diese Ausgeglichenheit nur noch dadurch zu erreichen, daß man gegen den Strom schwimmt. Neben guten Kenntnissen in den klassischen Geisteswissenschaften, verfügt der moderne *uomo universale* darüber hinaus über:

- Computerkenntnisse: Obwohl möglicherweise selbst ein Genie wie Leonardo Schwierigkeiten hätte, einen Videorecorder zu programmieren, ist der moderne Renaissancemensch mit den neuesten Entwicklungen der Informationstechnologie vertraut und zunehmend auch im World Wide Web zu Hause.
- Wissen über das Funktionieren des Gehirns: Wie bereits gesagt, verdanken wir 95 Prozent unseres Wissens über das menschliche Gehirn den Studien und Forschungsarbeiten der letzten zwanzig Jahre. *Mental literacy* ist ein Begriff, den Tony Buzan prägte, um die praktische Vertrautheit mit dem wachsenden Wissen über das Funktionieren des menschlichen Verstandes zu umschreiben. Sie zeichnet sich durch die Anerkennung des immensen Gehirnpotentials und der Existenz multipler Intelligenz aus, beinhaltet aber auch die Entwicklung fortgeschrittener Techniken des Lernens und kreativen Denkens, wie sie zum Beispiel auf den folgenden Seiten vorgestellt werden.
- Globales Bewußtsein: Der moderne *uomo universale* weiß nicht nur um die globalen Verknüpfungen in Kommunikation, Wirtschaft und den Ökosystemen, sondern ist auch mit verschiedenen Kulturen vertraut. Rassismus, Sexismus, religiöse Verfolgung, Menschenhaß und Nationalismus sind für ihn Rudimente einer primitiven Evolutionsstufe. Der moderne Renaissancemensch der westlichen Welt bemüht sich besonders um das Verständnis asiatischer Kulturen und vice versa.

Das Leben Leonardo da Vincis

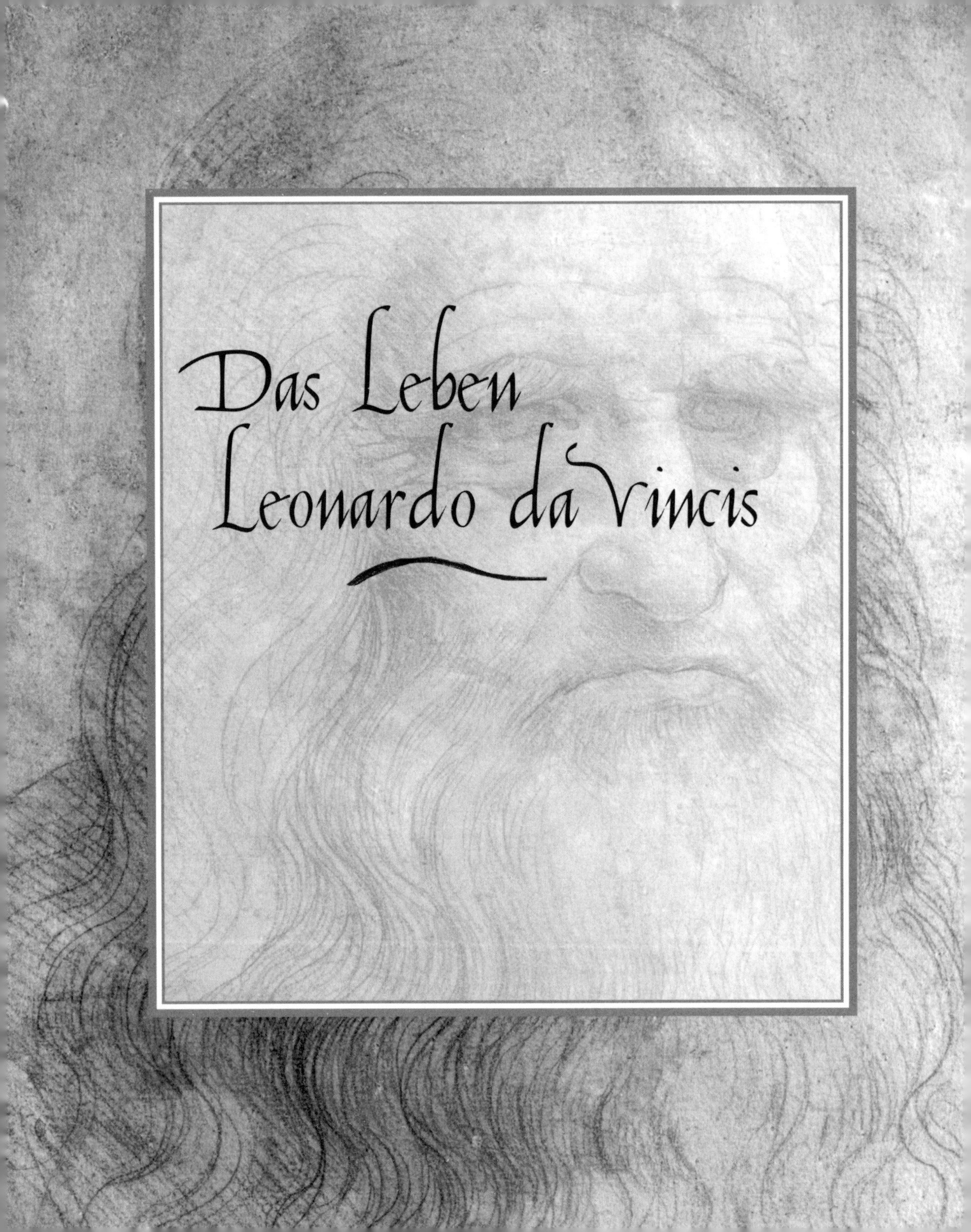

Wenn Sie schon einmal eine Bewerbung oder einen Lebenslauf geschrieben haben, werden Sie vermutlich den Brief zu würdigen wissen, den Leonardo im Jahre 1482 an Ludovico Sforza, den Herzog von Mailand, schrieb. Es ist dies das vielleicht herausragendste Bewerbungsschreiben, das jemals verfaßt worden ist:

„Ich möchte Wunder wirken ..."
– Leonardo da Vinci

Erlauchter Gebieter!
Da ich die Proben all derer, die sich für Meister und Hersteller von Kriegsgeräten ausgeben, nun zur Genüge untersucht und dabei erkannt habe, daß die Erfindungen und Anwendungen der genannten Geräte durchaus nicht ungebräuchlich sind, so will ich mich denn, ohne irgendeinen andern herabzusetzen, um eine Verständigung mit Ew. Hoheit bemühen, indem ich Ihnen meine Geheimnisse offenbare und sie Ihnen ganz zur Verfügung stelle, um zu gegebener Zeit alle die Dinge auszuführen, die hier unten in Kürze aufgezählt werden:

1. Ich habe Pläne für sehr leichte, aber dabei starke Brücken, die sich ganz leicht befördern lassen und mit denen man den Feind verfolgen und manchmal auch fliehen kann, und solche für andre, feste Brücken, die weder durch Feuer noch im Kampf zerstört und leicht und bequem abgebrochen und errichtet werden können, und auch Pläne, um die des Feindes zu verbrennen und zu zerstören.
2. Ich kann bei der Belagerung eines Platzes das Wasser aus den Gräben ableiten und zahlreiche Brücken, Rammböcke, Sturmlei-

---

Selbstbildnis, Rötelzeichnung

tern und andre, zu einem solchen Unternehmen gehörende Geräte machen.

3. Wenn bei der Belagerung eines Platzes, sei's wegen der Höhe der Böschung oder wegen der Stärke des Ortes und der Lage, Bombarden nicht zur Anwendung gebracht werden können, habe ich ferner Verfahren, um alle Kastelle oder andre Bollwerke zu zerstören, falls sie nicht auf Felsen errichtet sind.
4. Ferner habe ich Pläne für Bombarden, die sich sehr bequem und leicht befördern lassen, mit denen man kleine Steine schleudern kann, fast so, als ob es hagle, und deren Rauch dem Feind gewaltigen Schrecken einjagt, natürlich sehr zu seinem Schaden und seiner Verwirrung.
5. Ferner habe ich Pläne für Stollen und gewundene Geheimgänge, die ohne jedes Geräusch angelegt werden, so daß man bis zu einem bestimmten Ort gelangen kann, auch wenn man unter den Gräben oder irgendeinem Fluß durchdringen muß.
6. Ferner werde ich sichere und unangreifbare, gedeckte Wagen bauen, die mit ihren Geschützen durch die Reihen des Feindes fahren und jeden noch so großen Haufen von Bewaffneten zersprengen werden. Hinter ihnen können die Fußsoldaten fast unangefochten und völlig ungestört folgen.
7. Ferner werde ich, wenn nötig, Bombarden, Mörser und Pasvolanten von sehr schöner und zweckmäßiger Form machen, wie sie nicht allgemein gebräuchlich sind.
8. Wo die Wirkung der Bomben versagt, da werde ich Katapulte, Wurf- und Schleudermaschinen (briccole, mangani, trabucchi) und andre ungebräuchliche Geräte von wunderbarer Wirksamkeit herstellen. Kurzum, ich werde je nach den verschiedenen Umständen allerlei verschiedene Angriffs- und Verteidigungsmaschinen bauen.
9. Sollte es auf dem Meer zum Kampf kommen, so habe ich Pläne für viele Geräte, die für den Angriff und die Verteidigung besonders geeignet sind, und solche für Schiffe, die selbst der Beschießung mit den allergrößten Bombarden widerstehen werden, und solche für Pulver und Rauch.

10. In Friedenszeiten kann ich mich wohl mit jedem andern in der Baukunst messen, sei's bei der Errichtung öffentlicher und privater Gebäude oder bei der Leitung des Wassers von einem Ort zum andern.
11. Ferner werde ich bei der Bearbeitung von Marmor, Erz und Ton, sowie in der Malerei, wohl etwas leisten, was sich vor jedem andern, wer immer es auch sei, sehen lassen kann.
12. Übrigens könnte man auch an dem Bronzepferd arbeiten, das dem seligen Andenken Ihres Herrn Vater zu unsterblichem Ruhm und dem Hause Sforza zu ewiger Ehre gereichen wird.

Und wenn irgendeine der obengenannten Sachen irgend jemand unmöglich oder unausführbar erscheinen sollte, so bin ich durchaus bereit zu einer Vorführung in Ihrem Park, oder wo Ew. Hoheit wollen. Ich empfehle mich Ihnen untertänigst …

Im Florenz des 14. Jahrhunderts war es durchaus gängige Praxis, daß ein Meister seine begabteren Schüler einige Details eines Gemäldes ausführen ließ. Zu den Lehrlingen, die neben Leonardo da Vinci in Verrocchios Werkstatt ausgebildet wurden, zählten Domenico Ghirlandaio, Pietro Perugino und Lorenzo di Credi.

Leonardo bekam den Job. Wenngleich Giorgio Vasari zufolge wohl vor allem seine höflichen Manieren wie seine Begabungen als Musiker und Organisator von Festen den Ausschlag dafür gaben, daß er eine Zusage erhielt. Die Vorstellung, daß ein Genie wie Leonardo da Vinci seine Zeit mit der Planung von Historienspielen, Bällen, Kostümfesten und anderen Banalitäten verbrachte, ist zugegebenermaßen recht eigenartig, doch wie Kenneth Clark betont, „wurde dies von einem Renaissancekünstler erwartet, wenn er nicht gerade damit beschäftigt war, eine Madonna zu malen".

Leonardo war zu diesem Zeitpunkt dreißig Jahre alt. Einem von seinem Großvater ausgestellten Dokument zufolge kam er am 15. April 1452 abends um halb zehn zur Welt. Seine Mutter Catarina war eine Bauerntochter aus Anchiano, einem winzigen Dorf in der Nähe der Kleinstadt Vinci, etwa 30 Kilometer von Florenz entfernt. Sein wohlhabender Vater,

Serge Bramley, Autor der hervorragenden Biographie „Discovering the Life of Leonardo da Vinci", bemerkt zu den Unterschieden zwischen der Arbeit des jungen Leonardo und der seines Lehrmeisters: „Wenn man die Taufe Christi *röntgt, treten die unterschiedlichen Techniken Leonardos und Verrocchios verblüffend deutlich zutage. Während der Meister plastische Wirkung noch dadurch zu erzielen suchte, daß er die Konturen mit weißem Graphit hervorhob (das die Röntgenstrahlen nicht hindurchläßt und daher auf den Röntgenbildern deutlich zu erkennen ist), arbeitete Leonardo mit äußerst dünnen, nicht mit Weiß abgemischten Farbschichten, die er so behutsam und leicht auftrug, daß kein Pinselstrich zu sehen ist. Die Röntgenstrahlen dringen durch diese Farbschichten hindurch, so daß das Gesicht des Engels auf dem Röntgenbild vollkommen weiß erscheint." Als ob er einen echten Engel erschaffen hätte.*

Ser Pietro da Vinci, der mit Catarina nicht verheiratet war, arbeitete als Buchhalter und Notar für die Stadt Florenz. Im Alter von fünf Jahren nahm man den Jungen aus dem Haushalt seiner Mutter und übergab ihn der Obhut seines Großvaters, der ebenfalls Notar war. Da unehelich geborenen Kindern der Zutritt zur Gilde der Notare verwehrt blieb, konnte Leonardo nicht in die Fußstapfen seines Vaters und Großvaters treten. Einer Laune des Schicksals ist es also zu verdanken, daß aus dem Genie Leonardo kein Buchhalter wurde!

„Das Wissen um alle Dinge ist möglich."
– Leonardo da Vinci

Statt dessen gab man ihn glücklicherweise als Lehrling in die Werkstatt des großen Bildhauers und Malers Andrea del Verrocchio (1435–1488). Verrocchio bedeutet übersetzt „wahres Auge", ein Beiname, der dem Künstler wegen der überaus großen Einfühlsamkeit, plastischen Prägnanz und perspektivischen Vielschichtigkeit seiner Werke verliehen worden war. Rückblickend kann man sich zugleich kaum einen besseren Titel für einen Lehrmeister Leonardos wünschen. (Verrocchios Meisterwerk ist das Reiterstandbild des Generals Colleoni in Venedig, bekannt ist er aber vor allem für seinen Putto mit Delphin im Hof des Palazzo Vecchio in Florenz und die Statue des David im Bargello.) Die ersten bekannten Arbeiten von

Büste des Lorenzo de Medici, il Magnifico, von Verrocchio

Verkündigung von Leonardo da Vinci. Der im Nebel liegende Bildhintergrund, detaillierte Pflanzenstudien und leuchtendes, lockiges Haar sind frühe Markenzeichen für den Stil des Künstlers.

Leonardos Hand sind der Engel und ein Stück Landschaft in der unteren linken Ecke von Verrocchios Gemälde *Taufe Christi*.

In seinem Werk „Leben der ausgezeichnetsten Maler, Bildhauer und Baumeister" berichtet Giorgio Vasari, daß Verrocchio, als er die überaus zarte, transparent wirkende Arbeit seines Schülers sah, schwor, „nie wieder einen Pinsel anzufassen". Obwohl dies nach ehrfürchtiger Demut oder Verzweiflung angesichts der Erkenntnis seiner eigenen Grenzen klingen mag, ist doch eher davon auszugehen, daß Verrocchio damit eine aus geschäftlichen Erwägungen äußerst kluge Entscheidung fällte: Während er seinem talentierten Lehrling immer mehr Aufträge für Gemälde überließ, konzentrierte er sich selbst auf die wesentlich profitableren Statuen.

Der begabte Knabe fiel Verrocchios wichtigstem Mäzen auf, Lorenzo de Medici, il Magnifico. Leonardo wurde in den erlauchten Kreis der Philosophen, Mathematiker und Künstler eingeführt, die Lorenzo um sich geschart hatte. Einige Quellen lassen darauf schließen, daß der junge Leonardo während seiner Lehrzeit im Palast der Medici lebte.

Nachdem er sechs Jahre bei Verrocchio gelernt hatte, wurde Leonar-

Heiliger Hieronymus *von Leonardo da Vinci. Das Gemälde wurde erst im 19. Jahrhundert in einem verheerenden Zustand wiederentdeckt: Es war in zwei Teile geschnitten, von denen der eine Teil als Tischabdeckung diente.*

do 1472 in die Gesellschaft des heiligen Lukas aufgenommen, einer Gilde von Apothekern, Physikern und Künstlern, die ihren Sitz im Ospedale Santa Maria Nuova hatte. Man kann davon ausgehen, daß er die Gelegenheit nutzte und in diesem Krankenhaus seine anatomischen Kenntnisse vertiefte. So werden die in den Details des Körperbaus herausragende Darstellung des *Heiligen Hieronymus* (Vatikanische Kunstsammlungen) und seine *Verkündigung* (Uffizien) von einigen Kunsthistorikern auf diese Zeit datiert.

Wir dürfen uns den etwa zwanzigjährigen Leonardo als einen jungen Mann vorstellen, der in seidenen Strumpfhosen, mit langen rotblonden, über seine rosafarbene Samtjacke fallenden Locken durch die Straßen von Florenz streifte. Vasari rühmt „den Glanz seiner Erscheinung, die von äußerster Schönheit war und jede noch so sorgenvolle Seele heiter stimm-

Der Kunstkritiker Bernard Berenson nannte Leonardos Anbetung der Könige *(links) ein „wahrhaft großes Meisterwerk" und fügte hinzu: „Vielleicht hat das Quattrocento nichts Größeres hervorgebracht."*
Unten: Studie für die Anbetung der Könige

Das Abendmahl *von Leonardo da Vinci. Versuchen Sie, das Bild mit den Augen der Mönche, die es in Auftrag gaben, zu betrachten. „Nie zuvor", bemerkt der Kunsthistoriker E. H. Gombrich, „hatte das heilige Zeitalter so nah und so lebendig gewirkt."*

te". Berühmt für seine Anmut, Schönheit und Begabung als Geschichtenerzähler, Humorist, Zauberkünstler und Musiker, verbrachte Leonardo einen großen Teil seiner Jugend wohl damit, das Leben zu genießen und sich zu amüsieren.

Und obwohl eine überraschende Anklage wegen angeblicher Päderastie schließlich mangels Beweisen fallengelassen wurde, war Leonardos Weggang aus Florenz vorgezeichnet. Dessen ungeachtet erhielt er auch in den folgenden Jahren immer wieder Aufträge aus Florenz. Sein wichtigstes Werk in dieser Florentiner Periode ist die *Anbetung der Könige*.

1482 zog Leonardo nach Mailand. Gefördert von seinem Gönner Ludovico Sforza, genannt „der Mohr", schuf Leonardo sein Meisterwerk, das

Leonardo da Vinci: Studie zum Reiterstandbild Francesco Sforzas

Abendmahl. Das in der Zeit zwischen 1495 und 1498 entstandene Wandgemälde im Refektorium von Santa Maria delle Grazie fängt mit verblüffender psychologischer Überzeugungskraft den Moment ein, in dem Christus verkündet: „Einer unter euch wird mich verraten." Christus sitzt, ergeben und ernst, allein an der Mitte des Tisches, während die Jünger um ihn herum in hellem Aufruhr sind. In der geometrisch perfekten Komposition – auf jeder Seite Jesu befinden sich je zwei Gruppen zu je drei Jüngern, von denen eine jeweils sitzt bzw. steht – erweckt Leonardo die Einzigartigkeit eines jeden der Jünger zum Leben. Die Ruhe Christi, zum Ausdruck gebracht durch Leonardos perfekten Sinn für räumliche Ordnung und Perspektive, kontrastiert mit den menschlichen Gefühlen und dem Chaos, das ihn umgibt. Obwohl das Bild trotz zahlreicher Versuche, es zu restaurieren, schlecht erhalten ist, bleibt es, wie der Kunsthistoriker E. H. Gombrich schrieb, „eines der großen Wunder menschlicher Schöpferkraft".

„Von dem Pferde werde ich nicht sprechen, denn ich weiß um die Zeiten." – Aus Leonardos Brief an Ludovico, nachdem dieser ihm mitgeteilt hatte, daß er die geforderte Bronze nicht erhalten werde.

Wenn er nicht gerade damit beschäftigt war, Ludovicos Hofstaat zu unterhalten, beschäftigte sich Leonardo mit Studien der Anatomie, Astronomie, Botanik, Geologie und Geographie, erforschte den Flug der Vögel und arbeitete an Erfindungen. Darüber hinaus erteilte ihm Ludovico den bedeutenden Auftrag, ein Reiterdenkmal zu Ehren seines Vaters, des Mailänder Großherzogs Francesco Sforza, zu erschaffen. Nachdem er die Anatomie und Bewegungsabläufe von Pferden eingehend studiert hatte, entwarf da Vinci den Plan zu einem Denkmal, das, wenn man es je errichtet hätte, die größte Reiterstatue aller Zeiten geworden wäre. Nach mehr als einem Jahrzehnt der Arbeit an diesem Projekt, konstruierte Leonardo schließlich ein Modell von mehr als sieben Meter Höhe. Vasari schreibt, daß „es nie etwas Schöneres oder Großartigeres gab". Leonardo errechnete, daß für das Gießen dieses Meisterwerks mehr als achtzig Tonnen flüssiger Bronze benötigt würden. Doch die Lieferung der Bronze wurde ihm bedauerlicherweise nicht gewährt, da Ludovico sie für den Bau von Kanonen benötigte, um sich gegen die Truppen der französischen Eindringlinge zu wehren. Vergeblich, denn 1499 eroberten die Franzosen Mailand und zwangen Sforza ins Exil. In einem Akt von Barbarei zerstörten die französischen Bogenschützen das Modell für das Reiterstandbild, indem sie es für Schießübungen mißbrauchten.

Ludovico „il Moro" Sforza, Herzog von Mailand und Mäzen Leonardos

Durch Ludovicos Niederlage verlor Leonardo nicht nur seinen

Leonardos Entwurf für Die Jungfrau und die hl. Anna

Peter Paul Rubens: Episode mit der Fahne in der Schlacht von Anghiari *von Leonardo da Vinci*

Gönner, sondern sah sich auch gezwungen, seinen Wohnsitz zu verlegen. So kam er 1500 erneut nach Florenz. Im darauffolgenden Jahr stellte er seinen ersten Entwurf für das Gemälde *Die Jungfrau und die hl. Anna* vor. Die Reaktion des Publikums auf das Bild beschreibend, stellt Vasari fest, daß das Bild „nicht nur jeden Künstler mit Staunen erfüllte, sondern … auch gewöhnliche Männer und Frauen, Junge wie Alte strömten zwei Tage lang wie zu einem Fest herbei, um es zu sehen und zu bestaunen".

Im Jahre 1502 wandte sich Leonardo von der sublimen Darstellung der göttlichen Weiblichkeit ab, um als oberster Ingenieur in die Dienste des berühmt-berüchtigten Oberbefehlshabers der päpstlichen Truppen, Cesare Borgia, zu treten. Im Verlauf des folgenden Jahres unternahm er ausgiebige Reisen und fertigte für seinen neuen Gönner sechs bemerkenswert genaue Karten Mittelitaliens an. Doch weder diese Karten noch Leonardos militärische Erfindungen wußte Borgia erfolgreich für sich zu nutzen. Sein Kriegsglück schwand. Die Signoria von Florenz schickte ihm Niccolò Machiavelli als Berater, doch auch der große Stratege war nicht in der Lage, den Zusammenbruch der Truppen Borgias zu verhindern. Allerdings freundete sich Machiavelli während dieser Zeit mit Leonardo an – eine Freundschaft, die Leonardo nach seiner Rückkehr nach Florenz im April 1503 zu einem wichtigen Auftrag seitens der Signoria von Florenz verhalf.

Zur gleichen Zeit, als Leonardo mit dem Wandgemälde der *Schlacht von Anghiari* kämpfte, malte er ein Porträt, das Vasari zufolge die dritte Ehefrau des florentinischen Adligen Francesco del Giocondo darstellt. La Gioconda oder *Mona Lisa* wurde im wohl berühmtesten und zugleich mysteriösesten Gemälde aller Zeiten unsterblich. Leonardo nahm das Bild mit, als er nach Mailand zurückkehrte, um in die Dienste von Charles d'Amboise, des Vizekönigs Louis XII., zu treten. Während seines zweiten Aufenthaltes in Mailand konzentrierte sich der Künstler vor allem auf seine Studien der Anatomie, Geometrie, Hydraulik und des Fluges. Daneben entwarf und dekorierte er im Auftrag seines Mäzens Paläste, entwarf Denkmäler und baute Kanäle. Und es blieb ihm noch genug Zeit, um *Johannes der Täufer* und *Leda* zu malen.

Im Jahr 1512 vertrieb Ludovicos Sohn Maximilian die Franzosen aus

William Manchester charakterisiert die mangelnde Unterstützung für Leonardo da Vinci durch den Papst wie folgt: „... von allen großen Künstlern der Renaissance war es einzig da Vinci bestimmt, der päpstlichen Gnade verlustig zu gehen ... In einem weitergehenden Sinne stellte er eine größere Bedrohung der mittelalterlichen Gesellschaft dar als jeder Borgia. Cesare tötete nur Menschen. Leonardo da Vinci jedoch bedrohte wie Kopernikus die Sicherheit, daß das Wissen auf ewig durch Gott festgelegt war, und stellte damit das starre Denken in Frage, das keinen Raum für Neugier oder Innovation ließ. Leonardos Kosmologie ... war, genau betrachtet, eine stumpfe Waffe, um die Torheit zu bekämpfen, die es einer Mafia profaner Päpste unter anderem erlaubt hatte, das Christentum zu entweihen."

Niccolò Machiavelli. Machiavellis „Il principe" (Der Fürst), ein Meisterwerk des Pragmatismus, gehört zu den einflußreichsten Büchern der abendländischen Literatur.

Cesare Borgia. Die atemberaubende Geschichte der Familie Borgia stellt selbst die haarsträubendsten zeitgenössischen Seifenopern in den Schatten.

Meine Damen und Herren, der Kampf kann beginnen! Willkommen in der Sala del Gran Consiglio des Palazzo Vecchio zu diesem einmaligen Weltmeisterschaftskampf der beiden malenden Schwergewichte. An der Wand zu Ihrer Rechten mit verknautschter Jacke und gebrochener Nase der Herausforderer: Michelangelo Buonarroti. Er wird die Schlacht bei Cascina malen. An der anderen Wand, in dem von ihm zum Markenzeichen erhobenen rosafarbenen Rock und mit dem sorgfältig gepflegten, blondgelockten Bart der Champion: Leonardo da Vinci, der die *Schlacht von Anghiari* malen wird.

Dieser Wettkampf fand tatsächlich statt, vor allem dank des Einflusses von Machiavelli. Die Schlacht der Schlachten war das florentinische Ereignis schlechthin, in dem die wettbewerbsorientierte, unnachgiebige Haltung der vorrangig auf ihr Vermächtnis konzentrierten Stadtväter zum Ausdruck kam. Bedauerlicherweise kennen wir beide Werke nur durch Skizzen, Kopien und Beschreibungen. Leonardo experimentierte mit einer neuen Methode, um die Farben an der Wand zu fixieren, hatte damit aber keinen Erfolg. Er überließ das unvollendete Werk sich selbst, als sich die Farben zu zersetzen begannen, und kehrte 1506 nach Mailand zurück. Michelangelo wurde von Papst Julius II. nach Rom beordert und ließ nur Entwürfe zu seinem Gemälde zurück. Doch obwohl unvollendet, hatten beide Arbeiten einen wesentlichen Einfluß auf die weitere Entwicklung der Kunst. Kenneth Clark zufolge „stellen die Kartons der Schlachten von Leonardo und Michelangelo den Wendepunkt in der Renaissance dar ... sie begründen die beiden Stile, die die Malerei des 16. Jahrhunderts weiterentwickeln sollte – Barock und Klassik“.

Wer gewann die Schlacht der Schlachten? Clark rühmt Leonardos barocken Entwurf und preist seine unübertroffene Darstellung von Pferden und menschlichen Gesichtern, weist allerdings auch darauf hin, daß die Zeitgenossen wahrscheinlich Michelangelo vorzogen, vor allem wegen der unvergleichlichen Schönheit seiner klassischen Akte. Wir wissen, daß nicht nur Michelangelo Teile des Entwurfs von da Vinci in sein eigenes Skizzenbuch übertrug, sondern auch Leonardo unter dem Einfluß seines jüngeren Rivalen seine Akte heroischer zu gestalten suchte. Werten wir den Kampf also unentschieden.

Franz I., König von Frankreich und Mäzen Leonardos

Mailand und machte sich zum Herrscher, wurde allerdings bald darauf wieder entthront. Leonardo floh nach Rom, um Leo X., den neuen Medici-Papst, für sich als Mäzen zu gewinnen. Dessen Bruder war es schließlich, der ihm zu einem Stipendium und einer Wohnung im Vatikan verhalf. Der Papst war zwar ein Liebhaber der Künste, aber zu beschäftigt mit den Aufträgen, die er bereits an Michelangelo und Raphael vergeben hatte, um dem nunmehr sechzigjährigen Leonardo da Vinci gebührende Aufmerksamkeit zu schenken. Leonardo malte in dieser Periode kaum und konzentrierte sich vornehmlich auf Studien in den Bereichen der Anatomie, der Optik und der Geometrie. Allerdings lernte er den jungen Raphael kennen, den er nachhaltig beeinflußte.

Die halbherzige Unterstützung des Vatikans kam mit dem Tod seines Mäzens im Jahre 1516 vollends zum Erliegen. Enttäuscht bemerkte

Leonardo vor seiner Abreise aus Rom: „Die Medici haben mich groß gemacht, und sie haben mich zerstört."

Begleitet von seiner kleinen Entourage aus Schülern und Gehilfen zog Leonardo über Mailand nach dem im Tal der Loire liegenden Amboise. Er wußte, daß er nie wieder in das Land seiner Geburt zurückkehren würde. Die letzten Jahre vor seinem Tode verbrachte er als Protegé des französischen Königs Franz I. Obwohl Leonardo da Vinci im Laufe seines Lebens viele Mäzene und Bewunderer gehabt hatte, war der französische König vielleicht der einzige, der wenigstens annäherungsweise die Einzigartigkeit dieses Genius erkannte und wertschätzte. Franz stattete Leonardo mit einem hübschen Schloß sowie einem großzügigen Stipendium aus und verschaffte ihm die Freiheit zu arbeiten und zu denken, wie er es für richtig hielt. Sein offizieller Titel war zwar „Maler, Konstrukteur und Architekt des Königs", doch Leonardo da Vincis Hauptverpflichtung bestand darin, mit seiner Majestät zu parlieren und zu philosophieren. Benvenuto Cellini zufolge versicherte Franz, „daß es nie einen Menschen gegeben habe, der so viel wie Leonardo wußte, und das nicht nur auf dem Gebiet der Bildhauerei, Malerei und Architektur, denn er war auch ein ausgezeichneter Philosoph".

Unter der Patronage Franz I. widmete sich Leonardo erneut seinen Studien, doch die Jahre im Exil hatten seine Gesundheit angegriffen. Ein schwerer Schlaganfall hatte zu einer Lähmung seiner rechten Hand geführt. Leonardo war sich bewußt, daß er sterben würde, ohne den Traum einer Zusammenführung allen Wissens verwirklicht zu haben.

Wie große Teile seines Lebens liegen auch die letzten Tage vor seinem Tod im Nebel des Geheimnisvollen. „So wie ein mit nützlichen Tätigkeiten gefüllter Tag gesegneten Schlaf bringt", schrieb er einmal, „bringt ein wohl gelebtes Leben einen gesegneten Tod." Doch an anderer Stelle notierte er: „Nur mit dem größten Widerwillen verläßt die Seele den Körper, und deren Kummer und Klagen sind nicht grundlos." Vasari berichtet, daß Leonardo, der nie ein religiöser, dafür aber zutiefst spiritueller Mensch gewesen war, als er den Tod herannahen fühlte, „aufs Genaueste über die katholischen Sitten und die gute, heilige christliche Religion unterrichtet zu werden wünschte".

Leonardo thematisierte in seiner Skizze des Arno die Kräfte der Natur. Datiert auf den 5. August 1473.

Leonardo da Vinci starb am 2. Mai 1519 im Alter von 67 Jahren. Vasari behauptet, in seinen letzten Tagen sei er voller Reue gewesen und habe „Gott dafür um Vergebung gebeten, daß er so vieles unvollendet hinterlasse“. Leonardo selbst schrieb jedoch noch kurz vor seinem Tod: „Ich werde weitermachen ... Ich werde niemals müde, von Nutzen zu sein.“ Dem Bericht Vasaris zufolge, beschrieb Leonardo, während er in den Armen des französischen Königs starb, Wesen und Symptome seiner Krankheit mit größter wissenschaftlicher Präzision. Ob dies der Wahrheit entspricht, läßt sich nicht mit letzter Sicherheit sagen. Einige Historiker glauben zwar anhand von Quellen belegen zu können, daß sich Franz zum Zeitpunkt des Todes Leonardos gar nicht in Amboise aufhielt, doch ihre Beweisführung ist nicht lückenlos. Die Vorstellung indes, daß das Universalgenie selbst noch auf dem Totenlager seinem Drang des Lernens und Forschens folgte, ist alles andere als abwegig.

Das Leben Leonardo da Vincis breitet sich vor uns wie ein geheimnisvoller Teppich aus, durchwoben von Widersprüchlichkeiten und Ironie. Kein Mensch hat je so vieles auf so vielen Gebieten zu leisten vermocht. Und doch blieben viele seiner Arbeiten und Vorhaben unvollendet wie das *Abendmahl*, die *Schlacht von Anghiari* oder das Reiterdenkmal für Francesco Sforza. Nur siebzehn seiner Gemälde sind erhalten, einige davon unvollendet. Und obwohl seine Notizbücher und Manuskripte faszinierende Informationen enthalten, blieb das Vorhaben, sie zu ordnen und zu veröffentlichen, unausgeführt.

In einem Vergleich, den Sigmund Freud später aufgreifen sollte, beschrieb Dmitry Merezhkovsky, Autor des biographischen Romans „The Romance of Leonardo da Vinci", Leonardo als „einen Mann, der zu früh aufwacht, während es noch dunkel ist und alle um ihn herum noch schlafen".

Die Erklärungsversuche, warum Leonardo so viele seiner Arbeiten nicht vollendete, sind vielfältig und reichen von sozialen über politische und ökonomische bis hin zu psychosexuellen Ansätzen. Einige Wissenschaftler erklären ihn sogar zum Versager, der nichts zu Ende zu bringen vermochte – eine Argumentation, der Morris Philipson überzeugend entgegenhält, in diesem Falle könne man genausogut Kolumbus den Vorwurf machen, daß er Indien nicht entdeckt hätte.

Vielmehr weiß sich Philipson mit anderen Gelehrten darin einig, daß die Bedeutung Leonardos weniger in seinen spezifischen Leistungen auf einzelnen Gebieten als in seiner beispielhaften Art zu forschen und zu denken liegt. Leonardo verkörpert den Inbegriff der Suche nach Wissen jenseits der Grenzen des Bekannten.

Die Figur des Philosophen Platon in Raphaels Meisterwerk die Schule von Athen *soll nach dem Vorbild Leonardos gestaltet worden sein.*

TIMEO

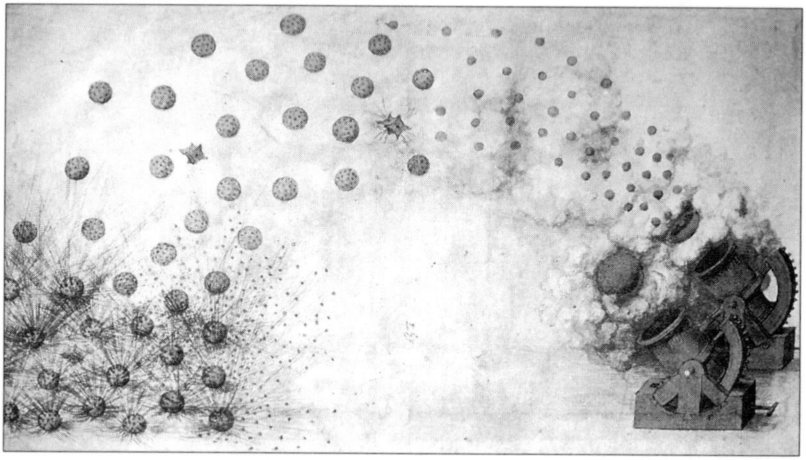

Leonardos Entwurf eines Minenwerfers.

Mit Sicheln bewehrter Streitwagen und „Panzer".

LEONARDOS GRÖSSTE LEISTUNGEN

Es bedürfte einer ganzen Enzyklopädie, um der vollen Bandbreite der Errungenschaften, die wir Leonardo verdanken, auch nur annäherungsweise gerecht zu werden. Als Maler gab Leonardo der Kunst eine neue Richtung. Er war nicht nur der erste abendländische Künstler, der Landschaften zum vorrangigen Thema eines Gemäldes machte. Er war auch ein Vorreiter der Maltechnik in Öl, ein Meister der Perspektive, des Chiaroscuro, Contrapposto, Sfumato und etlicher weiterer ebenso innovativer wie einflußreicher Techniken.

Den vergleichsweise wenigen Gemälden Leonardos stehen seine zahlreichen, nicht weniger eindrucksvollen Zeichnungen gegenüber. Seine Zeichnungen von Blumen und Pferden wie die Studien zur Anatomie, zum Flug und zum Fluß des Wassers bleiben unübertroffen. Auch als Baumeister und Bildhauer machte sich Leonardo einen berühmten Namen. Seine Tätigkeit als Baumeister beschränkte sich allerdings zum Großteil auf architektonische Studien und beratende Tätigkeiten.

Als Erfinder entwarf Leonardo eine Flugmaschine, einen Hubschrauber, einen Fallschirm, eine ausziehbare Leiter (wie sie noch heute von den Feuerwehren benutzt wird), die Dreigangschaltung, einen Gewindeschneider, das Fahrrad, einen verstellbaren Schraubenschlüssel, einen Schnorchel, eine hydraulische Hebevorrichtung, der Welt erste Drehbühne, ein Schleusensystem, ein horizontales Wasserrad, zusammenklappbare Möbel, eine Olivenpresse, eine Reihe von Musikautomaten, einen durch Wasserkraft betriebenen Wecker etc., etc.

Doch mehr noch als für einzelne Erfindungen verdient Leonardo Anerkennung für das Vorantreiben des Konzepts der Automatisierung. Er entwarf unzählige Maschinen, mit denen sich Arbeitskräfte einsparen und die Produktivität erhöhen ließ.

Als Konstrukteur von Kriegsgerät zeichnete Leonardo Entwürfe für Waffen, die vierhundert Jahre später realisiert werden sollten, darunter der bewaffnete Panzer, das Maschinengewehr, der Minenwerfer, die steuerbare Rakete und das U-Boot. Soweit wir wissen, kam zu seinen Lebzeiten jedoch niemand durch die von ihm entworfenen Waffen zu Schaden. Im eigentlichen Sinne Pazifist, nannte er Kriege *pazzia bestialissima* – einen scheußlichen Wahnsinn – und bezeichnete das damit verbundene Blutvergießen als „unendlich grauenhaft“. Seine Kriegsgeräte, schrieb er, waren dazu bestimmt, „das größte Geschenk der Natur, die Freiheit, zu erhalten“.

Leonardos wissenschaftliche Forschungen mag man allein wegen der beständigen Suche nach Wahrheit hochschätzen, doch er leistete mit ihnen unbestreitbar auch einen tatsächlichen Beitrag zu den verschiedensten Disziplinen:

Anatomie

- Er bahnte den Weg für die moderne vergleichende Anatomie.
- Er war der erste, der Querschnitte vom menschlichen Körper zeichnete.
- Seine Zeichnungen von Pferden und Menschen sind von unvergleichlicher Detailtreue und Genauigkeit.
- Er führte bis dahin noch nie dagewesene Untersuchungen am Kind im Mutterleib durch.
- Er war der erste, der ein Modell vom menschlichen Gehirn und den Herzkammern anfertigte.

Botanik

- Er war der Wegbereiter der modernen Botanik.
- Er beschrieb die Phänomene des Geotropismus (die Auswirkung der Erdanziehungskraft auf einige Pflanzen) und des Phototropismus (das Wachsen der Pflanzen in Richtung des Lichts).
- Er fand heraus, daß sich das Alter von Bäumen an den im Querschnitt ihres Stammes sichtbar werdenden Jahresringen ablesen läßt.
- Er war der erste, der die Anordnung der Blätter von Pflanzen systematisch beschrieb.

Geologie und Physik

- Wir verdanken Leonardo bedeutende Erkenntnisse über die Entstehung von Fossilien. Er dokumentierte als erster das Phänomen der Erosion. („Wasser nagt an Bergen und füllt Täler.“)
- Seine physikalischen Studien nahmen die Ergebnisse der modernen Hydrostatik, Optik und Mechanik vorweg.

Viele wissenschaftliche Entdeckungen, die Jahrzehnte oder Jahrhunderte später als große Errungenschaften von Kopernikus, Galilei, Newton oder Darwin gefeiert wurden, hatte Leonardo da Vinci bereits zu seiner Zeit gemacht und beschrieben.

40 Jahre vor Kopernikus – Leonardo da Vinci notierte in großen Lettern: „IL SOLE NO SI MUOVE“ – DIE SONNE BEWEGT SICH NICHT! Und er fügte hinzu: „Die Erde steht weder im Zentrum des Sonnenzirkels noch im Zentrum des Weltalls.“

60 Jahre vor Galilei – Leonardo machte den Vorschlag, „ein riesiges Vergrößerungsglas“ zu verwenden, um die Oberfläche des Mondes und anderer Himmelskörper zu untersuchen.

200 Jahre vor Newton – Die Theorie der Schwerkraft vorwegnehmend, schrieb er: „Jedes Gewicht neigt dazu, auf dem kürzesten möglichen Wege in Richtung des Zentrums zu fallen.“ Und an anderer Stelle fügte er hinzu: „Weil jede schwere Substanz nach unten drückt und nicht ständig gestützt werden kann, ist die Erde rund.“

400 Jahre vor Darwin – Leonardo ordnete den Menschen derselben Kategorie wie die Affen zu und schrieb: „Der Mensch unterscheidet sich nur in Zufälligkeiten von den Tieren.“

Unabhängig aber von seinen wissenschaftlichen Leistungen im einzelnen bereitete vor allem Leonardos Philosophie der beständigen Suche nach Wissen den Weg für modernes wissenschaftliches Denken.

TEIL 2

Die sieben Prinzipien des Leonardo da Vinci

Curiosità

***D**ie unstillbare **N**eugier auf das **L**eben und die beständige **S**uche nach neuem **W**issen.*

Jeder Mensch wird neugierig geboren. Die *Curiosità* wurzelt in diesem natürlichen Impuls, dem auch Sie gefolgt sind, als Sie dieses Buch aufgeschlagen haben. Den Wunsch, etwas zu lernen, tragen wir alle in uns. Die Herausforderung besteht darin, diesen Impuls zu unserem eigenen Vorteil zu nutzen und weiterzuentwickeln. In den ersten Lebensjahren ist der Mensch von einem unstillbaren Durst nach Wissen geprägt. Von Geburt an – manche behaupten sogar schon vorher – sind alle Sinne des Säuglings auf Erkunden und Lernen ausgerichtet. Sobald sie sprechen können, beginnen Kinder damit, unbeirrt Fragen zu stellen: „Mama, wie geht das? Warum gibt es mich? Papa, woher kommen die Babys?"

„Der Wunsch zu lernen, ist edlen Menschen angeboren."
– Leonardo da Vinci

Auch Leonardo da Vinci besaß als Kind diese ausgeprägte Neugier auf die ihn umgebende Welt. Fasziniert von der Natur, zeigte er ein bemerkenswertes Talent beim Zeichnen, aber ebenso in der Mathematik. Vasari berichtet, daß der junge Leonardo seinen Mathematiklehrer mit Fragen traktierte, und „den Lehrer, der ihn unterwies, durch beständige Zweifel und schwierige Aufgaben mehr als einmal verblüffte".

Große Genies stellen ihr ganzes Leben hindurch verwirrende, die Grundlagen des Selbstverständlichen erschütternde Fragen. Leonardos kindliche Fähigkeit zum Staunen, seine unersättliche Neugier, sein profundes, breit angelegtes Interesse und seine Bereitschaft, anerkannte Fakten in Frage zu stellen, ließen nie nach. Leonardos *Curiosità* war sein ganzes Leben hindurch Quelle und Antriebskraft zugleich.

Was waren Leonardos Motive? In seinem Buch „The Creators: A History of Heroes of the Imagination" verrät uns Daniel Boorstin, Gewinner des Pulitzer-Preises, was Leonardo auf keinen Fall antrieb. „Anders als Dante, hegte er keine Leidenschaft für Frauen. Anders als Giotto, Dante oder Brunelleschi fühlte er sich anscheinend weder dem Staat verpflichtet noch der Kirche oder Gott. Bereitwillig nahm er genauso Aufträge von den Medici, den Sforzas, den Borgias wie auch von den französischen Königen an – von Päpsten also und von deren Feinden. Ihm fehlte die sinnliche Weltlichkeit Boccaccios oder Chaucers, der Leichtsinn Rabelais', die Frömmigkeit Dantes oder die religiöse Hingabe Michelangelos." Loyalität, Hingabe und Leidenschaft Leonardos richteten sich allein auf die Suche nach Wahrheit und Schönheit. Wie Freud bemerkte: „Er verwandelte seine Leidenschaft in Neugier."

Leonardos Neugier durchdrang und bereicherte auch seine alltäglichen Erfahrungen, die Wahrnehmung seiner Umwelt. In einer typischen Passage in den Notizbüchern fragt da Vinci: „Seht ihr nicht, wie zahlreich und vielfältig die Taten sind, die allein der Mensch vollbringt? Seht ihr nicht, wie viele verschiedene Arten von Tieren es gibt und auch von Bäumen, Pflanzen und Blumen? Welche Vielfalt von hügeligen und ebenen Landschaften, von Quellen, Flüssen, Städten, öffentlichen und privaten Gebäuden; von zum Gebrauch für den Menschen gefertigten Werkzeugen; von verschiedenen Kleidern, Ornamenten und Künsten?"

An anderer Stelle fügt er hinzu: „Ich durchstreifte die Landschaft auf der Suche nach Antworten auf Phänomene, die ich nicht verstand. Warum es auf Berggipfeln Muscheln gibt oder Abdrücke von Korallen, Pflanzen und Seegras, die man gewöhnlich nur im Meer findet. Warum der Donner länger währt als das, was ihn verursacht, und warum der Blitz im Augenblick seines Entstehens sichtbar ist, während der Donner Zeit braucht, um bis zu unserem Ohr zu reisen. Wie sich im Wasser Ringe um die Stelle formen, an der ein Stein die Wasseroberfläche trifft, und warum ein Vogel sich in der Luft halten kann. Diese Fragen und andere merkwürdige Phänomene beschäftigen mich mein Leben lang."

Leonardos ausgeprägtes Verlangen, die Dinge bis in ihr Innerstes erkunden zu wollen, ließ ihn einen Forschungsstil entwickeln, der vor allem wegen seiner Gründlichkeit und der Bandbreite seiner Interessengebiete bemerkenswert ist. Kenneth Clark, der Leonardo als „den zweifellos neugierigsten Menschen, der je gelebt hat" bezeichnete, brachte dessen kompromißlose Suche nach der Wahrheit mit einer saloppen Formulierung auf den Punkt: „Er akzeptierte kein Ja als Antwort." Bei seinen anatomischen

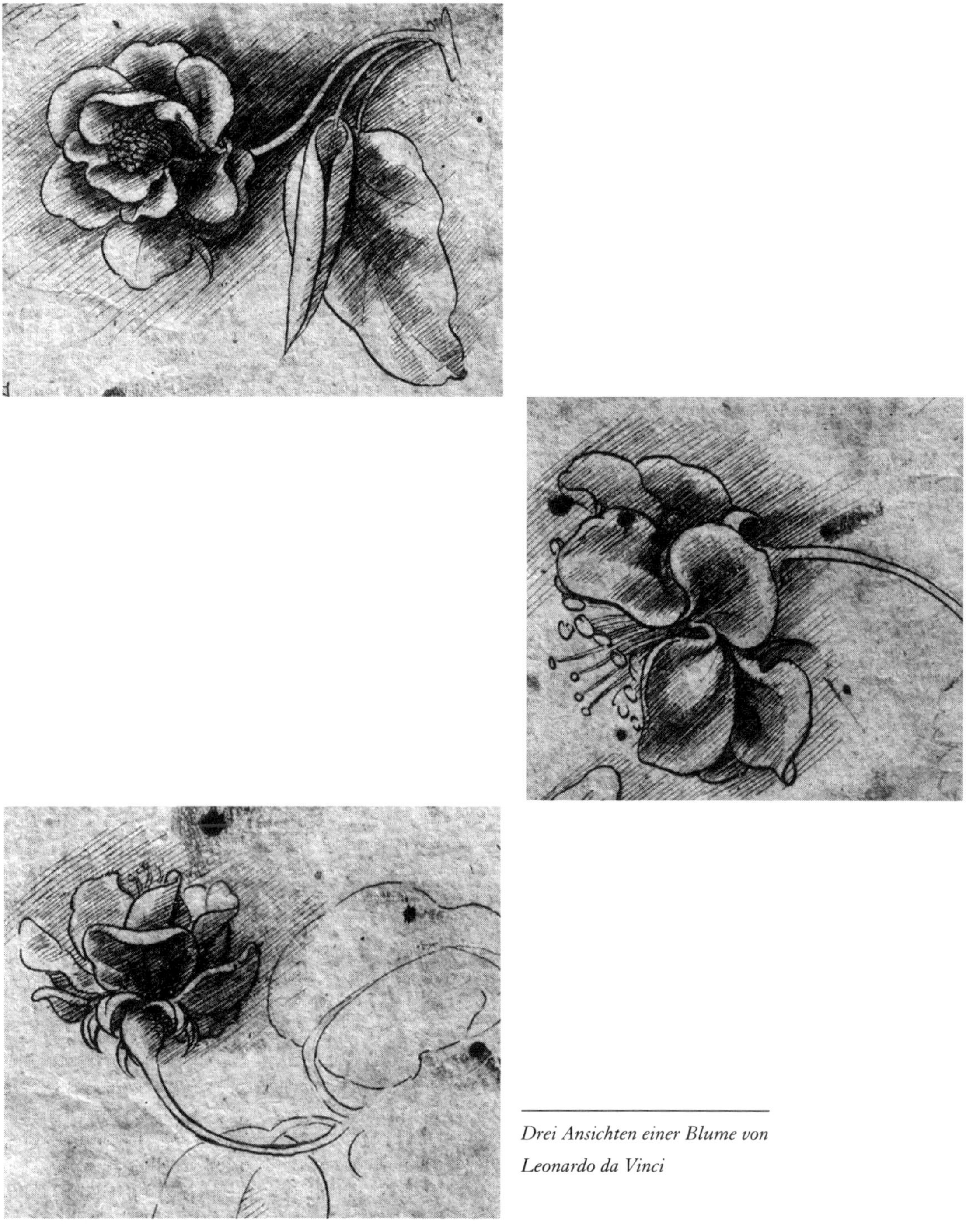

Drei Ansichten einer Blume von Leonardo da Vinci

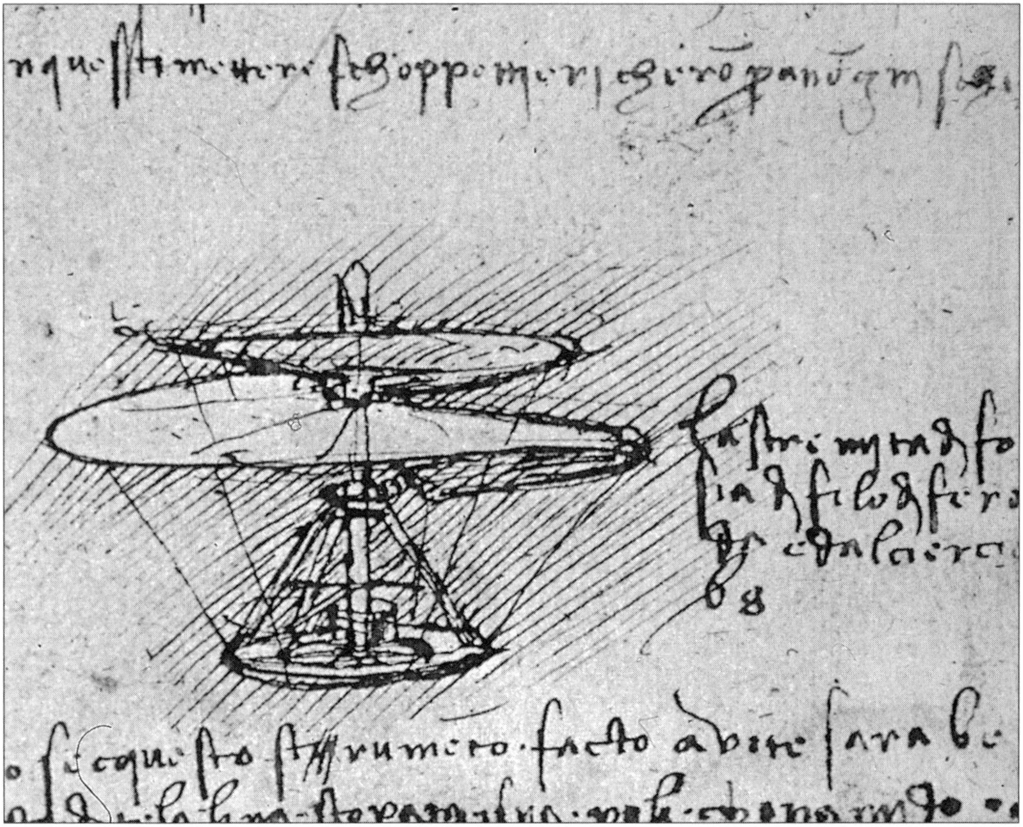

Neben seinen Entwürfen zu einem Helikopter und anderen Flugmaschinen machte sich Leonardo auch Gedanken zu einem Fallschirm. „Wenn ein Mensch ein Zeltdach aus abgedichteter Leinwand, das 12 Ellen breit und 12 hoch sein soll, über sich hat, so wird er sich aus jeder noch so großen Höhe herabstürzen können, ohne Schaden zu nehmen.“ Leonardos Arbeit für einen Fallschirm ist besonders erstaunlich. Die Erfindung des Flugzeugs lag zwar noch in weiter Ferne und doch entwarf er ein Mittel, mit dessen Hilfe man eine Flugmaschine unbeschadet verlassen konnte. Und noch unglaublicher ist, daß die von Leonardo vorgeschlagenen Proportionen für den Fallschirm noch heute Gültigkeit haben.

Forschungen zum Beispiel sezierte Leonardo jeden Teil des Körpers aus mindestens drei verschiedenen Blickwinkeln. So schrieb er:

> Meine Zeichnung des menschlichen Körpers wird dir so deutlich erscheinen, als hättest du den Menschen selbst vor dir; und der Grund dafür ist, daß, willst du die Teile eines Menschen anatomisch gründlich studieren, so mußt du oder dein Auge ihn aus verschiedenen Perspektiven sehen, ihn von unten, von oben und den Seiten betrachten, ihn umdrehen und den Ursprung jedes einzelnen Gliedes suchen ... Daher wird dir durch meine Zeichnungen jeder Teil bekannt werden, die jeden Teil von drei verschiedenen Standpunkten aus zeigen.

Mit der gleichen Leidenschaftlichkeit erstreckte sich Leonardos Neugier auf alle anderen Bereiche des Lebens. Und wenn das Einnehmen un-

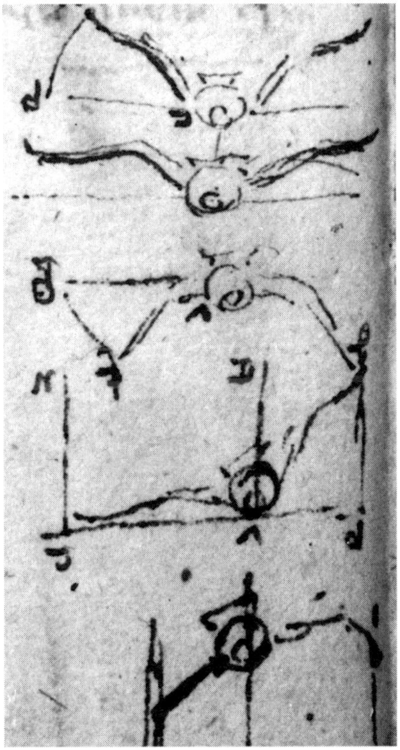

Studie fliegender Vögel von Leonardo da Vinci

terschiedlicher Perspektiven einen tieferen Einblick in das Wissen vom menschlichen Körper lieferte, so sollte es ihm auch helfen, seine Versuche zu bewerten, dieses Wissen anderen mitzuteilen. Das Ergebnis: Schicht um Schicht strenge Prüfung, die dazu diente, nicht nur seine Kenntnisse, sondern auch den Ausdruck zu verbessern, wie er in seinem Traktat über die Malerei erklärt:

> Wir wissen, daß man Fehler viel leichter in den Werken anderer als in unseren eigenen entdeckt … Ich sage, du sollst beim Malen immer einen flachen Spiegel in der Nähe haben und oft dein Werk darin anschauen, das du darin umgekehrt siehst, wodurch es dir wie das Werk eines anderen Meisters vorkommt, und im Spiegel wirst du deine Fehler besser erkennen als sonst.

„Denn in Wahrheit wird große Liebe durch das Wissen um das Geliebte geboren."
— Leonardo da Vinci

Da er sich mit einer einzigen Strategie zur objektiven Beurteilung seines Werkes noch nicht zufriedengibt, fügt er hinzu: „Es ist auch von Vorteil, von Zeit zu Zeit wegzugehen und sich ein wenig zu entspannen; denn wenn man zu seinem Werk zurückkehrt, wird das eigene Urteil sicherer sein, da das beständige Ausharren bei der Arbeit das Urteilsvermögen trübt."

Und schließlich schlägt er noch vor: „Es ist auch ratsam, einige Schritte zurückzutreten, weil dann das Werk kleiner erscheint und man mehr mit dem Auge erfaßt, und fehlende Harmonie oder Proportion in den verschiedenen Teilen … lassen sich leichter entdecken."

Seine unermüdliche Suche nach Wahrheit veranlaßte ihn, die Realität aus ungewöhnlichen und extremen Blickwinkeln zu betrachten. So tauchte er ins Wasser ein (er entwarf einen Schnorchel, eine Taucherausrüstung sowie ein U-Boot) und erhob sich in die Lüfte (man denke nur an seine Entwürfe für einen Hubschrauber, den Fallschirm und die berühmte Flugmaschine). In seinem leidenschaftlichen Drang nach Erkenntnis ließ er sich in unergründliche Tiefen hinab und erklomm bis dahin unvorstellbare Höhen.

Leonardos Begeisterung für das Fliegen – seine Studien zu Atmosphäre, Wind und vor allem zu den Bewegungen der Vögel – ist gleichsam eine Metapher für sein Leben und Werk. Eine Seite in seinen Notizbüchern zeigt einen Vogel im Käfig, darunter die Worte: „Die Gedanken richten sich auf die Hoffnung.“ Nicht ohne Rührung notiert er, daß ein Goldfinkenweibchen seine im Käfig gefangenen Jungen mit einer giftigen Pflanze füttert – „Besser tot als der Freiheit beraubt“.

CURIOSITÀ IN DER PRAKTISCHEN ANWENDUNG

Große Köpfe stellen große Fragen. Die Fragen, die uns täglich beschäftigen, spiegeln unsere Ziele wider und beeinflussen unsere Lebensqualität. Das aktive Bemühen um eine forschende, fragende Geisteshaltung nach dem Vorbild Leonardo da Vincis belohnt uns mit einer Erweiterung unseres Horizonts und einer Verbesserung der Fähigkeit, die Grenzen unseres eigenen Universums auszuloten.

Haben Sie die Tür zur Freiheit aufgestoßen? Die folgenden Übungen sollen Ihnen dabei helfen. Doch nehmen Sie sich zunächst einen Moment Zeit, und denken Sie darüber nach, wie oft und wie effektiv Sie Ihre *Curiosità* bereits jetzt schon einsetzen – und was Sie gewinnen können, wenn Sie dies häufiger tun.

Wie neugierig sind Sie? Wann haben Sie sich das letzte Mal auf der Suche nach Wahrheit weitergebildet? Was haben Sie dadurch gewonnen? Kennen Sie jemanden, der die Ideale der *Curiosità* verkörpert? Und welche Bereicherung stellt dies für sein Leben dar?

Ihre eigene *Curiosità* läßt sich wesentlich leichter weiterentwickeln und praktisch verwenden, als Sie vielleicht vermutet haben. Beantworten Sie zunächst die Fragen zur Selbsteinschätzung auf der nächsten Seite; Ihre Antworten werden Ihnen verraten, wie weit Sie bereits jetzt von Ihrer Neugier Gebrauch machen – und welche Bereiche noch Raum zur Steigerung bieten. In einem nächsten Schritt können Sie sich dann mit Hilfe der aufgeführten einfachen Übungen an einer weiteren Ausbildung der *Curiosità* versuchen.

Leonardo schrieb seine Notizen in Spiegelschrift – eine Eigenheit, die der Wissenschaft bis heute Rätsel aufgibt. Während manche Fachleute davon ausgehen, daß es sich um eine bewußte Verschlüsselung handelt, vertreten andere die These, das spiegelverkehrte Schreiben sei für den Linkshänder einfach bequemer gewesen.

Curiosità:
Selbsteinschätzung

- ❑ Ich halte meine Fragen und Erkenntnisse in einem Tagebuch oder Notizheft fest.
- ❑ Ich nehme mir Zeit zum Nachdenken und zur Kontemplation.
- ❑ Ich lerne ständig Neues.
- ❑ Wenn ich vor einer wichtigen Entscheidung stehe, betrachte ich die Angelegenheit bewußt aus verschiedenen Blickwinkeln.
- ❑ Ich verschlinge Bücher geradezu.
- ❑ Ich lerne von kleinen Kindern.
- ❑ Ich bin in der Lage, Probleme zu erkennen und zu lösen.
- ❑ Meine Freunde würden mich als aufgeschlossen und neugierig beschreiben.
- ❑ Wenn ich ein unbekanntes Wort oder einen neuen Ausdruck höre, schlage ich seine Bedeutung nach und notiere sie mir.
- ❑ Ich weiß viel über andere Kulturen und lerne beständig mehr.
- ❑ Ich beherrsche eine Fremdsprache oder bin gerade dabei, eine zu lernen.
- ❑ Die Reaktionen meiner Freunde, Familienangehörigen und Kollegen auf mein eigenes Verhalten sind mir wichtig.
- ❑ Ich liebe es zu lernen.

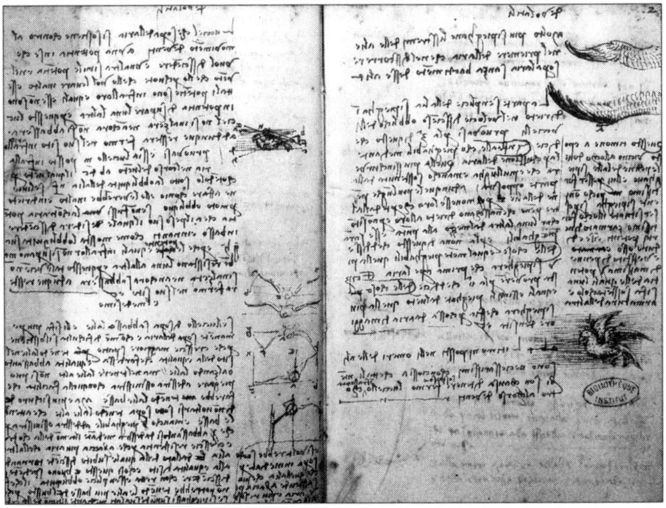

Im November 1994 kaufte Bill Gates 18 Bögen aus Leonardos Notizbüchern und zahlte dafür einen Preis von 30,8 Millionen Dollar.

Curiosità: Anwendung und Übung

Führen Sie ein Notizbuch

Leonardo da Vinci trug immer ein Notizbuch bei sich, um seine Ideen, Eindrücke und Beobachtungen jederzeit festhalten zu können. Seine Notizbücher (siebentausend Seiten sind erhalten, und man geht davon aus, daß dies nur etwa die Hälfte der Schriften ist, die er Francesco Melzi in seinem Testament hinterließ) enthalten witzige Anekdoten und Fabeln, Beobachtungen und Gedanken von Gelehrten, die Leonardo verehrte, Angaben zu seinen eigenen Finanzen, Briefe, Bemerkungen zu Problemen, die sich in seinem Haushalt auftaten, philosophische Reflexionen und Vorhersagen, Pläne für Erfindungen sowie Abhandlungen über Anatomie, Bota-

„Dies soll eine Sammlung ohne Ordnung sein, ein Auszug aus vielen Schriften, die ich abgeschrieben habe in der Hoffnung, sie später an den gegebenen Stellen einzuordnen, je nach den Stoffen, die sie behandeln. Und ich glaube, daß ich, ehe ich damit fertig bin, dasselbe wohl mehrere Male wiederholen werde. Also, Leser, tadle mich nicht, denn der Gegenstände sind viele …“

– Deckblatt zu einem von Leonardos Manuskripten zur Physik

nik, Geologie, die Kunst des Fliegens, das Wasser und die Malerei.

Häufig finden sich auf einer einzigen Seite Notizen zu völlig unterschiedlichen Themen. Und schließlich füllen die Seiten natürlich die faszinierendsten Skizzen, Kritzeleien und Illustrationen. Obwohl Leonardo offenbar vorhatte, seine Notizen zu ordnen und zu veröffentlichen, kam es nie dazu: Er war wohl zu sehr damit beschäftigt, Fragen zu stellen, Beobachtungen zu machen und Ideen zu entwickeln.

Wie Leonardo können auch Sie der *Curiosità* auf die Sprünge helfen, indem Sie Ihre Gedanken in einem Notizbuch festhalten. Kaufen Sie ein gebundenes Heft oder ein Buch mit leeren Seiten. Dabei spielt es keine Rolle, ob Sie zu einem preiswerten Schulheft greifen oder sich für eine luxuriösere Version mit einem ansprechenden Einband entscheiden. Wichtig ist allein, daß Sie es immer bei sich tragen und regelmäßig Ihre Eintragungen machen. Ergänzen Sie Ihr Notizbuch um einen Skizzenblock und einen Aktenordner, in dem Sie Unterlagen zu den verschiedensten Fragestellungen sammeln. Schneiden Sie Artikel aus Zeitschriften aus, oder holen Sie sich Informationen aus dem Internet zu Themen, die Sie interessieren – Wissenschaft, Kunst, Musik, Ernährung, Gesundheit ...

Benutzen Sie wie Leonardo Ihr Notizbuch, um Fragen, Beobachtungen, Erkenntnisse, Witze, Träume und Überlegungen aufzuzeichnen (ob Sie auch in Spiegelschrift schreiben wollen, bleibt Ihnen überlassen).

Unser hektischer Alltag und die Verpflichtungen des Berufslebens fordern von uns klare Entscheidungen und greifbare Ergebnisse. Das Führen eines Tagebuches nach dem Vorbild da Vincis hingegen, das zugleich fragend, vorläufig, unvollendet und urteilsfrei ist, unterstützt die Freiheit des Denkens und erweitert den Horizont. Kümmern Sie sich wie der große Meister nicht um Ordnung oder logische Abfolgen, sondern schreiben Sie einfach auf, was Ihnen einfällt.

Nutzen Sie für die folgenden Übungen zur *Curiosità* Ihr Notizbuch:

> *„Federn werden Menschen in den Himmel erheben wie Vögel; nämlich durch die mit dem Federkiel geschriebenen Buchstaben."*
>
> – Leonardo da Vinci

Hundert Fragen

Schreiben Sie eine Liste mit einhundert Fragen in Ihr Notizbuch, die Ihnen wichtig erscheinen. Ihre Liste kann alle möglichen Fragen beinhalten, wenn sie nur eine Bedeutung für Sie haben, von „Wie kann ich mehr Geld sparen?" über „Wie wird mein Leben abwechslungsreicher" bis „Worin bestehen Bedeutung und Sinn meines Daseins?"

Stellen Sie Ihre Liste ohne Unterbrechung in einem Zug auf. Schreiben Sie rasch, ohne sich um Rechtschreibung, Grammatik oder eventuelle Wiederholungen Gedanken zu machen (mehrfach aufgeführte Fragen werden Sie auf signifikante Themen aufmerksam machen). Warum gerade hundert Fragen? Die ersten zwanzig werden die Probleme behandeln, die Sie zur Zeit vordergründig am meisten beschäftigen. Die nächsten dreißig oder vierzig Fragen werden Sie auf Ihnen wichtige, aber nicht so präsente Themen aufmerksam machen. Und in den letzten Fragen werden Sie wahrscheinlich so manch Unerwartetes entdecken.

Wenn Sie fertig sind, lesen Sie Ihre Liste noch einmal durch und unterstreichen die zentralen Themen, die sich darin abzeichnen. Betrachten Sie die Themen, ohne sie zu beurteilen. Handeln die meisten Ihrer Fragen von Beziehungen, Ihrem Beruf, der Freizeit, Geld, dem Sinn des Lebens?

Hitliste der zehn wichtigsten Fragen

Gehen Sie noch einmal Ihre Liste mit den hundert Fragen durch. Wählen Sie die zehn Fragen aus, die Ihnen am wichtigsten erscheinen, und numerieren Sie sie Ihrer Bedeutung nach von eins bis zehn durch. (Selbstverständlich können Sie jederzeit neue Fragen hinzufügen oder die Reihenfolge ändern.) Versuchen Sie zunächst noch nicht, Anworten auf Ihre Fragen zu finden.

Zehn Power-Fragen

Die folgenden Fragen wurden den „Hitlisten" verschiedener Menschen entnommen. Gemeinsam ist ihnen, daß sie Katalysatoren für die persönliche Fortentwicklung darstellen. Übertragen Sie sie in Ihr Notizbuch, um sich ihrer Bedeutung bewußt zu werden:

- Wann bin ich am meisten ich selbst? Welche Menschen, Orte und Tätigkeiten erlauben es mir, ganz ich selbst zu sein?
- Gibt es etwas in meinem Leben, mit dem ich heute aufhören könnte, etwas, das ich beginnen könnte, um damit meine Lebensqualität entscheidend zu verbessern?
- Worin liegt meine größte Begabung?
- Wie kann ich mit dem, was ich gerne tue, Geld verdienen?
- Welche Vorbilder beeindrucken mich am meisten?
- Wie kann ich anderen am besten dienen?
- Welchen Herzenswunsch hege ich in meinem Innern?
- Wie nehmen mich meine engsten Freunde, meine ärgsten Feinde, mein Chef, meine Kinder etc. wahr?

- Was sind die Segnungen in meinem Leben?
- Was möchte ich auf dieser Welt hinterlassen?

Wie fliegt ein Vogel?

Wählen Sie eins der folgenden Themen, die sich an Leonardo da Vincis leidenschaftlichen Forschungsinteressen orientieren: ein Vogel im Flug, fließendes Wasser, der menschliche Körper, eine Landschaft, reflektiertes Licht, ein Knoten oder Zopf. Notieren Sie nun in Ihrem Tagebuch mindestens zehn Fragen zu diesem Thema. Auch bei dieser Übung geht es nicht darum, Antworten zu finden, sondern sich ganz im Sinne der *Curiosità* allein auf die Fragen zu konzentrieren. Zum Beispiel zu dem Thema: Wie fliegt ein Vogel?

- Warum hat er zwei Flügel?
- Warum hat er Federn?
- Wie „startet" er?
- Wie verringert er sein Tempo?
- Wie beschleunigt er?
- Wie hoch kann ein Vogel fliegen?
- Wann schläft er?
- Wie gut kann er sehen?
- Wovon ernährt er sich?

Dann wählen Sie ein Thema aus Ihrem Privat- oder Berufsleben und machen damit die gleiche Übung. Stellen Sie sich selbst zehn Fragen zu Ihrer Karriere, Ihren privaten Beziehungen, Ihrer Gesundheit. Schreiben Sie die Fragen in Ihr Notizbuch – doch wie gesagt: vorerst nur Fragen, noch keine Anworten.

Beispiel für eine Themenübung

Mein Freund Michael Frederick ist nicht nur Theaterregisseur und Schauspiellehrer, sondern unterrichtet auch die Feldenkrais-Methode, die Alexandertechnik und Yoga. Mit der Leonardo-Themenarbeit beschäftigt er sich seit mehr als zwanzig Jahren. Die folgenden unveröffentlichten Auszüge aus seinem Notizbuch überließ er mir freundlicherweise als Anschauungsmaterial:

10. Januar 1998. Thema: Kontakt mit Gegenständen

1) 7.40 Uhr. Machte mir den Moment bewußt, in dem meine Füße den Boden berührten. Spürte, wie der Kontakt mit dem Boden mich stützte und sich durch meinen ganzen Körper hindurch fortsetzte, während ich aufstand.
2) 8.20 Uhr. Während ich mir die Zähne putzte, sah ich, daß ich die Zahnbürste mit der rechten Hand zu fest umklammerte. Die Spannung setzte sich in Arm und Schulter fort und verursachte einen verkrampften Nacken. Beim Blick in den Spiegel merkte ich, daß ich nicht gerade stand, sondern mit hängenden Schultern.
3) 11.30 Uhr. Halte den Telefonhörer fest umklammert und habe den Kopf leicht nach rechts geneigt. Schmerzen in Arm und Schulter. Halte an den Dingen zu sehr fest … „als ob mein Leben davon abhinge".
4) 16.30 Uhr. Während ich in aller Eile ein Sandwich aß, wurde mir bewußt, daß ich es hinunterschlang, ohne darauf zu achten, was ich aß. Ich stand unter Zeitdruck, schmeckte nichts, wußte nicht einmal, was auf dem Sandwich war.
5) 17.30 Uhr. Den Sonnenuntergang erlebte ich heute bewußt, spürte die Wärme der Sonne auf meinem Gesicht, die mich einen Moment innehalten und klar erkennen ließ, welche Aufgabe vor mir liegt (mehr im gegenwärtigen Augenblick zu leben).
6) 21.30 Uhr. Habe die Post durchgesehen. Bin gezwungen, Zeit mit unwichtigen Werbebriefen (d. h. unwichtigen Gegenständen) zu vergeuden. Hatte das Gefühl, als ob mein Leben durch das Sortieren, Ablegen, Reparieren und Organisieren von Gegenständen bestimmt ist. Ich werde zum bloßen „Hausmeister" der Gegenstände!
7) 22.30 Uhr. Während ich diesen Füllfederhalter in der Hand halte, wird mir bewußt, wie wenig Anstrengung es eigentlich bedarf, um damit zu schreiben.

Themenbeobachtung

Die Arbeit an einem Thema stellt ein wirkungsvolles Mittel dar, sich auf seine *Curiosità* zu konzentrieren. Wählen Sie ein Tagesthema und halten Sie Ihre Beobachtungen dazu im Tagebuch fest. Es bleibt Ihnen überlassen, ob Sie Ihre Gedanken sofort niederschreiben oder sich gleichsam im Kopf Notizen machen, die Sie in einer ruhigen Minute zu Papier bringen. Versuchen Sie, Ihre Beobachtungen so genau und einfach wie möglich zu halten. Schlußfolgerungen und Theorien sind gut, aber die reine Beobachtung ist das beste Hilfmittel.

Wenn Sie mögen, können Sie eines der folgenden Themen auswählen: Gefühle, Sehen, Hören, Berühren, Ästhetik oder Tiere.

Kontemplationsübung

Im Zeitalter von Soundbites ist Kontemplation nur mehr eine vergessene Kunst. Unser aller Konzentrationsfähigkeit läßt nach, die Seele leidet. Kontemplation ist laut Duden „religiöse Versenkung; Beschaulichkeit, Betrachtung".

Wählen Sie nun eine der Fragen aus. Zum Beispiel: Welche Menschen, Orte und Tätigkeiten erlauben es mir, ganz ich selbst zu sein? Halten Sie diese Frage in Gedanken für mindestens zehn Minuten präsent. Dazu empfiehlt es sich, sie in großen Lettern auf ein Blatt Papier zu schreiben. Dann:

- Suchen Sie einen ruhigen Ort auf und hängen Sie das Blatt an der Wand vor sich auf.

- Entspannen Sie sich, atmen Sie tief und langsam.
- Sobald Ihre Gedanken abschweifen, konzentrieren Sie sich wieder auf die Frage, indem Sie sie laut lesen.

Assoziationsübung

Das assoziative Schreiben, eine wirkungsvolle Ergänzung zur Kontemplation, ist ein wundervolles Werkzeug, um die Tiefe Ihrer Fragen auszuloten. Wählen Sie eine Frage aus, und schreiben Sie rasch Ihre Gedanken und Assoziationen zu diesem Thema in Ihr Notizbuch.

Nehmen Sie sich mindestens zehn Minuten Zeit dafür. Das Geheimnis gelungenen assoziativen Schreibens liegt darin, daß der Stift immer in Bewegung bleibt; heben Sie den Stift nicht vom Papier und halten Sie nicht inne, um die Rechtschreibung zu korrigieren.

Assoziatives Schreiben bringt eine Menge Unsinniges und Redundantes zutage, führt aber auch zu aufschlußreichen Einsichten. Verdrängen Sie Ihre Befürchtung, nur sinnloses Geschwafel zu Papier zu bringen.

- Machen Sie nach jeder Sitzung eine Pause.
- Nehmen Sie Ihr Notizbuch noch einmal zur Hand und lesen Sie laut, was Sie geschrieben haben.
- Unterstreichen Sie die Themen, Wörter oder Sätze, die Sie am stärksten ansprechen.
- Denken Sie über das Motto des Dichters nach: „Schreibe, wenn du betrunken bist, überarbeite, wenn du nüchtern bist."

Kontemplations- und Assoziationsübungen sind hervorragende Hilfsmittel bei der Lösung persönlicher und beruflicher Probleme.

DIE CURIOSITÀ UND DAS LÖSEN VON PPROBLEMEN

Erinnern Sie sich an Ihre Schulzeit. Wie erging es den Mitschülern, die zu viele Fragen stellten? Die immer wiederkehrende Klage überarbeiteter Lehrer lautete: „Wir haben keine Zeit für all diese Fragen. Wir müssen jetzt mit dem Stoff weiterkommen." Heutzutage diagnostiziert man bei hartnäckigen kleinen Fragern gern MCD (minimale cerebrale Disfunktion) oder Hyperaktivität und gibt ihnen dann Medikamente. Würde der junge Leonardo heute leben und eine Grundschule besuchen, würde man ihn wahrscheinlich medikamentös behandeln.

Warum ist der Himmel blau? Leonardos Antwort: „Ich behaupte, daß das Azur, das die Luft uns sehen macht, nicht die wahre Farbe ist, sondern daß diese Farbe Folge warmer, feuchter Luft ist, verdunstet in winzige, unsichtbare Teilchen, die, wenn das Licht der Sonne auf sie trifft, zu leuchten beginnen unter der Finsternis der überwältigenden Dunkelheit, die sich wie ein Deckel über sie stülpt."

Obwohl wir alle mit einer unstillbaren Neugierde geboren wurden, haben die meisten von uns spätestens in der Schule gelernt, daß in unserer Gesellschaft Antworten mehr Bedeutung beigemessen wird als den dahinterstehenden Fragen. In der Regel werden in unseren Schulen Neugier, die Freude am Zweideutigen und die Fähigkeit, Fragen zu stellen, nicht gefördert. Im Gegenteil, die Denkleistung, die belohnt wird, ist das Finden der „richtigen Antwort" – das heißt, der Antwort, die die Autorität repräsentierende Person, der Lehrer, für eine solche hält. Dieses Muster setzt sich bis in die Ausbildung an den Universitäten fort, vor allem in Seminaren, in denen der Professor zugleich Autor des Lehrmaterials ist. Der auf Autoritätsgläubigkeit und Regelbefolgung ausgerichtete, Fragen unterdrückende Bildungsansatz mag zwar dazu taugen, die Gesellschaft mit Fließbandarbeitern und Bürokraten zu versorgen, doch er bereitet uns kaum auf eine neue Renaissance vor.

Leonardo da Vincis gesamtes Leben war eine Übung in kreativer Problemlösung auf höchstem Niveau. Das Prinzip der *Curiosità* liefert den Schlüssel zu seiner Methode. An dessen Anfang stehen intensive Neugier und aufgeschlossenes Denken, gefolgt von einer Vielzahl aus verschiedenen Blickwinkeln gestellter Fragen.

„Am Anfang stehen Fragen nach der Konstruktion bestimmter Maschinen, dann, unter dem Einfluß des Archimedes, Fragen nach den Grundprinzipien der Dynamik; und schließlich Fragen, die noch nie zuvor gestellt worden waren, Fragen nach den Winden, den Wolken, dem Alter der Erde und der Menschheit, dem menschlichen Herzen."

– KENNETH CLARK ÜBER LEONARDOS NOTIZBÜCHER

Steigern Sie Ihre Fähigkeit, persönliche und berufliche Probleme zu lösen, indem Sie Ihr Bewußtsein für Fragen schärfen. Für die meisten Menschen bedeutet dies, daß sie lernen müssen, sich nicht mehr auf die Suche nach der „richtigen Antwort" zu konzentrieren, sondern sich zunächst Fragen zu stellen wie: „Ist dies die richtige Frage?" und „Welche anderen Möglichkeiten gibt es, dieses Problem zu betrachten?"

Erfolgreiche Problemlösungen erfordern häufig ein Umformulieren oder Umgewichten der Ausgangsfrage. Fragen können auf die verschiedenste Weise gestellt werden, und ihre Formulierung beeinflußt Ihre Fähigkeit, Lösungen zu finden, in ganz entscheidendem Maße. Der Psychologe Mark Brown beschreibt ein Beispiel für die Evolution des Fragens, die zu einer grundlegenden Transformation der menschlichen Gesellschaft führte. Nomadengesellschaften gründeten sich auf die Frage: „Wie kommen wir an Wasser?" Diese Gesellschaften entwickelten sich aber zu agrarischen, seßhaften Kulturen, als sie zu fragen begannen: „Wie bringen wir das Wasser zu uns?"

FRAGEN FINDEN

Wie läßt sich die Fähigkeit ausbilden, Fragen so zu stellen, daß Lösungen sichtbar werden? Beginnen Sie, indem Sie einfache Fragen stellen. Als gebildeter Mensch neigt man nur zu häufig dazu, einfache Fragen als selbstverständlich zu übergehen.

Formulieren Sie ungewöhnliche Fragen: Warum ist der Kaiser nackt? Warum ist das ein Problem? Geht es wirklich darum? Warum haben wir es schon immer so gemacht?

Beschreiben Sie ein Problem, das Sie in Ihrem Privatleben oder im Beruf zur Zeit beschäftigt, in Ihrem Notizbuch und stellen Sie dann die Fragen: **Was? Wann? Wer? Wie? Wo?** und **Warum?**

Was ist das Problem? Was sind die zugrunde liegenden Schwierigkeiten? Die vorgefaßten Meinungen, Vorurteile oder Paradigmen, die meine Wahrnehmung möglicherweise beeinflussen? Was passiert, wenn ich das Problem ignoriere? Welche Lösungsmöglichkeiten habe ich noch nicht in Betracht gezogen? Welche weiteren Probleme könnten sich durch die Lösung dieses Problems ergeben? Welche Vergleiche mit der Natur könnten hilfreich sein?

Wann trat das Problem zum ersten Mal auf? Wann kehrt es wieder und wann spielt es keine Rolle? Wann werden die Folgen sichtbar? Wann muß es gelöst sein?

Wer ist davon betroffen? Wen kümmert es? Wer hat es in die Welt gesetzt? Wer sorgt dafür, daß es weiterhin besteht? Wer kann helfen, es zu lösen?

Natürliche Phänomene zum Vorbild zu nehmen, war ein von Leonardo bevorzugtes Verfahren. Zu der herrlichen Wendeltreppe im Schloß von Blois, die er für den französischen König entwarf, inspirierten ihn zum Beispiel die gedrechselten Häuser der Trompetenschnecke, die er viele Jahre zuvor an der italienischen Nordwestküste gesammelt hatte. Mit seinem Entwurf für ein der Blockflöte ähnelndes Blasinstrument orientierte er sich an seinen Studien des menschlichen Kehlkopfs. In jüngerer Zeit ließ sich Alexander Graham Bell bei der Erfindung des Telefons durch die Form des menschlichen Ohrs anregen; die kleinen Kletten, die sich bei einem Waldspaziergang an unsere Kleidung heften, waren der Auslöser für die Erfindung des Klettverschlusses.

„Er gab sich nicht damit zufrieden festzuhalten, wie etwas funktioniert: Er wollte herausfinden, warum. Es war diese Neugier, die aus einem Techniker einen Wissenschaftler machte.“
– KENNETH CLARK ÜBER LEONARDO

Wie sieht mein Problem genau aus? Wie kann ich mehr objektive Informationen bekommen? Kann ich es aus einem neuen Blickwinkel betrachten? Kann ich andere Akzente setzen? Wie kann ich wissen, daß es gelöst ist?

Wo taucht mein Problem auf? Wo hat es begonnen? Wo habe ich noch nicht nach Ursachen gesucht? Wo ist dieses Problem noch aufgetreten?

Warum ist das Problem von Bedeutung? Warum ist es aufgetreten? Warum besteht es weiter fort? Fragen Sie immer wieder nach dem „Warum“, um den Dingen auf den Grund zu gehen.

DIE CURIOSITÀ UND BESTÄNDIGES LERNEN

Leonardo wußte um die enorme Bedeutung des beständigen Lernens: „So wie Eisen bei Nichtgebrauch rostet und stehendes Wasser verwest oder sich bei Kälte in Eis verwandelt, so schwindet auch unser Verstand, wenn wir ihn nicht benutzen.“ Obwohl es keinem Menschen möglich ist, sich das gesamte Wissen dieser Welt anzueignen, so kann man doch dem Vorbild Leonardos folgen, und sich mit einem neuen Wissensgebiet vertraut machen.

In den letzten zwanzig Jahren habe ich Tausende von Menschen gefragt, was sie gerne lernen würden, wenn sie die Möglichkeit dazu hätten. Zu den häufigsten Antworten zählten: ein Musikinstrument spielen; eine neue Sprache erlernen (Leonardo begann mit zweiundvierzig Jahren, sich im Selbststudium Latein beizubringen); Sporttauchen, Segeln oder Fallschirmspringen; Tennis oder Golf spielen; Zeichnen, Malen oder Bildhauerei; Theaterspielen, Singen. Ich bezeichne diese Wünsche als „ideale Hobbys“ oder „Traumhobbys“ und bin überzeugt, daß Menschen, die mit Leidenschaft daran gehen, sie zu verwirklichen, ein reicheres und erfüllteres Leben führen. Im Laufe der Jahre habe ich sehr viele Leute dazu ermu-

Curiosità am Arbeitsplatz

Die meisten Innovationen im Bereich des Geschäftslebens werden durch die Frage ausgelöst: „Was wäre, wenn ...?“ Die Multimilliarden-Dollar-Erfolgsgeschichte des Silicon Valley geht hauptsächlich auf die Frage zurück: „Wie können wir sie kleiner machen (die Computerchips)?“ Die Idee, Rabatte als zusätzlichen Kaufanreiz anzubieten, war die Antwort auf die Frage: „Was wäre, wenn wir die Kunden dafür bezahlen, daß sie unser Produkt kaufen?“ Was-wäre-wenn-Fragen regen die Vorstellungskraft an und eröffnen neue Perspektiven. Überlegen Sie sich irgendein Produkt oder eine Dienstleistung, die Sie anbieten könnten, und stellen Sie sich die Frage: Was wäre, wenn ich es verkleinere oder vergrößere, es leichter oder schwerer mache, seine Form verändere, es umdrehe, straffer oder lockerer mache, etwas hinzufüge oder hinwegnehme, Teile vertausche, mein Geschäft 24 Stunden am Tag öffne, Garantien gewähre, den Namen verändere, es wiederverwertbar mache, es stärker, schwächer, weicher, härter, tragbar, unbeweglich mache, den Preis verdoppele oder Kunden für den Kauf bezahle?

tigt, ihren Traumhobbys nachzugehen. Ich habe alle möglichen Ausreden und Entschuldigungen gehört, warum sie es nicht taten – und auf jede eine Entgegnung gefunden. Wenn man mir sagt: „Ich werde nie wirklich gut sein“, rate ich, sich nichts daraus zu machen – Leonardo da Vinci war auch nie zufrieden mit seiner Arbeit. Wenn ich höre: „Ich habe neben meinem Mann, dem Haushalt und den Kindern keine Zeit“, schlage ich vor, Mann und Kinder in das Hobby einzubeziehen. Wenn mir jemand sagt: „Unterrichtsstunden und Ausrüstung sind zu teuer“, empfehle ich ihm, noch heute mit dem Sparen dafür zu beginnen, ein eigenes Konto für sein Hobby einzurichten. Wenn jemand klagt: „Ich habe zu viel Streß im Job. Ich fange an, wenn es wieder ein bißchen ruhiger wird“, halte ich ihm vor Augen, daß es nie ruhiger wird – und daß er es auf dem Sterbebett bereuen wird, wenn er nicht versucht, seine Träume zu verwirklichen. Und wenn ich höre: „Ich bin zu alt, ich hätte damit anfangen sollen, als ich noch jünger war“, entgegne ich, daß es nie zu spät ist. Unsere Lernfähigkeit kann sich mit dem Alter sogar verbessern, wenn wir in uns die Energie der *Curiosità* erwecken.

Entdecken Sie Ihr Traumhobby

Nehmen Sie Ihr Notizbuch zur Hand und entwerfen Sie eine Strategie zur Realisierung Ihres idealen Hobbys. Stellen Sie eine Liste mit den Hobbys auf, denen Sie schon immer nachgehen wollten. Wählen Sie nun ein Hobby aus und fragen Sie sich:

- Was genau erwarte ich davon?
- Welche Ziele will ich mir stecken?
- Was brauche ich dafür?
- Wo finde ich einen guten Lehrer?
- Wieviel Zeit kann ich für mein Hobby erübrigen?
- Welche Hindernisse muß ich aus dem Weg räumen?
- Ganz besonders kreative und mit sich im Einklang lebende Menschen werden auch eine Antwort auf die letzte Frage finden: Wie stelle ich es an, daß man mich für die Ausübung meines idealen Hobbys bezahlt?

Indem Sie Ihr Traumhobby zum integralen Bestandteil Ihres Lebens machen, leisten Sie einen ebenso einfachen wie wichtigen Schritt auf dem Weg zu Ihrer eigenen, persönlichen Renaissance. Suchen Sie sich einen guten Lehrer oder Trainer, und vereinbaren Sie zehn Unterrichtsstunden, für die Sie im voraus bezahlen. So beugen Sie Ausreden in letzter Minute vor und verhindern, daß sich die Trägheit eingefahrener Gewohnheiten Ihrem Vorhaben in den Weg stellt.

Lernen Sie eine neue Sprache

Das Erlernen einer neuen Sprache ist ein beliebtes Traumhobby und hervorragend geeignet, die eigene

Curiosità für Eltern

Wie läßt sich die natürliche, Leonardosche Neugier in Ihrem Kind lebendig erhalten? Beginnen Sie, indem Sie sich selbst in die Rolle des Schülers versetzen: Begreifen Sie Ihr Kind als Vorbild. Es hilft Ihnen, die in Ihnen angelegte Offenheit und die Fähigkeit zu fragen wiederzuerwecken. Wenn Sie sich in den Enthusiasmus und die Lernbereitschaft Ihres Kindes hineinversetzen, werden Sie auch in der Lage sein, die Neugier Ihres Kindes zu befriedigen. Selbstverständlich können die ständigen Fragen eines Kindes unsere Geduld auf die Probe stellen; aber wenn Sie Ihr Herz nicht verschließen, werden Sie die notwendige Langmut finden. Doch nicht nur Lernender können Sie sein, sondern auch „Curiosità-Trainer". Leiten Sie Ihre Kinder an, Probleme nach dem Muster des „Was, Wann, Wer, Wie, Wo und Warum" zu lösen. Wählen Sie ein Genie des Monats, und sprechen Sie mit Ihren Kindern über die Art von Fragen, die diese außergewöhnlichen Menschen stellten. Ermutigen Sie Ihre Kinder, immer wieder Fragen zu stellen. Fragen Sie Ihre Kinder, wenn Sie aus der Schule kommen: „Welche *Fragen* hast du heute in der Schule gestellt?"

Curiosità weiterzuentwickeln. Wie Leonardo können Sie auch noch in fortgeschrittenem Alter eine neue Sprache erlernen. Jeder weiß, daß kleine Kinder am leichtesten lernen. Ihre Aufgeschlossenheit, ihre Energie und ihr Spieltrieb ermöglichen es ihnen, sich Sprachen mühelos anzueignen. Ein Kind, das in einer Familie aufwächst, in der drei Sprachen gesprochen werden, wird ohne Schwierigkeiten alle drei Sprachen auch beherrschen. Wenn Sie bereit sind, sich die wesentlichen Aspekte kindlichen Lernens anzueignen, können auch Sie mit vergleichbarer Mühelosigkeit und Freude Fortschritte machen. Als Erwachsener haben Sie die Möglichkeit, auf Hilfsmittel und Lernstrategien zurückzugreifen, die Ihnen helfen, sogar noch schneller als ein Kind zu lernen.

Nehmen wir zum Beispiel an, Sie wollten *la bella lingua* (die schöne Sprache), nämlich Italienisch, lernen.

Unternehmen Sie folgendes kleines Experiment. Sprechen Sie laut den Satz: „Die schöne Sprache." Wiederholen Sie ihn noch einmal und erspüren Sie, wo die Töne in Ihrem Körper zum Schwingen kommen. Sagen Sie nun den Satz auf italienisch, als wären Sie ein Italiener: „La bella lingua." Klingt er anders? Die meisten Menschen machen die Erfahrung, daß die Schwingungen im Italienischen tiefer im Brustraum, sozusagen im Herz entstehen.

Hier ein paar Tips, wie Sie rasch Fortschritte machen werden:

- Scheuen Sie sich nicht, Fehler zu machen. Kinder machen sich keine Gedanken darüber, ob sie eine gute Figur abgeben oder Grammatik und Aussprache sofort perfekt beherrschen; sie tauchen in die Sprache ein und sprechen ungehemmt. Ihre Fortschritte werden unmittelbar von Ihrer Bereitschaft zum spielerischen Umgang mit der Sprache abhängen.
- Ist Ihnen schon einmal aufgefallen, daß kleine Kinder ein neues Wort oder einen Satz, den sie neu gelernt haben, ein ums andere Mal wiederholen? Machen Sie es ihnen nach: Es gibt keine einfachere Methode, sich etwas zu merken, als die ständige Wiederholung.
- Wenn möglich, sollten Sie mit einem Intensivkurs beginnen. So wie eine Rakete vor allem beim Start und zum Austritt aus der Atmosphäre besonders viel Energie braucht, werden Sie am effektivsten lernen, wenn Sie mit einem kompakten, intensiven Kurs „durchstarten".
- Falls in Ihrer Nähe kein Intensivkurs angeboten wird, gestalten Sie Ihren eigenen, indem Sie sich Kassetten anhören, italienischsprachige Filme mit Untertiteln ansehen, den Text bekannter italienischer Lieder auswendig lernen und indem Sie in italienischen Restaurants in der Landessprache bestellen. Wenn Sie dem Kellner erklären, daß Sie versuchen, seine Muttersprache zu lernen, wird er Ihnen mit einiger Sicherheit eine kostenlose Italienischstunde geben und Ihnen vielleicht sogar einen Extrateller mit Antipasti spendieren!
- Lernen Sie Worte und Sätze, die für Sie von Interesse sind. Viele Sprachkurse sind ein wenig langweilig,

weil sie sich auf notwendige, aber banale Themen wie „Wo ist der Bahnhof" oder „Hier sind meine Papiere" beschränken. Zusätzlich zu diesen im Alltag nützlichen Wendungen sollten Sie versuchen, auch die Sprache der Liebe, des Sex, der Lyrik, der Kunst, des Essens und des Weins zu erlernen.

- Versehen Sie jeden Gegenstand im Haus mit einem Zettel, auf den Sie die italienische Bezeichnung schreiben.
- Und am wichtigsten: Öffnen Sie sich dem Gefühl der Sprache und Kultur. Wenn Sie sprechen, tun Sie so, als seien Sie Italiener (ich empfehle für den Anfang Marcello Mastroianni oder Sophia Loren). Ahmen Sie die ausdrucksstarke Gestik und Mimik nach, die in Italien ein wichtiger Bestandteil der Sprache sind. So werden Sie nicht nur mehr Spaß haben, sondern auch schneller lernen.

Erstellen Sie Ihr eigenes Lexikon

Eine weitere hervorragende Methode des beständigen Lernens ist das Erstellen eines eigenen Lexikons. Im „Codex Trivulzianus" und an anderen Stellen führte Leonardo da Vinci Begriffe in Listen auf, die ihn besonders interessierten oder ihm offenbar neu waren, fremdsprachliche Begriffe und Neologismen.

Nachdem er mehr als neuntausend Worte definiert hatte, bemerkte er mit einer faszinierenden Mischung aus Stolz und Demut: „Ich verfüge über so viele Worte in meiner Muttersprache, daß ich mich eher darüber beklagen sollte, vieles nicht zu verstehen, als über das Fehlen von Worten, um meinen Gedanken Ausdruck zu verleihen."

> „Seinem umfassenden Interesse an allem entsprach die spontane Originalität seiner Reaktion auf alles, was ihn interessierte."
>
> – Professor Morris Philipson

Ein großer Wortschatz erweitert Ihr Ausdrucksvermögen und steht in signifikanter Beziehung zum beruflichen Erfolg. Jedes Mal, wenn Sie auf ein Ihnen unbekanntes Wort stoßen, schlagen Sie seine Bedeutung nach, notieren es in Ihrem Tagebuch und wenden es in Ihren Texten oder in Unterhaltungen an.

Bedienen Sie Ihre „Emotionale Intelligenz"

Neben dem aktiven Training seiner verbalen/linguistischen Intelligenz durch das Selbststudium des Lateinischen und die Erstellung eines eigenen Lexikons kultivierte das Universalgenie Leonardo da Vinci auch seine emotionale Intelligenz. Seine *Curiosità* wurde genauso durch die Beobachtung anderer Menschen wie durch das Studium von Pferden, Vögeln, Wasser und Licht geweckt. „Oh, möge es Gott gefällig sein", schrieb er, „mich die Psychologie der Gewohnheiten des Menschen ebenso erläutern zu lassen, wie ich seinen Körper beschrieben habe!" Leonardos profundes Interesse an Menschen aus allen Schichten und Berufen ist die Quelle, aus der sich die beeindruckenden Charakterdarstellungen in seinen Zeichnungen und Gemälden speisen. Er riet: „Wenn du spazierengehst, bemühe dich, Körperhaltung und Bewegung anderer Menschen zu beobachten, während sie reden, streiten, lachen oder raufen, ihre eigenen Bewegungen und die ihrer Partner oder der Passanten. Und halte sie mit ein paar Strichen in einem kleinen Notizbuch fest, das du immer bei dir tragen solltest."

Leonardos genaue Beobachtungen vermittelten ihm praktische Erkenntnisse über das Funktionieren des menschlichen Zusammenlebens. Seiner interpersonellen Intelligenz stellte er seine lebenslänglichen Bemühungen um die Entwicklung der intrapersonalen Intelligenz (der Selbstkenntnis also) zur Seite. Dazu vertiefte er sich nicht nur in Kontemplation und Reflexion, sondern suchte auch das Feedback anderer Menschen und folgte damit dem Rat, den er seinen Lesern gab, nämlich „begierig darauf zu sein, geduldig die Meinung anderer zu hören, und sorgfältig darüber nachzudenken, ob nicht der, der Euch tadelt, dies mit Recht tut".

Stärken Sie Ihre *Curiosità* und vertiefen Sie Ihre Selbstkenntnis, indem Sie Ihren Partner, Ihre Kinder, Freunde, Kunden, Kollegen, Ihren Chef und Ihre Angestellten um ein regelmäßiges Feedback bitten. Stellen Sie ihnen mit Ihren eigenen Worten Fragen etwa folgenden Inhalts:

- Wo liegen meine Schwächen, was kann ich verbessern?
- Wo liegen meine Stärken, meine besonderen Qualitäten?
- Was kann ich tun, um effektiver, hilfreicher oder sensibler zu sein?

Wenn Sie Ihre Umgebung um ein Feedback bitten, sollten Sie aufmerksam zuhören, vor allem, wenn die Rückmeldungen nicht dem entsprechen, was Sie eigentlich hören wollten oder erwartet haben. Versuchen Sie nicht, Ihr Verhalten zu erklären oder sich zu rechtfertigen. Am besten kommentieren Sie die Äußerungen Ihres Gegenübers überhaupt nicht, sondern hören einfach nur zu. Schreiben Sie, was man Ihnen gesagt hat, in Ihr Notizbuch, um darüber nachdenken zu können.

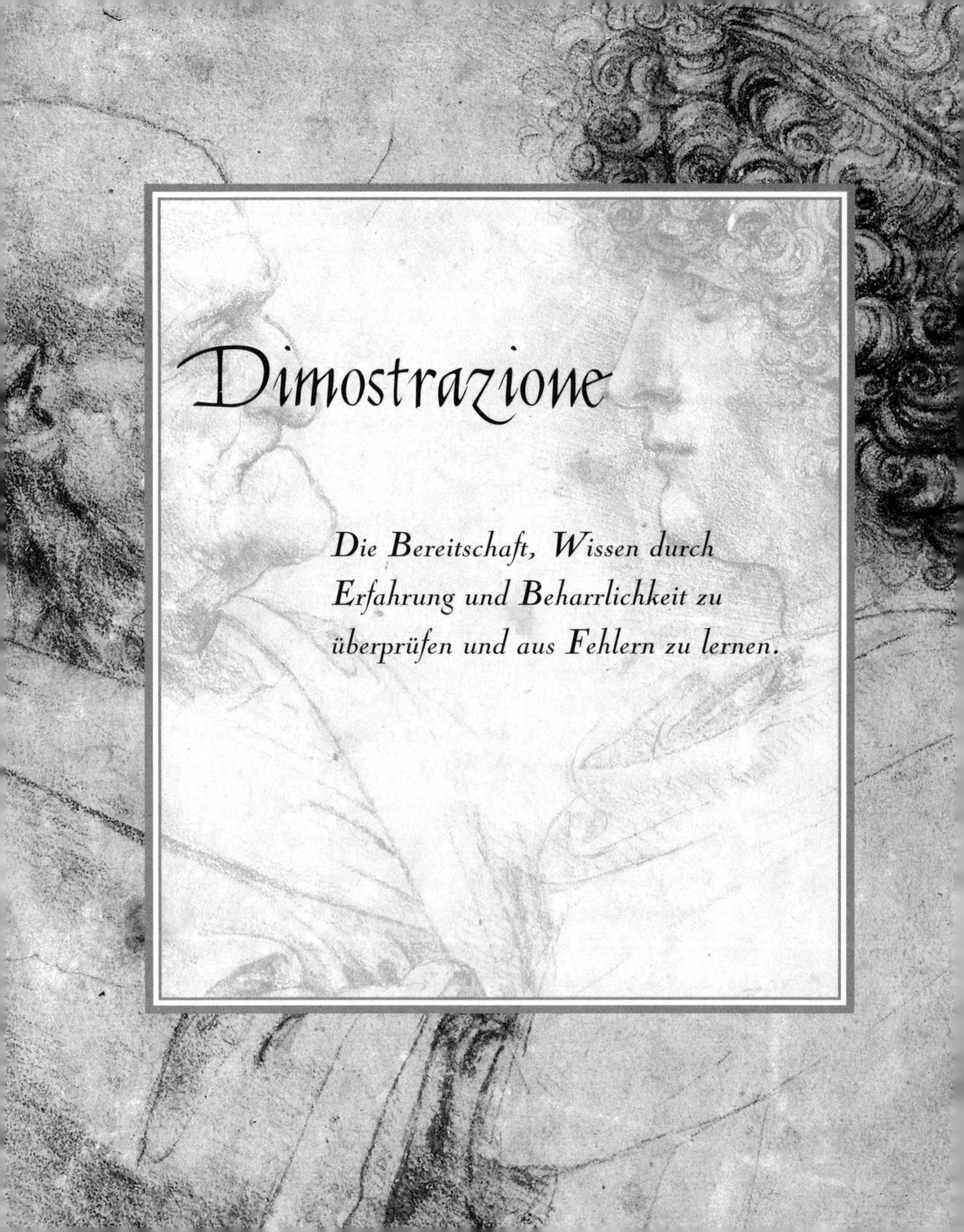

Dimostrazione

Die Bereitschaft, Wissen durch Erfahrung und Beharrlichkeit zu überprüfen und aus Fehlern zu lernen.

Denken Sie an den besten Lehrer, den Sie je hatten. Was macht einen Lehrer zu einem ausgezeichneten Lehrer? Vor allem die Fähigkeit, den Schüler darin zu unterstützen, für sich selbst, das heißt zu seinem eigenen Nutzen zu lernen. Die besten Lehrer wissen, daß Erfahrung die Quelle allen Wissens ist. Und das Prinzip der *Dimostrazione* ist der Schlüssel dazu, wie man das Beste aus seinen Erfahrungen machen kann. Leonardo profitierte von den Erfahrungen, die er im Atelier seines Lehrmeisters, des Malers und Bildhauers Andrea del Verrocchio machte, den Serge Bramly in seiner Leonardo-da-Vinci-Biographie eine „Ein-Mann-Universität der Künste" nannte. Im Mittelpunkt der Ausbildung, die der junge Leonardo als Lehrling in Verrocchios Atelier genoß, standen weniger theoretische Erörterungen: Er lernte, Leinwände vorzubereiten und Farben anzumischen, und wurde mit den Grundlagen der Perspektive vertraut gemacht; auf dem Lehrplan standen außerdem die technischen Geheimnisse der Bildhauerei, des Bronzegießens und der Goldschmiedekunst. Und er wurde ermutigt, durch Beobachtung die Struktur der Pflanzen sowie die Anatomie von Menschen und Tieren zu studieren. Seine Ausbildung war also außerordentlich praktisch orientiert.

Leonardos praktische Ausrichtung, seine Intelligenz und alles durchdringende Neugier veranlaßten ihn dazu, viele der zu seiner Zeit geltenden Theorien und Dogmen grundsätzlich in Frage zu stellen. Im Verlauf seiner geologischen Forschungen zum Beispiel entdeckte er auf einigen Berggipfeln in der Lombardei Fossilien und Muscheln. Im „Codex Leicester" wendet er sich entschlossen gegen die vorherrschende Meinung, es handele sich hierbei um Ablagerungen der Sintflut. Seine Argumente basierten nicht auf theologischen Dogmen, sondern auf logischen Schlußfolgerungen und auf in der realen Lebenswelt gewonnenen Erfahrungen.

Für seine geologischen Studien durchstreifte Leonardo die Hügel der Lombardei und betrachtete die Fossilien nicht nur theoretisch, sondern nahm sie auch in die Hand. Als er beschlossen hatte, sich dem Studium der Anatomie zu widmen, sezierte er mehr als dreißigtausend menschliche Körper und unzählige Tierkadaver. Wie seine Arbeiten zu den Fossilien stellten auch seine anatomischen Studien einen direkten Angriff auf die herrschende Lehrmeinung dar. „Viele werden glauben", schrieb er, „daß ich zu Recht anzuklagen sei, indem sie anführen, meine Beweise stünden im Gegensatz zu der Autorität gewisser Männer, denen sie in ihrem unerfahrenen Urteil große Ehrerbietung entgegenbringen, dabei vergessend, daß meine Arbeiten das Ergebnis einfacher und unverfälschter Erfahrung sind, der einzig wahren Lehrmeisterin."

Sein ganzes Leben hindurch nannte er sich selbst stolz einen *uomo senza lettere* (einen Ungelehrten) und *discepolo della esperienza* (Anhänger der Erfahrung). „Mir scheint, daß jene Wissenschaften fruchtlos und voll der Fehler sind, die nicht aus der Erfahrung geboren sind, der Mutter allen sicheren Wissens; Erfahrung aus erster Hand, die in ihrem Ursprung, ihren Mitteln oder ihrem Zweck durch einen der fünf Sinne gegangen ist."

Leonardo trat für Originalität und Unabhängigkeit des Denkens ein. Er betonte, „kein Mensch sollte das Vorgehen eines anderen imitieren, denn dann verdiente er nur ein Enkel der Natur genannt zu werden, anstatt ihr Sohn. Angesichts des Reichtums der Natur ist es von größter Wichtigkeit, sich sogleich und ohne Umschweife der Natur zuzuwenden ..." Die Bereitschaft, jede Form der Nachahmung abzulehnen, Autoritäten in Frage zu stellen und für die Unabhängigkeit des Denkens einzutreten, ist zu allen Zeiten bemerkenswert, um so mehr jedoch, wenn man bedenkt, daß Leonardo Erbe eines Zeitalters war, in dem man davon ausging, daß alles Wissen bereits bekannt war.

Leonardo war nicht nur einer der am wenigsten frommen Denker seiner Zeit, sondern auch einer der am wenigsten abergläubischen. Der weitverbreitete Glaube an Alchimie und Astrologie war in seinen Augen der Feind der Erfahrung und des unabhängigen Denkens, und er sehnte sich nach dem Tag, „an dem man alle Astrologen kastrieren wird".

Obgleich der scholastischen und akademischen Tradition kritisch gegenüberstehend, goß Leonardo jedoch nicht das Kind mit dem Bade aus. So lernte er zum Beispiel noch 1494 im Alter von 42 Jahren im Selbststudium Latein, um ein tieferes Verständnis für die Klassiker zu gewinnen. Und Leonardo verfügte über eine umfangreiche Bibliothek, zu deren Bestand die Bibel, Äsop, Diogenes, Ovid, Plinius der Ältere, Dante, Petrarca, Ficino und Texte über Landwirtschaft, Anatomie, Mathematik, Medizin und Kriegführung gehörten.

Ihm war aber klar, daß vorgefaßte Meinungen und „durch Bücher geprägte Vorurteile" den wissenschaftlichen Forscherdrang einschränkten. Er wußte, daß Lernen durch Erfahrung auch Lernen aus Fehlern bedeutete. „Erfahrung irrt nie", schrieb er, „einzig unser Urteil irrt, wenn es sich Ergebnisse verspricht, zu denen unsere Experimente nicht führen."

Doch obwohl Leonardo unbestritten als einer der genialsten Menschen gilt, unterlag auch er zahlreichen schwerwiegenden Irrtümern. Zu den wohl bekanntesten Niederlagen zählen seine tragisch erfolglosen Versuche, die Farben der Gemälde *Schlacht von Anghiari* und *Abendmahl* zu fixieren; die verheerenden und immens kostspieligen, von der Signoria von Florenz finanzierten Versuche, den Arno umzuleiten; und die Konstruktion einer Flugmaschine, die nie vom Boden abhob. Der fehlgeschlagene Plan der Automatisierung der Küche im Palast Ludovico Sforzas entbehrt obendrein nicht einer gewissen Komik. Leonardo, der gebeten worden war, ein großes Festessen zu organisieren, hatte sich vorgenommen, die einzelnen Gänge auf den Tellern für mehr als zweihundert Gäste zu einem ästhetischen Erlebnis zu machen. Dazu ließ er Teller anfertigen, die jeder für sich ein kleines Kunstwerk waren. Er baute einen neuen, leistungsstärkeren Herd und ein kompliziertes Fließbandsystem, mit dem die Teller innerhalb der Küche hin und her transportiert werden sollten. Außerdem entwarf er eine Sprinkleranlage, die installiert wurde, um im Fall eines Feuers löschen zu können. Am Tag des Festessens jedoch ging alles schief, was nur schiefgehen konnte. In der hoffnungslos überfüllten Küche versagte zuerst das Fließband den Dienst und dann brach ein Feuer aus. Die Sprinkleranlage funktionierte dafür um so besser: Eine wahre Flutwelle spülte nicht nur das Essen, sondern auch die halbe Küche fort!

Alle Fehler, Katastrophen, Fehleinschätzungen und Enttäuschungen hinderten Leonardo jedoch nicht daran, beständig weiter zu lernen, zu forschen und zu experimentieren. In seinen Notizbüchern findet sich neben der Skizze eines Pfluges die Bemerkung: „Ich weiche von meiner Furche nicht ab." An anderer Stelle notiert er: „Hindernisse brechen mich nicht" und „Jedes Hindernis läßt sich durch Beharrlichkeit beseitigen".

DIMOSTRAZIONE IN DER PRAKTISCHEN ANWENDUNG

Die entscheidende Leistung der Renaissance bestand in der Transformation fundamentaler Glaubenssätze, Annahmen und Vorurteile. Leonardo hatte erkannt, daß das Infragestellen der herrschenden Weltsicht mit dem Infragestellen der eigenen Ansichten beginnt und warnte: „Die größte Täuschung, unter der der Mensch leidet, liegt in seinen eigenen Ansichten." Um zu denken wie Leonardo da Vinci, müssen wir unsere eigenen Ansichten, Meinungen und Überzeugungen in Frage stellen.

Führen Ihre Ansichten Sie manchmal in die Irre? Sind Ihre Ansichten und Überzeugungen wirklich die Ihren? Die folgenden Übungen sollen Ihnen helfen, unabhängiger und origineller denken zu lernen. Doch nehmen Sie sich zunächst Zeit, um sich darüber klarzuwerden, welche Rolle das Prinzip der *Dimostrazione* bereits in Ihrem gegenwärtigen Leben spielt und wie Sie ihm noch mehr Platz einräumen können. Evaluieren Sie Ihre Unabhängigkeit: Sind Sie ein unabhängiger Denker? Wann haben Sie das letzte Mal eine tief verwurzelte Überzeugung revidiert? Wie ist es Ihnen damit ergangen? Denken Sie auch an Ihre Freunde und Kollegen. Aus welchen Quellen speisen Sie Ihre Überzeugungen und Ansichten? Wer ist der unabhängigste, originellste Denker, den Sie kennen? Was macht diesen Menschen originell?

Überlegen Sie einmal, wie Sie am besten lernen. Lernen Sie eher aus Erfolgen oder Fehlern, aus guten oder schlechten Erfahrungen? Wir alle wissen, daß sich angemessene Urteile auf Erfahrungen gründen. Wir wissen aber auch, daß wir aus erkannten Fehleinschätzungen häufig neue Erfahrungen gewinnen. Machen Sie das Beste aus Ihren Fehlern?

Widmen Sie sich zunächst der folgenden Checkliste zur Selbsteinschätzung.

Dimostrazione: Selbsteinschätzung

- ❑ Ich bin bereit, Fehler einzugestehen.
- ❑ Meine engsten Freunde würden zustimmen, daß ich bereit bin, Fehler einzugestehen.
- ❑ Ich lerne aus meinen Fehlern und begehe selten zweimal den gleichen Irrtum.
- ❑ Ich stelle „konventionelles Wissen" und Autoritäten in Frage.
- ❑ Wenn ein Prominenter oder Star Werbung für ein Produkt macht, neige ich eher dazu, es zu kaufen.
- ❑ Ich kann das, wovon ich im Innersten überzeugt bin, formulieren und begründen.
- ❑ Ich habe in der Vergangenheit schon einmal meine Überzeugungen revidiert, weil praktische Erfahrungen sie widerlegten.
- ❑ Ich lasse mich auch durch Hindernisse nicht von meinem Kurs abbringen.
- ❑ Hindernisse sind etwas, woran man wächst.
- ❑ Manchmal bin ich durchaus abergläubisch.
- ❑ In den Augen meiner Freunde und Kollegen bin ich, wenn es um die Einführung oder Diskussion neuer Ideen und Konzepte geht
  - a) leichtgläubig und ein bißchen esoterisch,
  - b) ein engstirniger Zyniker,
  - c) ein allem Neuen aufgeschlossener Skeptiker.

Dimostrazione: Anwendung und Übungen

Prüfen Sie Ihre Erfahrungen

Nehmen Sie sich nur eine Stunde Zeit, um die folgenden Fragen zu beantworten, und Sie werden daraus Rückschlüsse ziehen können, wie Erfahrungen Ihre Ansichten und Gewohnheiten bestimmen. Schreiben Sie die Antworten in Ihr Notizbuch:

Welche Erfahrungen haben Ihr Leben ganz entscheidend beeinflußt? Lassen Sie sich zur Beantwortung dieser Frage zwanzig bis dreißig Minuten Zeit und notieren Sie dann mindestens sieben solcher Erfahrungen. Fassen Sie außerdem in einem Satz zusammen, was Sie aus jeder einzelnen von ihnen gelernt haben.

Überlegen Sie in einem nächsten Schritt, wie Sie das, was Sie aus diesen wichtigen Erfahrungen gelernt haben, in Ihrem Alltag umsetzen.

Welche der Erfahrungen war die wichtigste Ihres Lebens? (Einigen Menschen fällt die Antwort auf diese Frage leicht, andere haben Schwierigkeiten, die entscheidende Erfahrung ihres Lebens zu benennen. Wählen Sie dann eine beliebige Erfahrung auf Ihrer Liste aus.)

Nehmen Sie sich ein paar Minuten Zeit, um darüber nachzudenken, wie diese eine Erfahrung Ihre Ansichten und Wahrnehmungen beeinflußt hat. Versuchen Sie in ein oder zwei Sätzen festzuhalten, in welcher Weise diese Erfahrung Ihre Weltsicht verändert hat.

Abschließend stellen Sie sich die Frage: Haben die damals aus dieser Erfahrung gezogenen Schlüsse noch heute Gültigkeit oder sollte ich sie überdenken?

Prüfen Sie Ihre Überzeugungen

Viele Menschen sind sich der Quellen nicht bewußt, über die sie Informationen erhalten. Wir kennen unsere Ansichten, Annahmen und Überzeugungen zu den verschiedensten Themen: die Natur des Menschen, Ethik, Politik, ethnische Gruppen, wissenschaftliche Beweisbarkeit, Sexualität, Religion, Medizin, der Sinn des Lebens, Kunst, Ehe, Elternschaft, Geschichte, fremde Kulturen etc. Aber wissen wir auch, wie wir zu diesen Überzeugungen gekommen sind? Oder woher wir die Informationen beziehen, auf die sie sich gründen?

Wählen Sie aus den oben genannten Themen drei aus, zum Beispiel die Natur des Menschen, Politik und Kunst. Schreiben Sie dann in Ihr Notizbuch mindestens drei Ansichten, Meinungen, Annahmen oder Überzeugungen, die Sie mit den gewählten Themen verbinden. Zum Beispiel:

Die Natur des Menschen

- „Ich bin überzeugt, daß der Mensch an sich gut ist."
- „Ich bin überzeugt, daß das Verhalten eines Menschen vor allem durch die Gene bestimmt ist."
- „Es liegt in der Natur des Menschen, sich jeder Veränderung zu widersetzen."

Nachdem Sie mindestens drei Überzeugungen zu jedem Thema notiert haben, beantworten Sie die folgenden Fragen:

- Wie bin ich zu dieser Überzeugung gelangt?
- Wie stark glaube ich daran?
- Warum halte ich an ihr fest?

- Wann würde ich meine Ansichten ändern?
- Welche meiner Überzeugungen sind mit starken Emotionen verbunden?

Überlegen Sie nun, aus welchen der im folgenden aufgeführten Quellen sich Ihre Überzeugungen zu den ausgewählten Themen speisen:

- Medien: Bücher, Internet, Fernsehen, Radio, Zeitungen und Zeitschriften
- Menschen: Familie, Lehrer, Ärzte, religiöse Führer, Chefs, Freunde und Kollegen
- Eigene Erfahrungen

Nach welchen Kriterien bewerten Sie den Wert der Ihnen zugänglichen Informationen? Gründen sich Ihre Überzeugungen vornehmlich auf die Lektüre von Büchern? Oder lassen Sie sich vor allem durch Ihre Familie beeinflussen? Wieviel von dem, was Sie in der Zeitung lesen oder im Fernsehen sehen, glauben Sie? Denken Sie nach, aus welcher Quelle Sie Ihre Informationen beziehen, was das Fundament Ihrer Überzeugungen und Meinungen bildet. Gehen Sie der Frage nach, ob Ihre Ansichten auf eigenen Erfahrungen beruhen oder an Ihnen überprüft werden könnten.

Drei verschiedene Blickwinkel

Betrachten Sie noch einmal Ihre Notizen zu der vorangegangenen Übung und vergegenwärtigen Sie sich die Überzeugung, die mit den stärksten Emotionen verbunden ist.

In dem Kapitel über die *Curiosità* haben wir gelernt, daß Leonardo auf der Suche nach objektiver Wahrheit – beim Sezieren eines Leichnams oder der Beurteilung eines seiner Gemälde – den in Frage stehenden Gegenstand aus mindestens drei verschiedenen Blickwinkeln betrachtete. Unterziehen Sie Ihre Ansichten und Überzeugungen dem gleichen kritischen Blick. So wie Leonardo sich seine Bilder spiegelverkehrt, also gleichsam „von der anderen Seite", anzusehen pflegte, sollten Sie versuchen, ein möglichst starkes Argument gegen Ihre Überzeugung zu finden.

Einen anderen Blickwinkel nahm Leonardo auch ein, wenn er sich seine Bilder aus der Distanz ansah. Versuchen Sie, Ihre Überzeugungen ebenfalls „aus der Distanz" zu betrachten. Stellen Sie sich die Frage: Wäre ich anderer Ansicht, wenn ich in einem anderen Land lebte, einen anderen religiösen, rassischen, ökonomischen oder sozialen Hintergrund hätte, zwanzig Jahre jünger oder älter wäre oder dem anderen Geschlecht angehörte?

Und schließlich: Denken Sie darüber nach, ob Sie Freunde oder Bekannte haben, die Ihre Überzeugungen zu dem entsprechenden Thema nicht teilen. Befragen Sie sie zu ihren Ansichten, um ihre Sichtweise kennenzulernen und das Thema aus einem anderen Blickwinkel zu betrachten.

Üben Sie Widerstand gegen die Werbung

Während Sie dieses Buch lesen, verwalten Tausende außergewöhnlich kreativer wie hoch motivierter Werbefachleute Budgets in Milliardenhöhe, um Einfluß auf Ihre Werte, Ihr Selbstbild und Ihre Kaufgewohnheiten zu nehmen. Auf geheime sexuelle Wünsche und Träume des Durchschnittsbürgers zielend, einfach durch die monotone Wiederholung immer gleicher Slogans, gelingt es der Werbung, breite Schichten der Bevölkerung zu erreichen. Sich angesichts dieser über uns hinwegrollenden Lawine die Unabhängigkeit des eigenen Denkens zu erhalten, erfordert eine Disziplin, wie man sie sonst nur aus dem strengen Training asiatischer Kampfkünste kennt. Experimentieren Sie mit den folgenden Übungen zur „Selbstverteidigung":

- Blättern Sie durch Ihre Lieblingszeitschrift und analysieren Sie die Strategien und Taktiken jeder Werbung.
- Analysieren Sie in gleicher Weise die Werbung der Fernseh- und Radioprogramme, die Sie am liebsten sehen oder hören.
- Schreiben Sie auf, welche Reklame Sie besonders anspricht und warum.
- Welchen Einfluß hatte Reklame auf Sie als Kind?
- Machen Sie eine Liste mit den drei besten Werbungen, die Sie je gesehen haben. Warum fanden Sie sie gut?
- Erinnern Sie sich an zehn Dinge, die Sie in den letzten Monaten angeschafft haben, und hinterfragen Sie kritisch, ob Ihre Kaufentscheidung in irgendeiner Weise durch Reklame beeinflußt wurde.
- Schreiben Sie Ihre Assoziationen zu der Frage „Beeinflußt Werbung meine Werte und mein Selbstbild?" auf.

Eine ebenso clevere wie zynische Strategie der Werbung besteht darin, den unabhängig Denkenden oder Individualisten selbst zum Werbeträger zu machen. Achten Sie einmal darauf, wie in der Werbung das Image des „Rebellen" oder „Individualisten" beispielsweise mit dem Fahren eines Landrovers, dem Rauchen einer Zigarrette oder dem Tragen einer bestimmten Jeansmarke identifiziert wird. Notieren Sie Beispiele dafür in Ihrem Notizbuch.

Aus Fehlern und Widrigkeiten lernen

Finden Sie heraus, wie Sie mit Fehlern umgehen, indem Sie die folgenden Fragen beantworten und Ihre Gedanken dazu in Ihrem Notizbuch festhalten:

- Welche Einstellung zu Fehlern hat man Ihnen in der Schule beigebracht?
- Was haben Ihnen Ihre Eltern in dieser Hinsicht vermittelt?
- Was war der größte Fehler, der Ihnen je unterlaufen ist?
- Was haben Sie aus diesem Fehler gelernt?
- Welche Fehler machen Sie immer wieder?
- Welche Rolle spielt die Angst, Fehler zu machen, in Ihrem Alltag, im Beruf oder zu Hause?
- Bestehen Ihre Fehler eher darin, daß Sie das Falsche tun oder darin, daß Sie das Richtige unterlassen?

Schreiben Sie Ihre Assoziationen zu dem Thema „Was ich anders machen würde, wenn ich keine Angst vor Fehlern hätte" auf.

Leonardo selbst machte auf seiner Suche nach Wahrheit und Schönheit nicht nur viele Fehler, er hatte auch mit schier unüberwindlichen Widrigkeiten zu kämpfen. Zu falschen Beschuldigungen, Vertreibung und Exil wie der mutwilligen Zerstörung eines seiner bedeutendsten Werke kam noch die Erfahrung der Einsamkeit, die ein Mensch, der seiner Zeit so weit voraus ist, unweigerlich empfinden muß.

Doch obwohl er von Selbstzweifeln gequält wurde und den Wert seiner Arbeit immer wieder in Frage stellte, gab er nie auf. Wie um sich selbst zu bestärken, notierte er in seinen Tagebüchern Sätze wie die folgenden:

> „Ich weiche nicht von meiner Furche ab."
> „Hindernisse vermögen mich nicht zu beugen."
> „Jedes Hindernis läßt sich durch Strenge zerstören."
> „Ich werde fortfahren."
> „Ich werde nie müde, nützlich zu sein."

Bestätigen Sie sich selbst

Langzeitstudien, wie sie zum Beispiel Martin Seligman durchgeführt hat, zeigen, daß die Fähigkeit, Widrigkeiten und Anfeindungen zu widerstehen, der entscheidende Faktor für beruflichen wie persönlichen Erfolg ist. Ein geschärftes Bewußtsein, die Bereitschaft zur Reflexion und Sinn für Humor sind die besten Voraussetzungen, um aus schwierigen Erfahrungen zu lernen. Darüber hinaus können Sie wie Leonardo Ihre Widerstandskraft aber auch durch Selbstbestätigungen stärken. Stellen Sie dazu in Ihrem Notizbuch jeder großen Herausforderung, vor der Sie sich sehen, mindestens eine Bestätigung gegenüber.

Viele Menschen beginnen ihre Selbstbestätigungen mit den Worten „Ich bin ...", um Sätze zu bilden wie „Ich bin zuversichtlich" oder „Ich bin dabei, mehr Zuversicht zu lernen". Obwohl derartige Bestätigungen hilfreich sein können, lösen sie doch eine eher intellektuelle, kognitive Reaktion aus. Um sie auf einer tieferen Ebene wirken zu lassen, sollten Sie sie emotionaler, mehr „von Herzen kommend" formulieren. Machen Sie dazu das folgende Experiment:

Wiederholen Sie die Bestätigung „Ich bin zuversichtlich" und beobachten Sie, welche Wirkung der Satz auf Sie hat.

Versuchen Sie es jetzt mit der Variante „Ich fühle Zuversicht", und spüren Sie auch hier der Wirkung des Satzes nach. Wenn Sie sich selbst nicht nur sagen, wie Sie sind, sondern was Sie fühlen, werden Sie wahrscheinlich auch fühlen, was Sie sagen und das Gesagte intensiver empfinden.

Die folgenden Bestätigungen sollen Ihnen helfen, bis in Ihr Innerstes, Ihr Herz vorzudringen, und damit tiefgreifende Veränderungen ermöglichen.

Beziehungen

- Ich fühle mich bereit, einen anderen Menschen in mein Herz zu lassen.
- Ich möchte wissen, welche Veränderungen meinerseits meinem Partner helfen würden.
- Ich fühle den Unterschied zwischen meinem Vater und meinem Ehemann (Mutter/Ehefrau).
- Ich schätze die Weiblichkeit meiner Frau (meiner Freundin).

Spiritualität

- Die Verbindung mit dem Göttlichen (Christus, dem höheren Ich, Buddha etc.) ist das Wichtigste in meinem Leben. (Sagen Sie sich diesen Satz, während Sie an berufliche Aufgaben, Beziehungen, Geld, Erwartungen, Ihre Eltern, belastende Momente in der Vergangenheit usw. denken.)
- Im Innersten meines Herzens fühle ich, daß ein göttlicher Wille mein Leben bestimmt.
- Ich erkenne an, daß meine Seele von anderen Menschen oder aus Erfahrungen lernen muß.

Geld

- Ich fühle den Unterschied zwischen meinen Wünschen und meinen Bedürfnissen.
- Ich möchte wissen, wie ich mein Leben mit Reichtum erfüllen kann.
- Ich fühle mich bereit, mein Leben mit Reichtum zu erfüllen.
- Ich fühle mich des Reichtums würdig.
- Ich erkenne an, daß mein Leben bereits reich ist.

Lernen

- Ich entdecke immer wieder neue Seiten meiner Intelligenz.
- Ich erkenne meine Fähigkeit an, intuitiv lernen zu können.
- Ich bin neugierig darauf, bestimmte Probleme zu lösen und Neues zu lernen.
- Ich vertraue darauf, daß mir mein Wissen zur Verfügung steht, wenn ich es brauche.

Dimostrazione für Eltern

Wie erzieht man ein Kind dazu, selbständig zu denken, aus Fehlern zu lernen und vor Schwierigkeiten nicht zu kapitulieren? Wie in fast allen Fragen der Erziehung, ist auch hier die Antwort nicht einfach. Entscheidend ist in diesem Fall die Unterstützung des kindlichen Selbstbewußtseins. Im Selbstvertrauen, dem Vertrauen in seine Fähigkeiten, liegt der Schlüssel zum Erfolg. Und Erfolgserfahrungen wiederum sind entscheidend für die Stärkung des Selbstvertrauens. Stärken Sie das Selbstvertrauen Ihres Kindes, indem Sie es zu Lernerfolgen führen. Machen Sie aus einer großen, komplexen Aufgabe mehrere kleine, leicht zu bewältigende Aufgaben. So erhält es die Chance, eine Reihe von kleineren Erfolgen zu erleben, anstatt an einigen wenigen, aber großen Fehlschlägen zu scheitern.

Durch nichts wird das Selbstvertrauen eines Kindes so sehr gebildet wie durch bedingungslose Liebe. Lassen Sie Ihr Kind spüren, daß Sie es um seiner selbst und nicht um seiner Leistungen willen lieben. Geben Sie Ihrem Kind nicht nur bedingungslose Liebe, sondern ermutigen und unterstützen Sie es, wo und wann immer es sich anbietet. Sagen Sie ihm immer wieder Sätze wie „Du kannst alles erreichen, wenn du es willst“, „Ich glaube an dich“ und „Ich weiß, daß du das kannst“.

Vermitteln Sie Ihrem Kind die Gewißheit, daß Fehler dazu da sind, um aus ihnen zu lernen. Wenn Ihr Kind versagt, korrigieren Sie es behutsam, während Sie es zugleich in seinen weiteren Bemühungen unterstützen. Das Problem einiger auf „Selbstachtung“ zielender Erziehungsansätze liegt darin, daß bedingungslose Liebe und Ermutigung mit kritikloser Zustimmung verwechselt wird. Einem Kind zu sagen, daß seine Leistungen gut oder richtig sind, wenn sie in Wahrheit den Anforderungen nicht entsprechen, wirkt aber im Gegenteil eher störend für die Entwicklung echter Selbstachtung. Ein korrigierendes Feedback dagegen bereitet Ihr Kind nicht nur auf die Realitäten der Lebenswelt vor, sondern zeigt ihm zugleich auch, daß Sie seine Fähigkeiten zu lernen anerkennen.

Karriere

- Ich fühle mich wertvoll über meinen Beitrag zum Leben.
- Ich fühle mich mit meiner inneren Stärke verbunden, wenn andere meine Arbeit begutachten.
- Ich bin neugierig darauf zu erfahren, wie ich meine innere Bestimmung in der Welt manifestieren kann.
- Ich fühle mich bereit, meine innere Bestimmung in der Welt zu manifestieren.

Lebensfreude

- Ich fühle in jeder Situation Freude in mir (sagen Sie sich diesen Satz, während Sie an eine belastende Situation denken).
- Ich fühle, daß ich Glück verdiene.
- Ich empfinde Freude über das Glück anderer.
- Freude und Glück kommen aus meinem Innern.

Selbstvergewisserung

- Ich vertraue mir.
- Ich fühle die Gegenwart des Göttlichen in mir.
- Ich lasse meinen Gefühlen Raum.
- Ich erkenne meine Gefühle für mich selbst an.

Lernen Sie von „schlechten Vorbildern“

Eine der effektivsten Methoden, aus Fehlern zu lernen, besteht zweifellos darin, stellvertretend für sich selbst andere die Fehler machen zu lassen. Es ist zwar wunderbar, Vorbilder wie Leonardo zu haben, denen nachzueifern man sich bemüht. Doch auch von „schlechten Vorbildern" läßt sich viel lernen. Ich selbst zum Beispiel habe Unterrichten vor allem von den schlechtesten meiner Lehrer gelernt. Auch anderen „schlechten Vorbildern" bin ich dankbar dafür, daß sie mir gezeigt haben, welche Fehler man nicht machen sollte.

Erstellen Sie eine Liste mit den Namen von mindestens drei Menschen, die Fehler begangen haben, die Sie selbst vermeiden wollen. Was können Sie aus deren Fehlern lernen? Eine Schwierigkeit bei dieser Übung liegt darin, daß einige der „schlechtesten Vorbilder" in anderen Bereichen durchaus positiven Beispielcharakter haben.

Dimostrazione am Arbeitsplatz

Manager aus den Führungsetagen großer Konzerne bestätigen, daß sie ihre schwerwiegendsten Fehlentscheidungen immer dann trafen, wenn sie sich nicht auf ihre Erfahrungen verließen. Allzu häufig handeln Geschäftsleute gegen besseres Wissen und das heißt, gegen ihre Erfahrungen, indem sie sich dem Urteil von Analysten, Anwälten und akademischen Autoritäten beugen. Mark McCormack, Gründer der International Management Group und Autor des Buches „What They Don't Teach You at Harvard Business School", beschreibt das eingeschränkte Denken, das oft ein Ergebnis der akademischen Ausbildung ist, folgendermaßen: „Ein abgeschlossenes Studium der Wirtschaftswissenschaften erweist sich bei der Verarbeitung von realen Erfahrungen häufig als hinderlich. Viele der von uns eingestellten Wirtschaftswissenschaftler waren entweder ausgesprochen naiv oder Opfer ihrer akademischen Ausbildung. Das Ergebnis war so etwas wie Lernbehinderung in bezug auf das echte Leben – die Unfähigkeit, Menschen oder Situationen richtig einzuschätzen sowie ein geradezu unheimliches Talent zu Fehlurteilen." Die besten Führungspersönlichkeiten und Manager teilen die Erkenntnis Leonardos, daß im Zentrum der Weisheit die Erfahrung steht.

Sensazione

Die beständige Sensibilisierung der Sinne, vor allem des Sehens, als ein Mittel zur Belebung der Erfahrung.

Sehen, Hören, Fühlen, Schmecken und Riechen: In den Sinneswahrnehmungen liegt der Schlüssel zur Erfahrung. Leonardo da Vinci glaubte, daß sich die Geheimnisse der *Dimostrazione* über die Sinne, vor allem über das Sehen erschließen. *Saper vedere* (zu sehen verstehen) war ein Motto Leonardos und der Grundstein seiner künstlerischen und wissenschaftlichen Arbeit. In seinem Buch „The Creator: A History of Heroes of the Imagination" überschreibt Daniel Boorstin das Kapitel über Leonardo „Sovereign over the Visible World" (Herrscher über die Welt des Sichtbaren). Diese Herrschaft gründete sich auf die Kombination aus Leonardos aufgeschlossenem, fragendem Verstand, dem Vertrauen in die eigenen Erfahrungen und seiner überdurchschnittlichen Fähigkeit, genau zu beobachten. Schon in der Jugend schulte Leonardo seine Beobachtungsgabe, indem er die natürlichen Schönheiten der toskanischen Landschaft in sich aufsog. Ausgebildet durch seinen Lehrmeister Verrocchio, „das wahre Auge", entwickelte er eine erstaunliche Beobachtungsgabe. In der Abhandlung über den Flug der Vögel zum Beispiel beschrieb er die Bewegungen der Federn und Flügel mit einer Genauigkeit, die erst Jahrhunderte später, mit dem technischen Hilfsmittel der Zeitlupenaufnahme, bestätigt werden konnte.

„All unser Wissen gründet sich auf Wahrnehmung."
— Leonardo da Vinci

In ebenso dramatischen wie fesselnden Worten beschreibt Leonardo die Bedeutung des Sehens:

> Wer nämlich die Sehkraft verliert, der verliert auch den Anblick und die Schönheit des Weltalls und er gleicht einem, der lebendig in das Grab eingeschlossen ist, wo es ihm an Bewegung und Leben sonst nicht fehlt. Siehst du denn noch nicht, daß das Auge die Schönheit der ganzen Welt erfaßt? Das Auge ist der Herr über die Astronomie; es macht die Kosmographie; es ist Rat und Beistand aller menschlichen

Künste; es bewegt den Menschen in die verschiedenen Teile der Welt; es ist der Fürst der Mathematik, sein Wissen ist unumstößlich; es hat die Höhe und die Größe der Sterne gemessen; es hat die Elemente und ihren Wohnsitz herausgefunden; es hat durch die Bahnen der Sterne die Zukunft vorausgesagt; es hat die Architektur und die Perspektive hervorgebracht und die göttliche Malerei. Oh Auge, du stehst hoch erhaben über allem, was Gott geschaffen hat! Wo ist das Lob, das deinen Wert ausdrücken könnte? Wo die Völker und Zungen, die dein wahres Wirken vollendet beschreiben könnten?

„Wer möchte es für möglich halten, daß ein so kleiner Raum die Bilder des ganzen Weltalls zu fassen vermag!"
— Leonardo da Vinci

Leonardo da Vincis scharfes Auge erlaubte es ihm, außergewöhnliche und noch nie so genau beobachtete Feinheiten des menschlichen Ausdrucks in seinen Gemälden festzuhalten. Das Auge war für ihn das „Fenster der Seele" und, wie er immer wieder betonte, „das Hauptmittel, durch welches der Verstand die unendlich vielen Werke der Natur in der vielfältigsten und großartigsten Weise betrachten kann".

Für Leonardo war das Sehen der „edelste" Sinn und daher die Malerei die größte der Künste. Das Ohr und damit die Musik rangieren erst an zweiter Stelle: „Die Musik kann nicht anders genannt werden als die Schwester der Malerei, denn sie ist dem Gehör zugeordnet, einem Sinn, der nach dem Sehvermögen kommt ... Die Malerei überragt und beherrscht die Musik, weil sie nicht sofort nach ihrer Erschaffung wieder vergeht wie die unglückselige Musik." (Zu Leonardos Lebzeiten gab es selbstverständlich weder Musikkassetten, Schallplatten noch CDs.)

Zu Leonardos vielen herausragenden Fähigkeiten zählte unter anderem sein Talent als Musiker. Daß er in den Palästen seiner Mäzene äußerst beliebt war, ist auch darauf zurückzuführen, daß er die Flöte, die Lyra und eine Reihe anderer Instrumente beherrschte. Vasari berichtet, daß „er auch ohne Vorbereitung göttlich sang". Als er in Mailand zu seinem neuen Gönner, Ludovico Sforza, vorgelassen wurde, überreichte er ihm als Geschenk eine Lyra in der Form eines Pferdekopfes mit silbernem Griff, die er selbst gebaut hatte. Doch Leonardo spielte nicht nur verschiedene Instrumente, komponierte und sang, er schätzte es auch, sich Musik vorspielen zu lassen, wenn er malte. Musik war für ihn eine sinnliche, spirituelle Erbauung.

„Die fünf Sinne sind die Sachwalter der Seele."
— Leonardo da Vinci

Die Tatsache, daß für Leonardo Sehen und Hören in der Hierarchie der Sinne an oberster Stelle rangierten, hinderte ihn nicht daran, für die Verfeinerung aller Sinne zu plädieren. Er legte größten Wert darauf, sich sorgfältig und teuer zu kleiden, da er die Berührung feiner Samt- und Seidenstoffe auf der Haut genoß. Sein Atelier erfüllte der Duft von Blumen und Parfums. Darüber hinaus schärfte er seine Sinne über die Leidenschaft für die kulinarischen Künste. So verdankt ihm das Abendland die Erfindung kleiner, gesunder und exquisit angerichteter Mahlzeiten für Bankette und Festmähler.

Und dennoch mußte er mit Bedauern feststellen, daß der Durchschnittsmensch „sieht, ohne zu sehen, hört, ohne zu hören, berührt, ohne zu fühlen, ißt, ohne zu schmecken, sich bewegt, ohne sich dessen bewußt zu sein, atmet, ohne Geruch oder Duft wahrzunehmen, und spricht, ohne zu denken". Seine Einschätzung liest sich heute, Jahrhunderte später, wie eine Aufforderung, unsere Sinne zu schärfen – und damit unseren Verstand zu erweitern und unsere Erfahrungen zu vertiefen.

SENSAZIONE IN DER PRAKTISCHEN ANWENDUNG

Erinnern Sie sich an das Schönste, was Sie je gesehen, an den süßesten Ton, den Sie je gehört, die zarteste Berührung, die Sie je gespürt haben, den Geschmack der besten Speise, die Sie je gegessen haben und an den faszinierendsten Duft, den Sie je gerochen haben. Wie wirkt die Erfahrung einer einzelnen Sinneswahrnehmung auf die anderen Sinne?

Die Beantwortung der folgenden Fragen und die Absolvierung der Übungen dieses Kapitels sollen für Sie ein sinnliches Vergnügen sein: Sie werden den Geschmack von Wein und Schokolade erkunden sowie neue Möglichkeiten entdecken, Musik und Kunst zu genießen. Sie werden lernen, Ihr Tastvermögen zu verfeinern und sich, dem Vorbild Leonardos folgend, Ihr eigenes Parfum zu mischen. Und Sie werden erfahren, was Synästhesie bedeutet – das Zusammenspiel der Sinne, das Erfolgsgeheimnis großer Künstler und Wissenschaftler. Hinter all diesen Übungen, die angenehm sein und Spaß machen sollen, steht die durchaus ernsthafte Absicht, Ihnen zu helfen, Ihre sinnliche Intelligenz zu steigern.

Ihre Sinne sind nämlich nicht nur Kanäle für Schmerz und Freude, sondern auch die Hebammen der Intelligenz. *Scharf* und *stumpf,* Begriffe, mit denen wir die Qualität unserer Sinne beschreiben, stehen gleichbedeutend für *klug* und *dumm*. Doch in einer Welt der Hochhäuser, der Staus, der Betonklötze, der piependen Handys und klingelnden Telefone, der künstlichen Zusatz- und Geschmacksstoffe, der Preßlufthämmer und Comicfiguren ist es nur allzu verständlich, daß die Menschen, wie Leonardo sagte, nur mehr „sehen, ohne zu sehen". Damit handeln wir dem zuwider, was Leonardo durch die Kultivierung der sinnlichen Aufnahmefähigkeit zu erreichen suchte. Serge Bramly vergleicht in seiner Biographie über das Universalgenie Leonardos Übungen der Verfeinerung der Sinne mit dem Trainingsprogramm eines Sportlers: „Ebenso wie ein Sportler seine Muskeln aufbaut, trainierte Leonardo seine Sinne, indem er seine Fähigkeiten der Wahrnehmung schulte. In seinen Handschriften kann man die Art der mentalen Gymnastik, der er sich unterzog, nachlesen." Das Training der Sinne, das Sie in diesem Kapitel mittels einer Reihe mentaler „Sportübungen" nachvollziehen können, wird Ihnen eine erhöhte sinnliche Wahrnehmungsfähigkeit ermöglichen. Doch zunächst sollten Sie sich der Checkliste zur Selbsteinschätzung widmen.

Sensazione
Selbsteinschätzung: Sehen

- ❑ Ich bin sensibel für Farben, die zusammenpassen oder sich „beißen".
- ❑ Ich kenne die Augenfarbe meiner Freunde.
- ❑ Ich sehe mindestens einmal täglich auf den Horizont oder in den Himmel.
- ❑ Ich bin in der Lage, Gegenstände, Landschaften oder Szenen bis ins Detail zu beschreiben.
- ❑ Ich kritzele oder zeichne gern.
- ❑ Meine Freunde würden mich als „wach" beschreiben.
- ❑ Ich bin sensibel für Veränderungen des Lichts.
- ❑ Ich kann mir Dinge gut vorstellen.

Welche Gültigkeit Leonardos Klage auch heute noch hat, ist bei einem Besuch im Louvre zu beobachten. Wenn man sich der *Mona Lisa* nähert, wird man eine Reihe von Hinweistafeln sehen, die in verschiedenen Sprachen darum bitten, keine Blitzlichtaufnahmen von dem Gemälde zu machen. Und während man versucht, alle Feinheiten dieses geheimnisvollsten aller Bilder in sich aufzunehmen, wird man von einem nicht enden wollenden Blitzlichtgewitter geblendet, das jene Philister auslösen, die sich nicht einmal die Mühe machen, einen Moment innezuhalten, um das Gemälde wirklich zu betrachten.

Sensazione
Selbsteinschätzung: Hören

- ❑ Meine Freunde schätzen mich als guten Zuhörer.
- ❑ Ich bin empfindlich gegen Lärm.
- ❑ Ich höre, wenn jemand falsch singt.
- ❑ Ich kann singen.
- ❑ Ich höre regelmäßig Jazz oder klassische Musik.
- ❑ Ich kann bei einem Musikstück die Melodie von der Baßlinie unterscheiden.
- ❑ Ich weiß, wozu die Knöpfe an meiner Stereoanlage dienen und höre die Unterschiede, wenn ich an ihnen drehe.
- ❑ Ich genieße die Stille.
- ❑ Ich erkenne auch leichte Veränderungen im Tonfall, in der Lautstärke und der Modulation einer Stimme.

Sensazione
Selbsteinschätzung: Riechen

- ❑ Ich habe einen Lieblingsduft.
- ❑ Gerüche beeinflussen meine Gefühle, zum Positiven wie zum Negativen.
- ❑ Ich kann Freunde an ihrem Geruch erkennen.
- ❑ Ich weiß, wie ich Düfte einsetzen muß, um meine Stimmung zu beeinflussen.
- ❑ Ich kann Nahrungsmittel oder Wein zuverlässig anhand ihres Aromas einschätzen.
- ❑ Wenn ich Blumen sehe, nehme ich mir gewöhnlich einen Augenblick Zeit, um ihren Duft einzuatmen.

Sensazione Selbsteinschätzung: Schmecken

- ❑ Ich schmecke, ob Lebensmittel frisch sind oder nicht.
- ❑ Ich mag die Kochkünste verschiedenster Kulturen.
- ❑ Ich bin ungewöhnlichen Geschmackserlebnissen gegenüber aufgeschlossen.
- ❑ Ich bin in der Lage, aus einem Gericht die verschiedenen Kräuter und Gewürze herauszuschmecken.
- ❑ Ich koche gut.
- ❑ Ich genieße es, zum Essen ein Glas Wein zu trinken.
- ❑ Ich esse bewußt, indem ich den Geschmack dessen, was ich esse, wahrnehme.
- ❑ Ich vermeide Junkfood.
- ❑ Ich vermeide es, nebenbei und auf die Schnelle zu essen.
- ❑ Ich habe Spaß an Geschmacks- und Weinproben.

Sensazione

Selbsteinschätzung: Fühlen

- ❑ Ich weiß, wie sich die Dinge – z. B. Sessel, Sofa, Autositze – anfühlen, die mich in meinem Alltag umgeben.
- ❑ Ich reagiere sensibel auf Stoffe und Materialien, die ich trage.
- ❑ Ich berühre andere gern und lasse mich selbst gern berühren.
- ❑ Meine Freunde behaupten, es sei angenehm, von mir umarmt zu werden.
- ❑ Ich weiß, wie man mit den Händen „zuhört".
- ❑ Wenn ich jemanden berühre, weiß ich, ob er oder sie angespannt oder entspannt ist.

Sensazione Selbsteinschätzung: Synästhesie

- ❑ Mir gefällt es, eine Sinneswahrnehmung mit Begriffen zu umschreiben, die einem anderen Sinn zugeordnet werden.
- ❑ Ich verstehe intuitiv, welche Farben „kalt“ und welche „warm“ sind.
- ❑ Meine Reaktion auf Kunst kommt „aus dem Bauch“.
- ❑ Ich bin mir der Rolle bewußt, die die Synästhesie für das Denken großer Künstler und Wissenschaftler spielt.
- ❑ Ich vermag zu erspüren, welcher Laut – „ooooohhhlaaaa“, „zip-zip-zip“, „ni-ni-ni-ni“ – welchem Zeichen – ~, ^ ^ ^, vvvv – zuzuordnen ist.

Sensazione: Anwendung und Übungen

Sehen und Betrachten

Leonardo schreibt, daß „das Auge die Schönheit der ganzen Welt erfaßt". Mit den folgenden Übungen können Sie Ihren Blick schärfen und lernen, die Schönheiten, die die Welt zu bieten hat, bewußter zu genießen.

Die Augen mit den Händen bedecken

Setzen Sie sich in einem ruhigen Zimmer, an einen Tisch. Stellen Sie die Füße fest auf den Boden und richten Sie sich so auf, daß der Beckenboden Sie stützt. Wenn Sie eine Brille tragen, nehmen Sie sie ab; Kontaktlinsen dagegen stören nicht. Reiben Sie jetzt etwa zwanzig Minuten lang Ihre Handflächen fest gegeneinander. Legen Sie dann, die Ellbogen leicht auf den Tisch gestützt, die gewölbten Handflächen über Ihre geschlossenen Lider. Achten Sie darauf, daß Sie dabei weder Druck auf die Augen noch auf die Nasenwurzel ausüben. Bleiben Sie so drei bis fünf Minuten sitzen, während Sie entspannt tief ein- und ausatmen. Nehmen Sie die Hände von den Augen, lassen Sie die Lider aber noch weitere zwanzig Sekunden geschlossen. (Reiben Sie sich nicht die Augen!) Öffnen Sie dann langsam die Augen und schauen Sie sich um. Sie werden feststellen, daß Ihnen die Farben in Ihrer Umgebung leuchtender und die Dinge klarer konturiert erscheinen. Machen Sie diese Übung ein bis zwei Mal pro Tag.

Mit folgenden Worten beschreibt Leonardo einen Sonnenaufgang: „In der ersten Stunde des Tages liegt in der Atmosphäre im Süden, nahe des Horizonts, ein Schleier rot erleuchteter Wolken; im Westen ist es dunkler, und im Osten ist der feuchte Dunst über dem Horizont sogar heller als der Horizont selbst, und das Weiß der Häuser im Osten ist kaum zu erkennen; während sie nach Süden hin um so dunkler von einem roten Schleier bedeckt sind, je weiter entfernt sie liegen; und noch ausgeprägter ist dies im Westen; mit den Schatten dagegen verhält es sich gegenteilig, denn diese verschwinden vor den weißen Häusern."

Nahe und entfernte Gegenstände fokussieren

Dies ist eine einfache Übung, die sich mehrmals am Tag durchführen läßt. Fixieren Sie einen Gegenstand in Ihrer Nähe – zum Beispiel dieses Buch, das Sie gerade in der Hand halten. Richten Sie dann Ihren Blick in die Ferne. Suchen Sie einen Punkt am Horizont, den Sie ein paar Augenblicke lang fixieren, bevor Sie wieder auf den Gegenstand in Ihrer unmittelbaren Nähe blikken, um dann erneut in die Ferne zu blicken, nun einen anderen Punkt fixierend. Diese Übung macht nicht nur wache Augen, sie schärft auch Ihre Wahrnehmung und kommt Ihnen vor allem beim Autofahren zugute.

„Weicher Blick"

Die Notwendigkeit, den ganzen Tag vor einem Computermonitor zu sitzen oder einen Bericht nach dem anderen zu lesen, führt bei manchen Menschen zu einer Erstarrung oder Verengung des Blickfeldes. Um Ihren Blick wieder „aufzuweichen" und „auszuweiten", versuchen Sie die folgende Übung: Führen Sie die Spitzen der Zeigefinger beider Hände etwa dreißig Zentimeter vor dem Gesicht auf Augenhöhe zusammen. Geradeaus blickend, bewegen Sie nun die Finger in einer waagerechten Linie auseinander, bis die Fingerspitzen seitlich aus Ihrem Blickfeld verschwinden. Führen Sie sie wieder aufeinander zu, und wiederholen Sie die Übung auf der vertikalen Achse. Atmen Sie ein paar Mal tief ein und aus. Dann machen Sie Ihre Augen „weich", indem Sie die Muskeln der Stirn, des Gesichts und des Kiefers entspannen. Versuchen Sie dabei Ihr Gesichtsfeld so weit wie möglich auszudehnen. Spüren Sie der Wirkung nach, die diese Übung auf Körper und Geist hat.

Einen Sonnenaufgang oder -untergang beschreiben

Informieren Sie sich in der Tageszeitung über den genauen Zeitpunkt, an dem die Sonne auf- bzw. untergeht. Suchen Sie sich eine ruhige Stelle, von der aus Sie das Naturschauspiel beobachten können. Sie sollten etwa zehn Minuten vor der angegebenen Zeit dort sein, um Körper und Geist darauf einzustimmen. Atmen Sie ein paarmal tief durch, bevor Sie etwa drei Minuten lang wie in der zuerst beschriebenen Übung die Augen mit den Händen bedecken. Führen Sie dann die zweite Übung durch, bei der Sie abwechselnd nahe und entfernte Gegenstände fokussieren, um Ihren Blick „weich" zu machen für die Weite des Horizonts. Halten Sie Ihre Erfahrungen in Ihrem Notizbuch fest.

Beschäftigen Sie sich mit dem Leben und Werk Ihrer Lieblingsmaler

Erstellen Sie eine Liste mit den Namen der zehn Maler, die Sie am meisten schätzen. Widmen Sie sich über einen festgelegten Zeitraum (eine Woche, drei Monate, ein Jahr) hinweg dem Studium dieser Künstler, indem Sie in ihr Leben und Werk eintauchen. Lesen Sie alles, was Sie über sie finden können. Sehen Sie sich ihre Werke in Museen an. Hängen Sie Reproduktionen der Gemälde, die Ihnen am besten gefallen, in das Badezimmer, in Ihr Büro oder die Küche.

Hier ist meine Hitliste der zehn besten Maler (des Abendlands):

1. Leonardo (wen überrascht es!)
2. Paul Cézanne
3. Vincent van Gogh

4. Rembrandt van Rijn
5. Michelangelo
6. Jan Vermeer
7. Giorgione
8. Masaccio
9. Salvador Dalí
10. Mary Cassatt

Machen Sie das Beste aus jedem Museumsbesuch

Leonardo merkte an, daß „die Idee oder Vorstellungskraft den Sinnen sowohl Ruder als auch Zügel ist, insofern als die vorgestellte Sache die Sinne bewegt".

Wie können Sie Ihre Wertschätzung großer Kunst vertiefen und Ihre Fähigkeit zum *saper vedere* (zu sehen verstehen) verbessern? Ein einfacher Weg besteht darin, eine eigene Strategie für Museumsbesuche zu entwickeln. Die Menge der dort ausgestellten Kunstwerke muß den Besucher erdrücken. Sofern man also nicht gezielt durch eine Ausstellung geht, läuft man Gefahr, sie erschöpft und unbefriedigt zu verlassen. Führungen können Abhilfe schaffen, sind aber leider nicht immer von der Qualität, die man sich wünschen würde. Versuchen Sie einmal folgende Strategie: Gehen Sie mit einem Freund ins Museum, und einigen Sie sich schon vorher darauf, welche Abteilungen Sie besichtigen wollen. Beim Betreten eines jeden Raumes trennen Sie sich, um sich später zu einer festgesetzten Zeit wieder zu treffen.

Beim Betrachten der Exponate sollten Sie kein analytisches Urteil fällen, wie Sie es vielleicht im Kunstunterricht gelernt haben. Sehen Sie sich das Gemälde oder die Skulptur mit frischen, unschuldigen Augen an. Lassen Sie sich Zeit, das Kunstwerk zu betrachten und in sich aufzunehmen, bevor Sie zur Kenntnis nehmen, von wem es ist und wie es heißt. Finden Sie heraus, was Sie anspricht, und halten Sie in Ihrem Notizbuch

Stichworte zu den Kunstwerken fest, die Sie am meisten beeindrucken. Wenn Sie dann zur verabredeten Zeit wieder mit Ihrem Freund zusammenkommen, tauschen Sie sich mit ihm über die eindrucksvollsten Exponate des jeweiligen Raums aus. Indem Sie sich bemühen, Ihre Eindrücke in Worte zu fassen, schärfen Sie Ihre Wahrnehmung und vertiefen Ihre Wertschätzung des Kunstwerks. Darüber hinaus profitieren Sie selbstverständlich auch von den Eindrücken Ihres Freundes oder Ihrer Freundin.

Die Kunst der Visualisierung

Die Visualisierung ist ein hervorragendes Mittel, um die Sinne zu schärfen, das Gedächtnis zu trainieren und auf das Erreichen von Zielen vorzubereiten. Nicht umsonst setzte Leonardo sie gezielt als Strategie zur Förderung der schöpferischen Fähigkeiten ein. „Ich habe die Erfahrung gemacht", notierte er, „daß es nicht von geringem Nutzen ist, wenn du im Dunkeln im Bett liegst, in Gedanken allen Linien der Oberflächen der Formen, die du vorher studiert hast, oder anderen beachtenswerten Gegenständen nachzugehen, die aus feinen Betrachtungen hervorgegangen sind, und das ist eine Übung, die lobenswert und nützlich ist, um sich die Dinge ins Gedächtnis einzuprägen." Obgleich als Ratschlag für Maler gedacht, läßt er sich genausogut auf die Kunst des Lebens anwenden.

Mit Hilfe der bewußten Visualisierung lassen sich die verschiedensten Fähigkeiten vervollkommnen, vom Golfspielen oder Tanzen über das Zeichnen bis hin zur Vortragskunst. Am effektivsten lassen sich Visualisierungsübungen durchführen, wenn man entspannt ist. Geeignete Zeitpunkte sind also:

Stellen Sie sich die Mona Lisa nicht mit einem Schnurrbart vor! Sollte es Ihnen nicht gelungen sein, diese Anweisung zu befolgen, dann deshalb, weil Ihre Vorstellungskraft so stark ist, daß sie jeden Hinweis, negativ wie positiv, aufnimmt und in ein Bild verwandelt. Wie Leonardo feststellte, „bewegt das vorgestellte Ding die Sinne". Viele Menschen glauben fälschlicherweise, sie seien unfähig, sich etwas vorzustellen, und meinen damit, daß sie vor ihrem inneren Auge keine gestochen scharfen, farbigen Bilder sehen können. Doch Sie werden auch ohne bunte Bilder vor Augen von den Visualisierungsübungen profitieren.
Wenn Sie der Meinung sind, nicht über die notwendige Vorstellungskraft zu verfügen, beantworten Sie bitte die folgenden Fragen: Welche Farbe hat Ihr Auto? Können Sie das Gesicht Ihrer Mutter beschreiben? Wie sieht die Fellzeichnung eines Dalmatiners aus? Wahrscheinlich hatten Sie keine Schwierigkeiten, diese Fragen zu beantworten. Sie haben auf ihre „interne Datenbank" der Großhirnrinde zurückgegriffen. Diese Datenbank kann gemeinsam mit dem Stirnlappen mehr reale wie auch vorgestellte Bilder speichern und präsentieren als alle Film- und Fernsehproduktionsgesellschaften der Welt zusammen.

- *Visualisieren Sie positive Dinge.* – Viele Menschen stellen sich unbewußt negative Ereignisse vor, oder einfacher gesagt, sie machen sich Sorgen. Obwohl die Fähigkeit zur Vorstellung negativer Ausgänge eine Grundlage intelligenten Planens ist, sollten Sie die Fixierung auf Bilder des Versagens, Unheils oder Katastrophen vermeiden. Visualisieren Sie statt dessen, wie Sie auf Herausforderungen und Probleme positiv reagieren könnten.
- *Unterscheiden Sie zwischen Phantasien und Visualisierungen.* – Phantasieren kann Spaß machen, und der Fluß von Bildern, der dabei freigesetzt wird, erweist sich bei der Generierung kreativer Ideen oft als hilfreich. Doch mit Visualisierung ist etwas anderes gemeint, da Sie sich dabei bewußt auf die Vorstellung erwünschter Prozesse und Lösungen konzentrieren. Anders gesagt, Visualisierungen sind so etwas wie „mentale Theaterproben". Entscheidend für ihre Effektivität sind nicht gestochen scharfe Bilder in Technicolor, sondern Stringenz und Intensität des Vorgestellten.
- *Visualisieren Sie multisensorisch.* – Nutzen Sie all Ihre Sinne, um die Vorstellungen ebenso unvergeßlich wie unwiderstehlich zu gestalten.

- morgens, kurz nach dem Aufwachen;
- abends, wenn man vom Wach- in den Schlafzustand hinübergleitet;
- auf Reisen mit dem Zug, Flugzeug oder Schiff oder auf Autofahrten, sofern man nicht selber am Steuer sitzt;
- in Arbeitspausen;
- nach dem Meditieren, nach Yoga-Übungen oder Sport;
- immer dann, wenn Ihr Körper entspannt ist und Sie den Kopf frei haben.

Leonardo konstatierte zwei mögliche Formen von Visualisierung:

- *Die Vorstellung von den Dingen der Vergangenheit und*
- *die Vorstellung von den Dingen der Zukunft.*

Die Fähigkeit, sich ein gewünschtes Bild vorzustellen, ist in Ihrem Gehirn genauso angelegt wie der Versuch, dieses Bild mit Ihrem Handeln in Übereinstimmung zu bringen. Je umfassender Sie alle Sinne daran beteiligen, desto überzeugender wird das Vorgestellte.

Stellen Sie sich Ihren Lieblingsort vor

Atmen Sie ein paarmal tief ein und aus, und schließen Sie die Augen. Erschaffen Sie vor Ihrem inneren Auge das Bild eines imaginären oder tatsächlich existierenden Ortes, an dem Sie sich gerne aufhalten. Stellen Sie sich zum Beispiel einen Strand vor. Sehen Sie über die riesige Fläche des blaugrünen Meeres, und verfolgen Sie mit Ihren Augen das Heranrollen der schaumgekrönten Wellen. Lauschen Sie dem Donnern der Brandung, spüren Sie die warmen Sonnenstrahlen auf Ihrem Rücken. Atmen Sie die Kraft spendende salzige Luft, die ein sanfter Seewind Ihnen entgegenträgt, spüren Sie den nassen Sand zwischen den Zehen. Nehmen Sie mit der Hand etwas Sand auf und strecken Sie Ihre Hand dem klaren, blauen Himmel entgegen, bevor Sie den Sand durch Ihre Finger rieseln lassen. Beobachten Sie, wie das Sonnenlicht auf den winzigen Sandkristallen tanzt. Spülen Sie Ihre Hände im Wasser ab, und lekken Sie an Ihren Fingern, um das Salz zu schmecken. Genießen Sie den Besuch an Ihrem Lieblingsort, indem Sie ihn mit all Ihren Sinnen erkunden.

„Das Auge erfaßt die Schönheit der gesamten Welt.“

Inszenieren Sie Ihr eigenes Kunstwerk-Theater

Eine hervorragende Methode zur Verfeinerung der Kunst der Visualisierung ist die Visualisierung von Kunst. Wählen Sie ein Kunstwerk Ihres Lieblingsmalers aus – zum Beispiel Leonardos *Abendmahl* oder van Goghs *Sonnenblumen*. Hängen Sie eine Reproduktion davon auf, die Sie über den Zeitraum einer Woche hinweg jeden Tag mindestens fünf Minuten lang genau betrachten. Vor dem Einschlafen versuchen Sie dann, das Bild vor Ihrem inneren Auge zu rekonstruieren. Erinnern Sie sich an die Details. Bringen Sie alle Ihre Sinne in diese Übung ein: Stellen Sie sich die Geräusche rund um den Tisch des *Abendmahls* oder den Duft der Sonnenblumen vor. Registrieren Sie, wie sich die Eindrücke, die das Bild bei Ihnen hinterläßt, von Tag zu Tag verändern.

Lernen Sie Zeichnen

Der beste Ansatz, das Sehen nach dem Vorbild Leonardo da Vincis zu lernen, bestünde zweifellos darin, Malen zu lernen. Doch wie für viele andere Künstler auch, stand für Leonardo vor dem Malen das Zeichnen. Leonardo betonte, daß das Zeichnen die Grundlage für das Malen und das richtige Sehen ist. Für Leonardo war Zeichnen weit mehr als bloße Illustration; in seinen Augen war es der Schlüssel zum Verstehen der Schöpfung.

Um denken zu lernen wie Leonardo da Vinci, um den eigenen Blick zu schärfen und kreative Kräfte freizusetzen, sollten Sie also damit beginnen, Zeichnen zu lernen. Den Anfang können Sie mit dem Zeichenkurs ab Seite 262 machen.

Hören und Zuhören

Jedes Geräusch und jede Stille bietet die Möglichkeit, das akustische Wahrnehmungsvermögen zu schärfen. Die Geräuschkulisse einer modernen Großstadt wirkt hingegen oft desensibilisierend. Umgeben vom Lärm von Preßlufthämmern, Fernsehgeräten, Flugzeugen, U-Bahnen und Autos, neigen wir aus purem Selbstschutz zum „Abschalten". Machen Sie die folgenden Übungen, um Ihren Hörsinn wieder „einzuschalten".

Abgestuftes Hören

Ein- oder zweimal am Tag sollten Sie für einen Moment innehalten, tief durchatmen und auf die Geräusche hören, die Sie umgeben. Zunächst werden Sie vor allem die lauten, auffälligen Geräusche vernehmen – eine tickende Uhr, den Verkehr, der vor dem Fenster vorbeirauscht, Hintergrundgeräusche, verursacht von redenden Menschen und laufenden Maschinen. Sobald Sie die einzelnen Elemente einer „Geräusch-Schicht" identifiziert haben, lauschen Sie auf die Geräusche der nächsten, darunterliegenden Schicht – das Geräusch Ihres Atems, ein leichter Windzug, bis Sie schließlich das leise Schlagen Ihres Herzens hören.

Der Stille lauschen

Üben Sie, auf die stummen Momente zwischen den Geräuschen zu hören – auf die stummen Augenblicke im Gespräch, die Pausen in einem Musikstück oder die Stille, die im Gesang der Amsel die Töne voneinander trennt. Erklären Sie die Stille zum Thema eines Tages und halten Sie Ihre Empfindungen und Erkenntnisse im Notizbuch fest. Kennen Sie einen Ort der vollkommenen Stille, weit entfernt vom Dröhnen jedes Motors? Versuchen Sie, einen solchen Ort zu finden. Wie fühlen Sie sich, wenn es ganz still um Sie ist?

Üben Sie Schweigen

Unternehmen Sie das Experiment, einen Tag lang zu schweigen. Versuchen Sie einmal, vierundzwanzig Stunden lang nicht zu reden, sondern nur zuzuhören. Am besten ist es, diesen Tag des Schweigens draußen, in der freien Natur zu verbringen, im Wald spazierenzugehen, in den Bergen zu wandern oder am Strand entlangzulaufen.

Studieren Sie Leben und Werk Ihrer Lieblingskomponisten und -musiker

Gute Musik zu hören ist das beste Mittel, um das bewußte Wahrnehmen von Geräuschen zu steigern und sein Gehör zu verbessern. Leonardo schrieb der Kunst der Musik die Fähigkeit zu, „dem Unsichtbaren Gestalt zu verleihen". Widmen Sie sich zunächst der Musik, die Sie kennen und mögen. Erstellen Sie eine Liste mit Ihren zehn liebsten Musikern. Die Stilrichtung spielt dabei keine Rolle, es können Komponisten klassischer Musik, Gospelsänger, Tango-Orchester, Schnulzensänger, Opern- oder Rockstars, Jazzgrößen, Reggae- oder

Rythm-and-Blues-Musiker sein. Wählen Sie aus Ihrer Liste einen Musiker aus, und widmen Sie sich über einen festgelegten Zeitraum – ein Tag, eine Woche oder ein Monat – seinem Werk. Hören Sie auch im Auto, sofern möglich, die Musik Ihres „Musikers der Woche". Wenden Sie einige der weiter unten in diesem Kapitel aufgeführten Übungen zum aktiven Zuhören an, um das Werk Ihres Musikers noch bewußter schätzen zu lernen.

Beschäftigen Sie sich mit den Hauptströmungen der abendländischen Musik

Musik ist erstaunlich reich und vielfältig, etwas Wundervolles. Die Kenntnis und Wertschätzung der Meisterwerke der abendländischen Tradition ist daher ein idealer Ausgangspunkt für Ihre persönliche Renaissance des Hörens. Unter der fachkundigen Anleitung einer Komponistin, eines bekannten Dirigenten, eines Sängers und eines Musikredakteurs habe ich eine kurze Einführung in die Musik des Abendlandes zusammengestellt, die Ihnen einen ersten Überblick verschaffen soll.

Mittelalter (450–1450): Die Musik des Mittelalters wird einerseits bestimmt durch die geistlichen Gesänge der Kirchen und Klöster, andererseits durch die weltlichen Lieder fahrender Sänger und Barden. Das am häufigsten eingesetzte Instrument dieser Zeit ist die menschliche Stimme. Wie die Mehrzahl der Maler zeichneten auch die meisten Musiker des Mittelalters ihre Werke nicht namentlich. Eine Ausnahme stellt Hildegard von Bingen dar. Ihre demütige, von Andacht erfüllte und dennoch wunderbar ausdrucksstarke Musik steht erstaunlicherweise noch heute weltweit hoch im Kurs.

Renaissance (1450–1600): Die wichtigste Entwicklung dieser Periode war die Einführung der Polyphonie, der mehrstimmigen Musik. Zum ersten Mal wurden Kompositionen gedruckt und damit Musiker in die Lage versetzt, Partituren mit verschiedenen Stimmen zu studieren und aufzuführen. Die Musik wurde komplexer. Josquin, Byrd, Dufay und vor allem Palestrina sind bekannte Renaissancekomponisten, deren Musik bis auf den heutigen Tag überlebt hat.

Barock (1600–1759): Die Musik des Barock wird vor allem durch den Kontrapunkt bestimmt. Barockmusik ist in sich geschlossen und folgt in ihrem Aufbau einem festen Regelsystem. Wie in der Renaissance dominiert auch im Barock die geistliche und höfische Musik. Bach und Händel sind hervorragende Vertreter dieser Epoche.

Klassik (1785–1820): Nach einer 35 Jahre dauernden Phase des Übergangs (1750–1785) beginnt das Zeitalter der klassischen Musik. Der Kontrapunkt verliert in dieser Epoche zunehmend an Bedeutung, da die einzelnen Stimmen nun ganz im Zeichen der Harmonielehre stehen. Obgleich noch immer strengen formalen Gesetzen folgend, zeichnet sich die Musik der Klassik vor allem durch ihre Eleganz und Finesse aus. Als herausragende Musiker dieser Zeit sind Mozart, Haydn und Beethoven zu nennen.

Romantik (1820–1910): Ungewöhnliche Harmonien und eine experimentelle Melodieführung erweitern in der Romantik die musikalischen Strukturen. In dieser vom Streben nach dem Idealen geprägten Epoche verleiht das Individuum dem Gefühl Ausdruck. Leidenschaft und tiefe Emotionen prägen die großen Instrumentalwerke Brahms', Chopins und Schuberts sowie die Opern von Verdi, Puccini und Wagner.

20. Jahrhundert (1910–): Zu Beginn des 20. Jahrhunderts beschreiten Komponisten wie Strawinski, Debussy, Richard Strauß, Mahler, Schönberg, Schostako-

„TOP TEN"-HITLISTE

Ich bat die Musikexperten, die mich bei diesem Kapitel berieten, um eine Hitliste ihrer zehn Lieblingskomponisten oder -werke. Ausnahmslos alle lehnten sie eine derartige hierarchische Einordnung mit der Begründung ab: „Kunst funktioniert so nicht." Ich blieb beharrlich und stellte ihnen immer wieder Fragen wie „Wenn Sie auf die sprichwörtliche Insel verbannt würden und nur zehn klassische Musikstücke oder Jazzkompositionen mitnehmen könnten, welche würden Sie auswählen?" Warum verlange ich eine Liste der „Top Ten"? Die Übung, eine Rangliste zu erstellen – gleich ob im Bereich der Musik, der Malerei oder des Weins – mit Überlegung auszuwählen, Gewichtungen vorzunehmen und begründen zu können, erfordert eine eingehende Beschäftigung mit einem Gegenstand. Damit fördert sie zugleich die Wertschätzung wie die Freude am entsprechenden Gegenstand. Der Vergleich Ihrer eigenen „Hitliste" mit der eines Freundes oder einer Freundin wird Ihnen auch ganz neue Seiten an Ihrem Freund oder Ihrer Freundin sichtbar werden lassen. Gehen Sie das Erstellen einer hierarchischen Rangfolge mit der angemessenen Leichtigkeit an.

witsch und Bartók neue Wege. Sich gegen die musikalischen Regeln der vergangenen Epochen auflehnend, trieben die Komponisten der Moderne ihre Experimente in Bereiche vor, in die das Publikum ihnen nur noch mit Mühe folgte. Der Zweite Weltkrieg hatte auch für die Musik fatale Folgen. So wurde zum Beispiel die Musik Strawinskis und Debussys in der Sowjetunion verboten, Schostakowitsch erhielt Arbeitsverbot. Die Entwicklung der Elektronik in der zweiten Hälfte des Jahrhunderts hat nicht nur die Unterhaltungsmusik, sondern auch die sogenannte „ernste Musik" dramatisch verändert. Hinzu kommt, daß es aufgrund der Fortschritte in der Aufnahme- und Wiedergabetechnik heute möglich ist, großartige Musik jederzeit auch zu Hause oder im Auto zu hören.

Beschäftigen Sie sich mit Meisterwerken des klassischen Kanons

Durch bohrendes Fragen gelang es mir schließlich, die Experten zur Erstellung einer wenigstens vorläufigen Liste der zehn größten Musikstücke des klassischen Kanons zu bewegen. Hören Sie sich die Werke an und entscheiden Sie selbst.

1. J. S. Bach: Messe h-Moll (BWV 232)
   Tiefgründiger Geist und fröhliches Lob in einem der bewegendsten Werke der Geschichte der geistlichen Musik.
2. L. v. Beethoven: Symphonie Nr. 9 d-Moll (op. 125)
   Verwandlung des Dunkels in Licht mit einem spektakulären Finale; Beethovens Vertonung des Schillertextes über die Brüderschaft der Menschen ist ehrfurchtgebietend.
3. W. A. Mozart: Requiem d-Moll (KV 626)
   Wird von den meisten für die größte Komposition für Chor und Orchester gehalten – und das, obwohl der früh verstorbene Mozart das Requiem unvollendet hinterlassen hatte und es von einem seiner Schüler zu Ende gebracht wurde.
4. F. Chopin: Nocturnes Nr. 1–21
   Die intimen Kompositionen für Klavier werden Ihre Seele in Mondlicht baden. (Versuchen Sie, die himmlische Aufnahme mit Arthur Rubinstein zu bekommen.)
5. J. Brahms: Ein deutsches Requiem (op. 45)
   Die Spannweite des Ausdrucks reicht vom monumentalen Echo des Ewigen bis zu äußerst persönlichen und tröstenden Passagen.

6. G. Mahler: Symphonie Nr. 6 a-Moll (Tragische)
   Die Tiefen des Gefühls auslotend wie kein anderer, zelebriert Mahler in dieser Symphonie den Triumph der Hoffnung über die Verzweiflung.
7. Richard Strauss: Vier letzte Lieder
   Die Kompositionen für Sopran und Orchester sind Vertonungen von Gedichten Hermann Hesses und Joseph von Eichendorffs. Die üppige Orchestrierung formt einen reichen Klangteppich, über den sich die Melodieführung der Singstimme erhebt. Strauss' Evokation der fliehenden Seele in „Beim Schlafengehen" gehört zu den außergewöhnlichsten Ereignissen der abendländischen Musik.
8. C. Debussy: Préludes (Bd. I + II)
   Jedes dieser einzigartigen, impressionistischen Klavierstücke stellt eine einzigartige Charakterisierung *en miniature* dar.
9. I. Strawinsky: „Le Sacre du Printemps"
   Die explosive, ansteckende und bestechend rhythmische Komposition führte bei ihrer Uraufführung zu einem Skandal.
10. G. Verdi: „Aida" und G. Puccini: „La Bohème"
    Wir waren uns alle einig, daß sich unter den zehn besten Kompositionen unbedingt auch eine Oper befinden sollte, nicht aber darüber, welche. Das Ergebnis ist ein Unentschieden. Eine Bühneninszenierung von Verdis „Aida" wird Ihnen einen unvergeßlichen Eindruck dessen vermitteln, was Oper sein kann. Als Schallplattenaufnahme dagegen ist Puccinis „La Bohème" kaum zu schlagen. Die wunderbaren Melodien vermitteln den Inbegriff des Romantischen.

Unsere kurze Einführung in die zeitlosen Meisterwerke der abendländischen Musik wäre allerdings unvollständig ohne die Erwähnung einiger Titel der amerikanischen Pop- und Jazzmusik.

Entwickeln Sie die Fähigkeit des aktiven Zuhörens

Den Genuß des Musikhörens können Sie noch vertiefen, wenn Sie sich ihm aktiv nähern. Üben Sie die folgenden Strategien des „aktiven Zuhörens".

Achten Sie auf den Wechsel von Spannung und Entspannung: Dies ist eine sehr einfache und angenehme Methode, um Musik nicht nur besser schätzen, sondern auch genießen zu lernen. Unabhängig vom Genre gestaltet jeder Komponist seine Kompositionen nach den Prinzipien der Spannung und Entspannung. Mit Hilfe von rhythmischer Variation, Wechsel der Tonart, Pausen und Harmoniewechseln führt der Komponist den Hörer entlang eines Pfades von Bewegung und Ruhe und steigert so kontinuierlich die Erwartung musikalischer Erfüllung. Auch wenn der Hörer sich dieses Prozesses nicht bewußt ist, die Musik ist durch ein beständiges An- und Abschwellen strukturiert. Hören Sie sich verschiedene Musikstücke an, von Franz Liszt bis zu John Lennon, und versuchen Sie, die Schlüsselmomente von Spannung und Entspannung herauszuhören.

Lernen Sie, Ihre Lieblingsmusik den Elementen zuzuordnen: Leonardo und seine Zeitgenossen beschrieben die Phänomene der Welt häufig durch einen Vergleich mit den Elementen Erde, Feuer, Wasser und

Amerikanische U-Musik

Wohl einer der bedeutendsten nordamerikanischen Beiträge zur Musik ist ein faszinierendes Konglomerat von Kompositionen, die der „leichten Muse" zuzuordnen sind und in der Zeit zwischen 1910 und 1960 entstanden, dem Goldenen Zeitalter der Unterhaltungsmusik. Es sind dies zu Klassikern gewordene Musikstücke, die mit ihrer tiefen Emotionalität und der Feier des modernen Menschen die Zuhörer weltweit in ihren Bann ziehen. Die besten dieser Kompositionen verbinden Musik und Text auf eine Weise, die es möglich macht, ihren Wert durchaus mit dem der Oratorien Händels zu vergleichen. (Wertvoll ist ein Musikstück in meinen Augen vor allem dann, wenn man davon ausgehen kann, daß es auch noch in hundert Jahren Menschen inspirieren und bewegen wird.)

Zu den größten amerikanischen Komponisten gehören:

- George und Ira Gershwin – George Gershwin schrieb „Porgy and Bess" und damit, wie manche meinen, die erste amerikanische Oper. Die Synthese aus frühem Jazz, Blues und europäischer Musik, die den Gershwins gelang, brachte Werke von ebenso großer Schönheit wie dauerndem Einfluß hervor.
- Richard Rodgers und Oscar Hammerstein – Rodgers und Hammerstein bildeten ein einzigartiges Team, das die Partituren für musikalische Juwelen wie „Oklahoma!" und „The Sound of Music" schrieb.
- Alan Lerner und Frederick Loewe – Ein weiteres Team, das sich durch bezaubernde Melodien wie die in „My Fair Lady" einen Namen machte.
- Irving Berlin – Von ihm stammen fröhliche, leichte und durch und durch amerikanische Songs wie „White Christmas", „Cheek to Cheek" oder „Say It Isn't So".
- Jerome Kern – Der Pionier des Musiktheaters begründete mit seiner Maßstäbe setzenden Produktion von „Showboat" (Uraufführung 1927) die Tradition großer amerikanischer Musicals.
- Cole Porter – Porters Texte sind an Raffinesse und geistreichem Witz kaum zu überbieten. Schaffen Sie sich das „Cole Porter Song Book" in einer Aufnahme mit Ella Fitzgerald an, die Klassiker wie „I Love Paris", „Too Darn Hot" und „I've Got You Under My Skin" enthält.

Jazz

Jazz in seiner besten Ausprägung ist ein Klangtanz zwischen Chaos und Ordnung, Ausdruck höchster Kreativität. Für viele Kenner sind die drei wichtigsten Jazzmusiker Louis Armstrong, Duke Ellington und Charlie Parker.

Der Trompeter und Sänger Louis Armstrong kann wohl die bedeutendste Figur der Jazzgeschichte genannt werden – er zählt zu den zwei oder drei wahrhaft großen Solisten und verfügt über den meisten „Swing". Hören Sie sich zunächst Aufnahmen mit seinem Mentor Joe „King" Oliver an, zum Beispiel „Snake Rag" oder „Dippermouth Blues", bevor Sie sich den Einspielungen widmen, bei denen er als Star im Vordergrund steht: „Hot Fives" und „Hot Seven", „West End Blues" und die berühmten Aufnahmen für Decca aus den 40er und 50er Jahren wie „Up a Lazy River" und „On the Sunny Side of the Street".

Duke Ellington gehört für viele Jazz-Liebhaber zu den größten amerikanischen Komponisten überhaupt. Zu seinen Meisterwerken zählen größere Stücke wie „Harlem", „Such Sweet Thunder" und „Far East Suite". Doch auch seine kleineren Kompositionen sind überwältigend, vor allem sein „Portrait of Ella Fitzgerald", „Black and Tan Fantasy" und „Clothed Woman". Beschäftigen Sie sich mit der Entwicklung, die seine Musik in der Zeit zwischen den 20er und 70er Jahren im Hinblick auf Orchestrierung und kompositionelle Techniken durchlaufen hat. Entdecken Sie seinen einzigartigen Stil als Pianist, genießen Sie die Früchte seiner Zusammenarbeit mit Billy Strayhorn. Verwöhnen Sie sich mit so wunderbaren Songs wie „Satin Doll", „Solitude" und „Take the 'A' Train".

Viele behaupten, daß der dritten unsterblichen Jazzgröße, dem Altsaxophonisten Charlie „Yardbird" Parker (kurz „Bird"), bei seinen Soli nie auch nur der kleinste Fehler unterlief. Diese Behauptung scheint zwar unglaublich, wird aber von Dutzenden von erstklassigen Musikern aufrechterhalten. Doch nicht nur die faszinierenden Soli, auch Parkers Bandspiel sprüht nur so vor Kraft und Originalität. Gemeinsam mit Dizzie Gillespie (Trompete), Thelonius Monk (Klavier), Kenny Clarke (Schlagzeug) und anderen zelebrierte er den Bebop. Zu den Höhepunkten seines Schaffens gehören die Dial-Records (darauf beide Aufnahmen von

„Embraceable You"), das berühmte „Jazz at Massey Hall"-Konzert und die Aufnahme „Charlie Parker with Strings".

Ich bat den Musikredakteur Murray Horwitz mir zusätzlich zu den genannten Titanen des Jazz noch einige weiterer Musiker sowie zwei oder drei ihrer besten Einspielungen zu nennen, die geeignet sind, um in den Jazz einzuführen:

- Benny Goodman („Sing, Sing, Sing" in der Aufnahme des Carnegie Hall-Konzerts von 1938)
- Count Basie (beinahe alle Titel, vor allem aber „April in Paris" und hier besonders die Aufnahme, bei der Ella Fitzgerald singt)
- Mildred Bailey („I'll Close My Eyes", „It's So Peaceful in the Country", „Squeeze Me")
- Miles Davis („Kind of Blue" und „Four and More")
- Coleman Hawkins („Body and Soul", „Talk of the Town")
- Billie Holiday („Fine and Mellow", ihre Aufnahmen mit Count Basie, Lester Young und Buck Clayton sowie die späten Aufnahmen aus den 50ern)
- Dizzie Gillespie (vor allem die Bigband-Einspielungen aus den 40ern)
- Jelly Roll Morton (die gesamten Red Hot Pepper-Aufnahmen)
- Nat King Cole („After Midnight" sowie die Trioaufnahmen)
- Thomas „Fats" Waller („Valentine Stomp", „Love Me or Leave Me", „Ain't Misbehavin'")
- John Coltrane („My Favorite Things", „A Love Supreme")

Luft. Dieses Verfahren läßt sich auch hervorragend auf das Hören von Musik anwenden. Ordnen Sie den Komponisten und Musikern, die Sie am meisten schätzen, dominante Elemente zu. Obwohl die großen Komponisten alle Elemente in ihrer Musik zum Ausdruck kommen lassen, bin ich der Meinung, daß das Element „Erde" am deutlichsten bei Brahms und Beethoven zu hören ist, „Feuer" bei Strawinski und Schostakowitsch, „Wasser" bei Ravel und Debussy, und „Luft" bei Mozart und Bach. Teilen Sie meinen Eindruck?

Lernen Sie zu unterscheiden: Die Wertschätzung steigt mit der Fähigkeit, Unterscheidungen zu treffen. Auf der einfachsten Ebene lassen sich zunächst die verschiedenen Genres unterscheiden, zum Beispiel Rhythm and Blues von Country-Musik oder Klassik von Jazz. Auf einer nächsten Ebene lernt man zwischen verschiedenen Untergattungen zu unterscheiden, das heißt New Orleans Jazz von Fusion, die Musik des Barock und der Klassik von der der Romantik. Eine weitere Stufe der Wertschätzung wird mit dem Erkennen einzelner Komponisten erreicht, wenn Sie also in der Lage sind, Bach von Brahms und Mozart von Monteverdi zu unterscheiden. Und schließlich können Sie versuchen, die Charakteristika von Solisten, Orchestern, Instrumenten, Dirigenten und Aufnahmen zu erkennen.

Hören Sie sich eine Komposition in verschiedenen Einspielungen, mit verschiedenen Orchestern und Dirigenten an – beispielsweise Mahlers Sechste Symphonie in einer Aufnahme des Boston Symphony Orchestra unter Leitung von Seji Ozawa (ein ausgezeichnetes, ausnahmslos mit Profis besetztes Orchester mit einem Jahresetat von 49 Mio. Dollar) und zum Vergleich in einer Einspielung des Boston Philharmonic Orchestra unter der Leitung von Benjamin Zander (ein Orchester, das sich aus Studenten, Amateuren und einigen wenigen Berufsmusikern zusammensetzt und über einen Jahresetat von 460.000 Dollar verfügt). Halten Sie in Ihrem Notizbuch fest, welche Unterschiede Sie hören.

Hören Sie Gefühle: Warum rührt ein bestimmtes Musikstück Ihr Herz an? Welche Kompositionen, Lieder, Instrumente und Stimmen berühren Sie am tiefsten?

Hören Sie sich eine frühe Schallplattenaufnahme von Frank Sinatra an. Welche emotionale Qualität können Sie in seiner Stimme erkennen? Dann hören Sie sich eine spätere Aufnahme aus der Zeit nach Sinatras Affäre mit Ava Gardner an („New York, New York" und „My Way" sind die größten Songs dieser Zeit). In welcher Weise hat sich die emotionale Qualität verändert?

Hören Sie sich die Überleitung vom dritten zum vierten Satz in Beethovens 5. Symphonie an. Lauschen Sie dem Klang von Triumph und überströmender Freude. Dann hören Sie sich den zweiten Satz von Beethovens 3. Symphonie an und lauschen dem Klang von Tragik, Trauer und Finsternis. Warum wirken diese Klänge in so verschiedener Weise auf Sie?

Hören Sie kulturelle und historische Eigenarten heraus: Musik ist ein einzigartiger Ausdruck menschlicher Kultur, geprägt von deutlich erkennbaren Kennzeichen des Zeitalters ihrer Entstehung. Versuchen Sie nachzuvollziehen, daß zum Beispiel Rap-Musik als Ausdruck des Großstadtlebens verstanden werden sollte; und daß Bachs äußerst strukturierte, an strengen Regeln orientierte Musik den Respekt vor sowohl weltlichen wie geistlichen Autoritäten zum Ausdruck bringt, der die deutsche Gesellschaft des Barockzeitalters charakterisierte.

Orchestrieren Sie Ihr Leben

Um große Musik genießen zu können, sollten Sie sich Zeit zum ungestörten Zuhören nehmen. Konzentrieren Sie zum Beispiel Ihre Aufmerksamkeit ganz auf Beethovens Neunte, hören Sie die Symphonie einmal und dann ein zweites Mal, und Sie werden feststellen, welch einen Genuß diese Musik für Ohr, Herz und Geist bietet. Selbstverständlich aber können Sie den Segen dessen, was Leonardo „die Gestaltung des Unsichtbaren" nannte, auch in Ihrem Alltag erfahrbar machen. Musik beeinflußt unsere Stimmungen, Emotionen und die Aufnahmebereitschaft, sie verändert (sowohl negativ als auch positiv) das Muster der Gehirnströme. Musik wird eingesetzt, um Soldaten auf dem Weg ins Feld oder Boxer auf ihrem Weg in den Ring anzufeuern. Sie wiegt Babys in den Schlaf, fördert das Wachstum von Pflanzen und wirkt heilend bei bestimmten Krankheiten.

Nutzen Sie die Macht der Klänge, indem Sie eine Liste verschiedener Tätigkeiten des Alltags erstellen und überlegen, wie diese sich am besten musikalisch begleiten ließen. Orchestrieren Sie Ihr Leben: Wachen Sie zum Beispiel auf mit „Chariots of Fire" von Vangelis, und arbeiten Sie bei Mozarts Violinkonzerten.

Bewusst riechen

Tag für Tag werden wir mit einer Fülle von Gerüchen konfrontiert. Die fünf Millionen olfaktorischen Zellen unseres Geruchsorgans sind in der Lage, unter einer Trillion Luftmolekülen ein einziges Molekül einer Gerüche abgebenden Substanz zu identifizieren. Täglich machen wir etwa 23.000 Atemzüge und wälzen damit gut zwölf Kubikmeter duftgeschwängerter Luft um.

Dennoch steht den meisten Menschen ein nur sehr begrenztes Vokabular zur Verfügung, um Düfte, Gerüche und Aromen zu beschreiben: „Das stinkt" oder „das riecht gut" sind die am häufigsten gebrauchten Wendungen. Versuchen Sie, Gerüche genauer zu unterscheiden, indem Sie Ihr olfaktorisches Vokabular erweitern: blumig (Jasmin), mintartig (Pfefferminze), moschusartig (Moschus), fruchtig (z. B. Apfel), harzig (Kampfer), faulig (verfaulte Eier) und säuerlich (Essig). Machen Sie sich diese Begriffe zu eigen und erfinden Sie eigene hinzu, während Sie sich den folgenden Übungen widmen.

Was riechen Sie in diesem Moment?

Beschreiben Sie, was Sie in diesem Moment riechen, so lebendig wie möglich. Atmen Sie den Geruch dieses Buches ein, einer leeren Kaffeetasse, Ihrer Handfläche. Halten Sie Ihre Erfahrungen im Notizbuch fest.

Leonardos Rezept für ein persönliches Eau de Cologne: „Um ein Duftwasser herzustellen: Nimm frisches Rosenwasser und befeuchte damit die Hände, sodann zerreibe einige Lavendelblüten zwischen den Handflächen, und du wirst einen köstlichen Duft haben."

Machen Sie „Gerüche" zum Thema eines Tages

Halten Sie fest, was Sie im Laufe eines Tages riechen und welchen Einfluß diese Gerüche auf Sie haben. Begeben Sie sich auf die Suche nach ungewöhnlichen oder intensiven Düften. Halten Sie sich in der Käseabteilung eines Feinkostladens auf. Fahren Sie hinaus aufs Land und gehen Sie in einen Stall. In welcher Weise beeinflussen Gerüche Ihre Stimmung? Halten Sie die Ergebnisse in Ihrem Notizbuch fest.

Olfaktorische Fülle

Diese Übung gestaltet sich amüsanter, wenn man sie gemeinsam mit Freunden durchführt. Suchen Sie ei-

Jeder Mensch verfügt über annähernd 10.000 Geschmacksknospen, die jede aus je fünfzig Geschmackszellen bestehen. Bestimmte Gruppen von Geschmacksknospen sind auf einzelne Geschmacksrichtungen – süß, sauer, bitter und salzig – spezialisiert. Süßes wird auf der Zungenspitze registriert, Saures an den Seiten der Zunge, Bitteres im hinteren Teil der Zunge und die Sensoren für Salziges sind über die gesamte Oberfläche der Zunge verteilt.

ne Reihe von Dingen zusammen, die alle unterschiedlich riechen, zum Beispiel eine Rose, ein Stück Zedernholz, eine Vanilleschote, das getragene T-Shirt eines guten Freundes, ein bißchen Seetang, eine Apfelsinenspalte, eine gute Zigarre, frisch gemahlener Ingwer. Lassen Sie sich die Augen verbinden und bitten Sie darum, Ihnen einzelne Gegenstände für jeweils etwa dreißig Sekunden unter die Nase zu halten. Beschreiben Sie die Gerüche und Ihre Reaktionen darauf.

Stellen Sie Ihr eigenes Parfüm her

Besorgen Sie sich in einer Parfümerie oder Drogerie eine Palette von essentiellen Ölen: Lavendel, Patschuli, Nelken, Rosen, Eukalyptus usw. Kaufen Sie so viele verschiedene Düfte wie möglich. Welche Wirkung haben die einzelnen Duftstoffe auf Sie? Experimentieren Sie mit verschiedenen Kombinationen und komponieren Sie Ihren eigenen Lieblingsduft.

Beschäftigen Sie sich mit der Aromatherapie

Schon die alten Ägypter, Hebräer und Chinesen wußten die Aromen von Pflanzen und Kräutern zur Heilung von Krankheiten einzusetzen. In der Antike wie zu Leonardos Zeiten beliebt, erlebt die therapeutische Anwendung von essentiellen Ölen heute eine Wiedergeburt. Fragen Sie im Buchhandel nach, welche Bücher zu diesem Thema empfehlenswert sind.

Alle oben beschriebenen Übungen werden Sie mit sinnlichen Erlebnissen belohnen, doch der angenehmste Weg, seine olfaktorischen Sinne zu erkunden, liegt in der Verbindung von einem guten Essen mit einem Glas hervorragenden Weins

Schmecken

Den meisten von uns bietet sich die Möglichkeit zum Schmecken mindestens dreimal am Tag. In der Hektik des Alltags ist es jedoch oft schwierig, Mahlzeiten bewußt zu genießen. Häufig essen wir nur rasch „im Vorbeigehen", ohne auch nur einen Bissen wirklich geschmeckt zu haben. Sie sollten versuchen, vor dem Essen einen Moment innezuhalten, und sich anschauen, was Sie auf dem Teller haben.

Vergleichendes Schmecken

Das Hören guter Musik ist eine wunderbare Methode, um den Gehörsinn zu entwickeln; das Vergleichen guter Interpretationen ein und desselben Werkes ist eine besonders effektive Vorgehensweise. Das gleiche gilt auch für die Verfeinerung des Geruchs- und Geschmackssinns. Die Entwicklung der olfaktorischen und geschmacklichen Sensibilität läßt sich durch eine vergleichende Wahrnehmung steigern. Führen Sie die folgenden Übungen durch: Kaufen Sie drei verschiedene Sorten Honig (z. B. Orangenblüte, Wildblume, Klee), öffnen Sie die Gläser und riechen Sie an jedem etwa dreißig Sekunden lang. Beschreiben Sie die verschiedenen Aromen. Dann probieren Sie jede Honigsorte. Nehmen Sie etwa einen halben Teelöffel Honig in den Mund und bewegen Sie ihn mit der Zunge hin und her. Trinken Sie zwischen den einzelnen Proben ein wenig Wasser, um den Gaumen auf den neuen Geschmack vorzubereiten. Beschreiben Sie die Unterschiede in Aroma und Geschmack.

Machen Sie nun den gleichen Test mit drei verschiedenen Sorten Olivenöl, Schokolade, Pilzen, Bier.

Weinprobe

Ein guter Wein ist ein Kunstwerk, das man trinken kann; flüssiger Inbegriff des Reichtums der Erde; ein Beweis dafür, wie Benjamin Franklin bemerkte, daß „Gott uns liebt und uns glücklich sehen will". Wein zu genießen lernen, ist der angenehmste Weg, um seinen Geruchs- und Geschmackssinn auszubilden und zu verfeinern.

Für eine erfolgreiche Weinprobe brauchen Sie: einen harmonischen, gut beleuchteten Raum, um die Farbe des Weines bestimmen zu können (Puristen beharren auf weißen Tischdecken, die die Farbe des Weines richtig zur Geltung bringen); einen Korb mit knusprigem Weißbrot sowie ein wenig Wasser, das Sie zwischendurch in kleinen Schlucken trinken, um Ihren Mund auf den Geschmack eines neuen Weines vorzubereiten; Weingläser, in denen sich Aroma und Geschmack voll entfalten können; und selbstverständlich einen Korkenzieher sowie ein paar Flaschen guten Weins.

Stellen Sie Ihre Weinprobe unter ein Thema. So könnten Sie zum Beispiel einen hochklassigen kalifornischen Wein mit einem gleichwertigen weißen oder roten Burgunder oder einem Bordeaux vergleichen. Eine andere Möglichkeit wäre das Verkosten von drei verschiedenen Jahrgängen eines Chianti.

Obwohl bei einer Weinprobe in erster Linie der Geschmacks- und Geruchssinn angesprochen werden, spielen doch auch die anderen Sinne eine Rolle beim Genuß eines guten Tropfens. Das Gefühl der Flasche in der Hand, der perfekte Klang des Korkens, wenn er aus der Flasche gezogen wird, die Konsistenz des Korkens, das leise, glucksende Geräusch des Weins, wenn er ins Glas gegossen wird. Halten Sie Ihr Glas ans Licht und betrachten Sie die Farbe des Weins; dann schwenken

Sie das Glas, um die flüchtigen Aromen des Weins freizusetzen. Halten Sie die Nase ins Glas und atmen Sie den Geruch des Weins ein. Lassen Sie sich Zeit, um sein Aroma zu genießen. Erst jetzt trinken Sie einen kleinen Schluck, den Sie im Mund bewegen, sozusagen „kauen", um Geschmack und Konsistenz zu prüfen. Wenn Sie den Wein hinuntergeschluckt haben, achten Sie auf die zurückbleibenden Geschmacksempfindungen. Diese letzte Geschmackskomponente, der sogenannte „Abgang", entscheidet über die Qualität wahrhaft großer Weine. Die besten Weine hinterlassen auch noch eine Minute nach dem Hinunterschlucken einen angenehmen Eindruck.

Erfahrene Önologen verfügen über ein riesiges Vokabular, um Weine zu analysieren und zu beschreiben. Einige der Begriffe verstehen sich von selbst, andere bedürfen einer Erläuterung. Die folgenden, unter ihnen einige in Leonardos Muttersprache, gehören zu den ausdrucksstärksten Bezeichnungen:

amabile	freundlich, sanft, leicht süß
aristocratico	Wein aus den besten Trauben, Jahrgängen, von den besten Böden und Winzern
ausgewogen	perfekte Harmonie von yin (Säure) und yang (Fruchtigkeit)
schwarze Johannisbeere	klassisches Aroma eines Cabernet Sauvignon
buttrig	beschreibt die Konsistenz eines Weines, das Gefühl, das er im Mund auslöst
komplex	vielseitig und vielschichtig im Hinblick auf Aroma, Geschmack und Konsistenz
generoso	leicht zu erkennen: voll in Aroma und Geschmack, hoher Alkoholgehalt
rotondo	rund, weich und vollmundig
seidig	weich auf der Zunge
samtig	wie „seidig", jedoch schwerer
fruchtig	frische Säure von Weißweinen – der richtige Säuregehalt ist entscheidend für den optimalen Geschmack

Beschreiben Sie jede Phase des Verkostens so genau und so bildlich wie möglich.

Zusätzlich zu den von Weinkennern benutzten Begriffen steht es Ihnen offen, sich auch ein eigenes Vokabular auszudenken, um das zu beschreiben, was Sie bei einer Weinprobe schmecken – je poetischer und bildhafter die Begriffe sind, desto besser. Loben Sie einen Preis für die phantasievollsten und treffendsten Beschreibungen aus. Bei einer Weinprobe, die ich kürzlich für die Angestellten der Finanzabteilung einer großen Ölgesellschaft veranstaltete, gewann diesen Preis ein Buchhalter, der behauptete, daß er nicht viel von Wein verstehe. Seine Beschreibung eines eleganten Weißweins lautete: „Es ist, als ob man in einem warmen Sommerregen einen gelben Regenschirm öffnet."

Je mehr Erfahrung Sie im Probieren und Unterscheiden von Weinen bekommen, desto sensibler werden Sie auch den Geschmack und Geruch anderer Dinge wahrnehmen. Also dann: *Salud! Cent'anni!*

Berühren und Fühlen

Mehr als 500.000 sogenannte Tastkörperchen sowie über 200.000 Temperatursensoren senden ihre Informationen an das Gehirn. Und doch klagte Leonardo, daß die meisten Menschen „berühren, ohne zu fühlen". Das Geheimnis der sensiblen, „fühlenden" Berührung liegt in einer gewissen Empfänglichkeit, in der Bereitschaft, mit den Händen und dem ganzen Körper „zuzuhören". Die folgenden Übungen sollen Ihnen helfen, das zu lernen.

Engelsgleiche Berührungen

Betrachten Sie den Engel in Verrocchios *Taufe Christi* (Seite 24) oder das Gesicht der Jungfrau (Seite 144). Stellen Sie sich die Leichtigkeit der Berührung vor, mit der Leonardo die hauchdünnen Schichten von Farben auftrug, und versuchen Sie, diese Leichtigkeit auf Ihre eigenen Berührungen zu übertragen, wenn Sie nun die Finger über das vor Ihnen liegende Buch streifen lassen, über seinen Einband, die Seiten oder über den Stoff Ihrer Kleidung. Fühlen Sie die Welt um sich herum, als ob Sie sie zum ersten Mal berührten.

Aus Leonardos Aufzeichnungen: „Ein Experiment mit dem Tastsinn: Wenn du deinen Zeigefinger unter den Mittelfinger legst und zwar so, daß der Nagel des ersteren ganz auf der anderen Seite des zweiteren sichtbar wird, dann wird alles, das du mit diesen beiden Fingern berührst, doppelt erscheinen, vorausgesetzt, daß der Gegenstand rund ist."

Berühren mit verbundenen Augen

Führen Sie diese Übung gemeinsam mit einem Freund oder einer Freundin durch: Suchen Sie so viele Gegenstände zusammen wie möglich: einen Gummiball, einen Seidenschal, einen Gegenstand aus Keramik, einen Klettverschluß, ein Blatt, eine Schüssel mit Eiswürfeln, einen Hammer und andere Dinge, die Sie mit den Fingern erkunden möchten. Lassen Sie sich die Augen verbinden, und erforschen Sie die vor Ihnen ausgebreiteten Gegenstände mit empfänglichen, „hörenden" Händen. Beschreiben Sie deren Konsistenz, Gewicht, Temperatur und was Sie sonst noch glauben, in Erfahrung gebracht zu haben.

Berühren Sie die Natur

Gehen Sie nach draußen, um die Oberfläche natürlicher Dinge zu erkunden: Rinde und Blätter verschiedener Bäume, Gras, Blütenblätter, Erde, das Fell eines Hundes oder einer Katze.

Erklären Sie „Berühren" zum Thema eines Tages

Beobachten Sie, wie die Menschen Sie berühren: mit einem festen Händedruck, einer herzlichen Umarmung, einem zärtlichen Kuß. Was macht den Reiz dieser Berührungen aus? Und wie können Sie lernen, andere Menschen so zu berühren, wie Sie selber gern berührt werden? Lassen Sie sich einen Termin für eine Massage geben.

Synästhesie

Synästhesie, das Verschmelzen der Sinneseindrücke, ist ein Merkmal aller großen Künstler und Genies.

Alle hier unter dem Begriff der *Sensazione* zusammengefaßten Fähigkeiten können Sie noch weiter vertiefen, wenn Sie lernen, Ihr synästhetisches Bewußtsein zu schärfen. Eine einfache Anfangsübung besteht darin, eine Sinneswahrnehmung mit der Begrifflichkeit einer anderen zu beschreiben. Machen Sie die folgenden Übungen zur Entwicklung der Synästhesie.

Zeichnen Sie Musik

Hören Sie Ihre Lieblingsmusik und versuchen Sie, Ihre Eindrücke und Gefühle während des Hörens durch Formen und Farben auszudrücken.

Verwandeln Sie Farbe in Klang

Betrachten Sie eine Reproduktion Ihres Lieblingsbildes. Singen oder sprechen Sie die Töne, zu denen die Farben und Formen des Kunstwerks Sie inspirieren.

Formen Sie das Unsichtbare

Stellen Sie sich vor, Sie wollten ein bestimmtes Musikstück in eine Skulptur verwandeln. Welche Materialien würden Sie benutzen? Welche Formen würden Sie ihm geben? Welche Farben würden Sie wählen? Wie würde die Musik riechen? Wie würde sie schmekken? Führen Sie diese Übung der imaginären Formgebung mit zwei Musikstücken durch, die Sie besonders gern hören.

Vertauschungen

Sehen Sie noch einmal Ihre Listen mit den größten Künstlern und Komponisten durch. Stellen Sie sich vor, Sie könnten sie – ausgehend von ihren Werken, nicht von der Persönlichkeit – vertauschen. Anders gesagt: Wenn Michelangelo Musik geschrieben hätte, welcher Komponist wäre er dann gewesen? Wenn Mozart gemalt hätte, welcher Künstler wäre er gewesen? Ich zum Beispiel glaube, daß Michelangelo als Musiker Beethoven gewesen wäre; und Mozart als Maler Raffael. Diese Übung läßt sich hervorragend mit Freunden durchführen.

Praktizieren Sie synästhetische Problemlösungen

Denken Sie an eine bestimmte Frage, die Sie beschäftigt, an eine Herausforderung oder ein Problem. Geben Sie Ihrem Problem Farbe, Gestalt und Struktur. Stellen Sie sich vor, wie es riecht und schmeckt. Wie fühlt es sich an? Welche Farben, Formen, Klänge, Gerüche, welchen Geschmack können Sie sich für eine mögliche Lösung vorstellen?

Kochen Sie eine synästhetische Minestrone

Diese typisch italienische Suppe aß Leonardo da Vinci unter der Woche am liebsten. Schärfen und erfreuen Sie Ihre Sinne, indem Sie eine Minestrone kochen. Das folgende Rezept stammt von meiner italienischen Großmutter Rosa, die nicht nur eine ausgezeichnete Köchin war, sondern darüber hinaus auch eine talentierte Malerin. Kochen Sie Ihre Suppe also wie ein synästhesiebegabter Künstler.

Zutaten:

- 1 Tasse Cannellini-Bohnen (aus der Dose)
- 250 Gramm in Streifen geschnittene Artischockenherzen
- 3 mittelgroße in Würfel geschnittene Zucchini
- 2 fein gehackte Zwiebeln
- 5 Knoblauchzehen
- 4 vollreife, in Würfel geschnittene Tomaten
- 2 in Scheiben geschnittene Mohrrüben
- 4 in Scheiben geschnittene Stangen Sellerie
- 4 in Streifen geschnittene Blätter Wirsingkohl
- 3 mittelgroße Kartoffeln, gekocht und in Würfel geschnitten
- Gutes Olivenöl
- 2 Tassen Gemüse-, Geflügel- oder Rinderbrühe
- Ein Stück Parmesan- oder Peccorinorinde
- Frisches Basilikum, Oregano, schwarzer Pfeffer
- Wahlweise: Reis oder Fusilli-Nudeln

Bevor Sie die Zutaten schneiden, würfeln oder hacken, halten Sie jedes einzelne Gemüse in den Händen und vergewissern Sie sich seines Gewichts, seiner Form, Farbe und Konsistenz. Atmen Sie den Duft der

Sensazione für Eltern

In einer klassischen Studie setzte man eine Gruppe junger Ratten in eine Umgebung, in der es kaum Sinnesreize gab, während eine Vergleichsgruppe mit etlichen sensorischen Reizen aufwuchs. Die sensorisch unterversorgten Ratten wiesen eine deutlich verzögerte Gehirnentwicklung auf. Sie waren unfähig, aus einem einfachen Labyrinth herauszufinden und neigten zu aggressivem, gewalttätigem Sozialverhalten. Die mit sensorischen Reizen aufgewachsenen Ratten dagegen verfügten über größere, besser funktionierende Gehirne. Sie lernten rasch, sich auch in komplexeren Labyrinthen zurechtzufinden und spielten friedlich miteinander.

Man benutzt für derartige Experimente Ratten, weil deren Nervensystem dem menschlichen sehr ähnlich ist. Tun Sie also alles, um für Ihre Kinder eine die Entwicklung des Gehirns anregende Umgebung zu schaffen. Das beginnt schon, während das Kind noch im Mutterleib ist. Die Forschungsarbeiten von Thomas Verny und anderen zeigen, daß bereits die Entwicklung des ungeborenen Kindes positiv beeinflußt werden kann, wenn man ihm zum Beispiel Musik von Mozart vorspielt. Sobald Ihr Kind geboren ist, sollten Sie jede Gelegenheit nutzen, um ihm ein Umfeld zu bieten, in dem seine Sinne auf vielfältige Weise angesprochen und gefordert werden. Vor allem zärtliche, liebevolle Berührungen und Umarmungen fördern die neurologische und emotionale Entwicklung des Babys und Kleinkindes.

Die Verfeinerung des Geschmacks- und Geruchssinns kann warten, bis das Kind alt genug ist, um feine Unterschiede in diesem Bereich wahrzunehmen und wertzuschätzen. Doch ein scharfes Auge und die Freude an Farben und Klängen sollten schon früh durch Malen, Musikunterricht und die tägliche Konfrontation mit der Kunst und dem Schönen gefördert werden.

Kräuter und Gewürze ein und singen oder summen Sie eine vom Wesen der Zutaten inspirierte Melodie.

Dünsten Sie zunächst Knoblauch, Sellerie, Mohrrüben und Zwiebeln in einem großen Topf bei kleiner Flamme an, bis die Zwiebeln glasig sind. Fügen Sie das restliche Gemüse, eine Tasse Brühe und ein wenig frisch gemahlenen schwarzen Pfeffer hinzu und lassen

Sensazione am Arbeitsplatz

Leonardo legte großen Wert auf ein ästhetisch anspruchsvolles Arbeitsumfeld. Ihm war bewußt, daß die sinnlichen Eindrücke, die wir in unserem Alltag aufnehmen, so etwas wie Nahrung fürs Gehirn sind. Die Mehrzahl der Menschen in unseren Betrieben und Unternehmen aber leidet unter mentaler Mangelernährung – Ergebnis einer jahrelangen „Junkfood-Diät" sensorischer Eindrücke. Unsere Arbeitsplätze gleichen mit ihrer starren Rechtwinkligkeit, den monotonen Farben und greller Neonbeleuchtung allzuoft Gefängnissen. Unwillkürlich fragt man sich, ob hinter den Entwürfen für solche Büros die Annahme steht, daß sensorische Erniedrigung die Produktivität erhöht.

Dabei schreien die Unternehmen allseits nach mehr Kreativität, Innovationen und Mitarbeiterbeteiligung auf allen Ebenen. Sie fordern von ihren Angestellten, nicht „in Schubladen zu denken" und sperren sie zugleich in enge Büro-Kästen ein. Wenn Firmen von ihren Mitarbeitern mehr Kreativität und Innovationsbereitschaft verlangen, sollten sie auch für eine Umgebung sorgen, die diese Eigenschaften fördert.

Seit vielen Jahren wissen Psychologen, daß die Qualität der Anregungen, die vom Umfeld eines Kindes ausgehen, die Entwicklung des kindlichen Gehirns entscheidend beeinflußt.

Erst vor kurzem aber haben Wissenschaftler herausgefunden, daß die Qualität der von der Umwelt ausgehenden Anregungen auch auf die Entwicklung des erwachsenen Gehirns einwirkt. Ein illustratives Beispiel aus meiner eigenen Erfahrung gibt einen Einblick, wie sich ein Umfeld schaffen läßt, das einem neuen, kreativeren und vernetzten Arbeiten förderlich ist.

1982 wurde ich von der Schulungsabteilung eines Herstellers von medizinischen Geräten gebeten, bei der Lösung eines Problems behilflich zu sein. Die Abteilung hatte die Aufgabe, Kunden in Gebrauch und Wartung eines Gerätes zur Durchführung komplexer Diagnosetests zu schulen. Aus Kostengründen durfte die Ausbildung an diesem Gerät nicht länger als eine Woche dauern. Das Problem bestand darin, daß die Ausbildung jedoch häufig zwei oder drei Wochen in Anspruch nahm.

Bei meinem ersten Besuch in der Abteilung war ich beeindruckt von den technischen Voraussetzungen, die eine interaktive Schulung nach dem neuesten Stand der Entwicklung ermöglichte. Die Kursteilnehmer besuchten einen anspruchsvollen, voll computerisierten Unterricht und hatten die Möglichkeit, an den Diagnosegeräten zu arbeiten. Das Lernumfeld jedoch entsprach der üblichen Eintönigkeit: monotone Farben, Neonröhren etc. Der einzige Versuch einer Verschönerung bestand darin, daß man über den Diagnosegeräten große Fotografien der Geräte selbst aufgehängt hatte. Den Schülern wurde eine Kaffeepause am Vormittag und eine weitere am Nachmittag zugestanden.

Die 39 Mitarbeiter der Schulungsabteilung unterzogen sich unter meiner Leitung einem dreitägigen Trainingsprogramm, bei dem sie zur Lösung von Alltagsproblemen die Anwendung von Denkstrategien nach dem Vorbild Leonardo da Vincis kennenlernten. Am ersten Tag nach ihrer Rückkehr in die Firma ließen die Schulungsleiter während des Arbeitstages Mozarts Violinkonzerte laufen. Ihrem Bericht zufolge stellten die Kursteilnehmer von diesem Tag an 50 Prozent weniger „überflüssige Fragen“. Die Musik schien ihnen geholfen zu haben, sich zu konzentrieren und zu entspannen.

Die Schulungsleiter nahmen eine Reihe von weiteren Veränderungen im Schulungslabor vor; unter anderem

- ließen sie die Fotografien der Geräte abnehmen und ersetzten sie durch Reproduktionen ihrer Lieblingsbilder;
- wurden die Neonröhren durch angenehmere Lichtquellen ersetzt;
- ermutigten sie die Kursteilnehmer, frische Blumen mitzubringen, um die Räume schöner, duftender und „lebendiger“ zu gestalten;
- verwandelten sie die Cafeteria in einen „kreativen Pausenraum“, in dem es Buntstifte und Papier zum Kritzeln und Zeichnen gab; außerdem schafften sie Legosteine und Knete an, um den Tastsinn der Kursteilnehmer anzuregen;
- ermutigten sie die Kursteilnehmer, jede Stunde eine zehnminütige „Denkpause“ einzulegen.

Die Schulungsabteilung der Firma beobachtete und dokumentierte die Auswirkungen dieser Veränderungen im Verlauf eines Jahres. Das Ergebnis: Die Lerneffektivität verbesserte sich um 90 Prozent.

Sie alles unter häufigem Rühren leise köcheln. Bei Bedarf fügen Sie noch etwas Brühe hinzu. Die Parmesanrinde wird mitgekocht.

Genießen Sie die sich allmählich herstellende Synthese von Farben, Konsistenzen und Aromen. Singen oder summen Sie die Noten dieser im Entstehen begriffenen Symphonie des Geschmacks und der Gerüche.

Lassen Sie die Suppe mindestens drei Stunden auf kleiner Flamme kochen.

Fügen Sie die Bohnen und wahlweise auch Reis oder Pasta hinzu, und lassen Sie alles zusammen weitere 10 Minuten köcheln. Geben Sie vor dem Servieren geriebenen Parmesan oder Peccorino und eventuell ein paar Spritzer Olivenöl in die Suppe, und garnieren Sie sie mit frischem Basilikum und Oregano. Servieren Sie die Minestrone mit frisch gebackenem italienischem Weißbrot und einem Glas Wein oder San Pellegrino.

Richten Sie sich einen Arbeitsraum nach dem Vorbild Leonardo da Vincis ein

Eine Atmosphäre herzustellen, die Ausgewogenheit und Kreativität am Arbeitsplatz fördert, ist eine komplexe Aufgabe. Ihr eigenes Arbeitszimmer nach dem Vorbild des Ateliers von Leonardo da Vinci zu erschaffen, ist dagegen ein erster einfacher, aber konkreter Schritt in die richtige Richtung. Nutzen Sie diesen Raum zum Brainstorming, für das Entwerfen von Strategien und die kreative Lösung von Problemen. Unternehmen wie Amoco, DuPont und Lucent Technologies wenden dieses Konzept bereits erfolgreich an. Um das Vorhaben in die Tat umzusetzen, sollten Sie folgendes bedenken:

- *Räumlichkeiten*: Entfernen Sie aus Ihrem Arbeitsraum alle üblichen Möbel und Telefone. Hängen Sie ein Schild mit der Aufschrift „Renaissance-Zimmer", „Creativity Center", „Leonardo-Labor", „Denkzentrum" oder einer ähnlichen Bezeichnung an die Tür.
- *Beleuchtung*: Natürliches Licht ist optimal. Ersetzen Sie Neonlicht durch Vollspektrum-Leuchtröhren, Halogenstrahler oder Glühbirnen.
- *Musik*: Stellen Sie eine Stereoanlage auf und spielen Sie Jazz oder klassische Musik, wenn Sie sich zu einem Brainstorming oder einer Pause zurückziehen.
- *Ästhetik*: Hängen Sie inspirierende Kunstwerke auf, eventuell auch ein Mobile. Tauschen Sie die Bilder von Zeit zu Zeit aus. Stellen Sie Pflanzen auf.
- *Möbel/Einrichtung*: Richten Sie den Raum mit einem bequemen Sofa, Sesseln und Sitzkissen ein. Sie können sogar eine Hängematte aufhängen. Sorgen Sie dafür, daß genügend große Zeichenblöcke vorhanden sind sowie Bunt- und Filzstifte. Außerdem sollten Sie einen Overheadprojektor (ein leises Gerät) und eine wandgroße Tafel aufstellen.
- *Fêng Shui*: Nach dieser alten chinesischen Methode werden Räume so eingerichtet, daß der Raum eine größtmögliche, natürliche Harmonie aufweist. Westliche Unternehmen wie Chase Manhattan, Citibank und Morgan Guaranty Trust sowie unzählige Firmen in Asien beschäftigen Fêng-Shui-Berater, um eine der Kreativität förderliche Umgebung zu schaffen.
- *Luft*: Eine zusätzliche Heizquelle, ein Ventilator, ein Luftbefeuchter oder Luftreiniger (grüne Pflanzen erweisen sich als hilfreich) können nützlich sein. Experimentieren Sie mit Düften aromatischer Öle (Pfefferminze wirkt beispielsweise anregend, Lavendel entspannend).

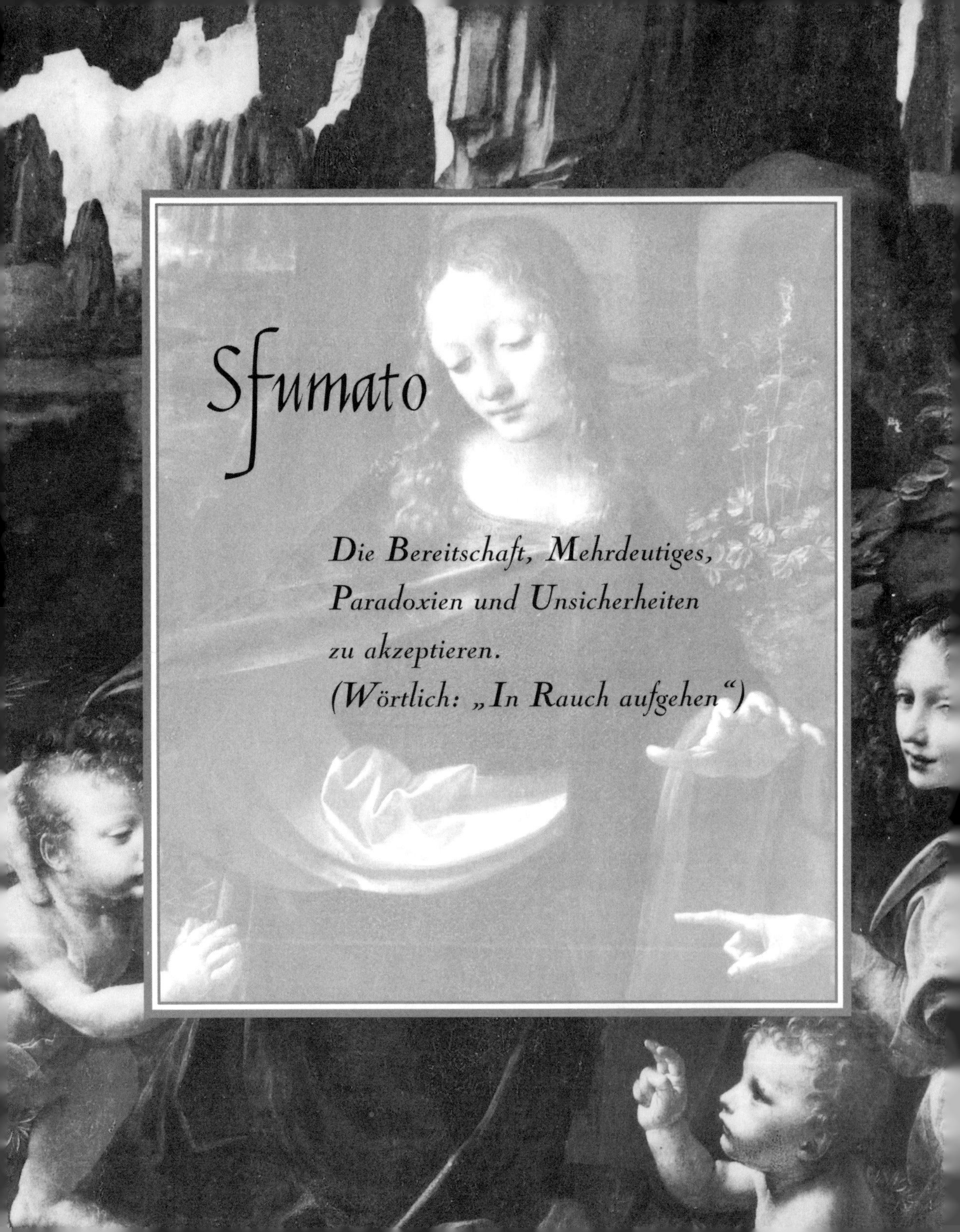

Sfumato

Die Bereitschaft, Mehrdeutiges, Paradoxien und Unsicherheiten zu akzeptieren.
(Wörtlich: „In Rauch aufgehen“)

Wenn Sie die Kräfte Ihrer *Curiosità* aktivieren, die Tiefen der Erfahrung ausloten und Ihre Sinne schärfen, werden Sie sich unweigerlich mit dem Unbekannten konfrontiert sehen. Offenheit gegenüber dem Unbekannten, ist die wichtigste Voraussetzung für die Freisetzung kreativen Potentials. Und der Schlüssel zu dieser Offenheit des Denkens liegt im Prinzip des *Sfumato*.

„Im Denken des Mittelalters war die Möglichkeit des Zweifels nicht vorgesehen."
– William Manchester

Der Begriff *Sfumato* läßt sich mit „in Nebel verwandelt", „in Rauch aufgehen" oder aber einfach „geräuchert" übersetzen. Kunsthistoriker beschreiben mit ihm die verschwommene, mysteriöse Qualität, die Leonardo da Vincis Gemälde auszeichnet. Der Effekt des *Sfumato*, der durch das sorgfältige Auftragen hauchdünner Farbschichten erreicht wird, verweist zugleich auch auf den Menschen Leonardo. Daß er nie zu fragen aufhörte und sich konsequent auf seine Sinne verließ, um Erfahrungen auszuloten, führte ihn nicht nur zu faszinierenden Einsichten und Entdeckungen, sondern auch zur Konfrontation mit dem Unbekannten. Und seine phänomenale Fähigkeit, die Spannung des Gegensätzlichen auszuhalten sowie das Ungewisse, Mehrdeutige und Paradoxe in sein Denken zu integrieren, ist das wohl hervorragendste Merkmal dieses Genies.

Das Thema der Spannung zwischen Gegensätzen begegnet uns häufig in seinem Werk und gewann im Laufe seines Lebens immer größere Bedeutung. Die idealen Motive des Malers im „Traktat über die Malerei" beschreibend, läßt Leonardo ein Bild der Gegensätzlichkeit entstehen: „Frei schaltend und waltend, schreitet [der Maler] zur Erschaffung mannigfacher Arten verschiedener Tiere, Pflanzen, Früchte, von Dörfern, Land, herabstürzenden Bergen, angst- und schreckenerregenden Orten, die dem Betrachter Grauen

„Ein Maler, der den Zweifel nicht kennt, wird wenig erreichen."
– Leonardo da Vinci

Die Spannung zwischen Gegensätzen ist das beherrschende Thema der Felsgrottenmadonna, *mit deren Ausführung Leonardo 1483 beauftragt wurde. Bramly bemerkt dazu: „Leonardo komponiert die* Felsgrottenmadonna *um ein einziges strukturierendes Prinzip: das des Kontrasts, des Gegensätzlichen. Die trauliche Gruppe der Mutter mit den Kindern und dem beinahe lächelnden Engel erscheint vor einem verwirrenden Hintergrund, der an das Ende der Welt denken läßt … Die Pflanzen erwachsen aus kaltem Gestein. Die unbefleckte Empfängnis, so scheint Leonardo sagen zu wollen, ebnet den Weg für die Leiden des Kreuzes. Was eine Quelle der Freude sein sollte, trägt in sich den Samen der Kreuzigung.“*

Studie eines alten Mannes und eines Jünglings, Zeichnung von Leonardo da Vinci

einjagen, und auch von angenehmen, lieblichen und reizenden Wiesen mit bunten Blumen, die von sanften Lüften leicht gewellt dem von ihnen scheidenden Wind nachblicken ..."

Auf der Suche nach Schönheit erforschte Leonardo das Häßliche in all seinen Formen. Seine Zeichnungen von Schlachten, grotesken Gestalten und Überschwemmungen stehen häufig neben Skizzen von Blumen und schönen Jünglingen. Wenn er einen verwachsenen oder verrückt wirkenden Menschen auf der Straße sah, verbrachte er oft den ganzen Tag damit, ihm zu folgen, um all seine Eigenheiten zu beobachten und detailliert festzuhalten. Leonardo gab einst sogar ein Essen für die häßlichsten und groteskesten Gestalten der Stadt. Er erzählte ihnen einen Witz nach dem anderen, daß sich ihre Gesichter unter hysterischem Gelächter noch mehr verzerrten. Nachdem alle gegangen waren, verbrachte Leonardo den Rest der Nacht damit, ihre Gesichter zu skizzieren.

Leonardos Beschäftigung mit dem Gegensätzlichen und Paradoxen nahm die unterschiedlichsten Formen an. Sie äußert sich ebenso in seiner Liebe zu Witz und Humor wie in seiner Faszination für Rätsel, Puzzles und Knoten, über die er an etlichen Stellen in seinen Notizbüchern Aufzeichnungen machte. In vielen seiner Gemälde, Skizzen und Entwürfe für Stickereien, Holzfußböden und Porzellankacheln finden sich die Motive des Knotens, des Flechtwerks oder der Spirale. Vasari bemerkt dazu:

„Außerdem verlor er manche Zeit, indem er sogar regelmäßige Schnurgeflechte zeichnete, worin man den Faden von einem Ende bis zum anderen verfolgen konnte, bis er eine völlig kreisförmige Figur beschrieb; eine sehr schwierige und schöne Zeichnung dieser Art ist in Kupfer gestochen, in deren Mitte man die Worte liest: *Leonardi Vinci Academia*."

Leonardos Begeisterung für die unendliche Form ist mehr als nur die Freude an einem Wortspiel mit seinem Namen (Muster mit derartigen Geflechten wurden von den Zeitgenossen *fantasie di Vinci* genannt). Bramly sieht in diesen Flechtwerken „Symbole der Unendlichkeit und zugleich Einheit der Welt". Mit ihnen brachte Leonardo auf spielerische Weise das Paradoxe und Geheimnisvolle zum Ausdruck, dem er immer häufiger begegnete, je weiter er seine Suche nach Wissen vorantrieb.

Mit wachsendem Wissen tauchte Leonardo immer tiefer in die Welt des Mehrdeutigen ein. Und je bewußter er sich des Geheimnisvollen und Widersprüchlichen wurde, desto ausdrucksvoller vermochte er es darzustellen. Dies wird auf beeindruckende Weise in seinem Gemälde *Johannes der Täufer* deutlich, zu dem Kenneth Clark schreibt:

„*Johannes der Täufer* war der Vorbote der Wahrheit und des Lichts. Und als was zeigt sich uns dieser Vorbote der Wahrheit unweigerlich? Als Frage. Leonardos Johannes ist das ewige Fragezeichen, das Rätsel der Schöpfung. So wird er zum Seelenverwandten Leonardos – dem Geist, der hinter ihm steht und unlösbare Fragen formuliert. Auf seinen Lippen spiegelt sich das Lächeln des Sphinx, seine Gestalt strahlt die Macht des ewigen Zweifelns aus. Ich habe davon gesprochen, daß diese Geste – die selbst dem aufsteigenden Rhythmus des Fragezeichens folgt – immer wieder in Leonardos Werk zu finden ist. Hier wird sie zur Quintessenz."

Ohne Zweifel erreicht die Darstellung des Paradoxen in der *Mona Lisa* ihren Höhepunkt. Das Geheimnis ihres Lächelns hat im Laufe der Jahrhunderte wahre Interpretationsströme entfesselt. Bramly nennt die *Mona Lisa* „das weibliche Pendant Christi". Walter Pater, Autor des Klassikers

Johannes der Täufer *von Leonardo da Vinci*

„Die Renaissance“, attestiert ihr „eine Schönheit, die von innen auf das Fleisch wirkt, Zelle für Zelle der Niederschlag fremder Gedanken, phantastischer Träume und erlesener Leidenschaften“. Sigmund Freud schrieb, die *Mona Lisa* sei „die vollkommenste Darstellung der Widersprüche, die das Liebesleben der Frau bestimmen“. Ihr Lächeln liegt auf der Grenze zwischen Gut und Böse, Mitleid und Grausamkeit, Verführung und Unschuld, Flüchtigkeit und Ewigkeit. Sie ist das abendländische Äquivalent des chinesischen Symbols von Yin und Yang.

E. H. Gombrich, Autor des Buches „Die Geschichte der Kunst“, erklärt diese hervorragende Darstellung des Paradoxen durch den Begriff

Mona Lisa

Lillian Schwartz: Gegenüberstellung von Leonardos Selbstbildnis *und der* Mona Lisa.

des *Sfumato*: „Die verschwommenen Umrisse und weichen Farben ... lassen die Formen miteinander verschmelzen, unklar werden, so daß unsere Vorstellungskraft gefragt ist ... Jeder, der schon einmal versucht hat, ein Gesicht zu zeichnen, weiß, daß das, was wir den Ausdruck nennen, vor allem an zwei Merkmalen festzumachen ist: den Mundwinkeln und den Augenwinkeln. Und eben diese Partien hat Leonardo bewußt undeutlich dargestellt, indem er sie in weiche Schatten übergehen läßt. Aus diesem Grunde sind wir nie ganz sicher, in welcher Stimmung uns die *Mona Lisa* ansieht." Gombrich weist auf die bewußt ausgestaltete Diskrepanz der beiden Gesichtshälften sowie die „an ein Wunder grenzende Lebendigkeit des Fleisches" hin, die das Mysteriöse dieses Bildes noch verstärken.

Zu den vielen Rätseln, die sich um die *Mona Lisa* ranken, zählt auch das Geheimnis ihrer wahren Identität. Ist sie, wie der Biograph Giorgio Vasari dreißig Jahre nach dem Tod Leonardos behauptete, die Frau des Francesco del Giocondo, oder stellt das Gemälde in Wahrheit Isabella d'Este, die Marquise von Mantua dar, wie Raymond Stites in seinem Buch „Sublimations of Leonardo da Vinci" ausführt? War Pacifica Brandano, eine Gefährtin von Giuliano de Medici, das Vorbild oder vielleicht eine Mätresse von Charles d'Amboise? Oder vereinigen sich in der Mona Lisa alle Frauen, die Leonardo je kannte: seine Mutter, die Gattinnen und Mätressen von Adligen, die Bäuerinnen und Straßenhuren, die er stundenlang beobachtete, um sie in seinen Skizzen zu verewigen? Oder ist sie vielleicht sogar, wie manche behaupten, ein höchst außergewöhnliches Selbstporträt?

Einen faszinierenden Beleg für diese letzte These trägt Lillian Schwartz von den Bell Laboratories in ihrem Buch „The Computer Artists Handbook" vor. Unter Anwendung ausgefeilter Computertechniken, mit denen sich Größe und Anordnung einzelner Bildelemente genau vermessen und skalieren lassen, verglich Schwartz die *Mona Lisa* mit dem einzigen bekannten Selbstporträt des Künstlers, einer Rötelzeichnung aus dem Jahr 1518. „Es bedurfte lediglich einer einfachen Gegenüberstellung der Bilder, um sie miteinander zu verschmelzen: die Anordnung von Nase, Mund, Kinn, Augen und Stirn des einen entsprach in der Relation genau den betreffenden Partien des anderen. Man müßte in Leonardos Selbstporträt nur die Mundwinkel ein wenig nach oben biegen, und schon trüge es das geheimnisvolle Lächeln der *Mona Lisa*."

Schwartz kommt zu dem Schluß, daß das Vorbild für dieses wohl berühmteste Gemälde der Welt kein anderer als der Meister selbst war.

Vielleicht aber malte Leonardo mit der *Mona Lisa* auch ein Porträt seiner Seele. Denn unabhängig von ihrer wahren Identität wirft sie ein Licht auf die Wertigkeit des Paradoxen in Leonardos Weltsicht.

SFUMATO IN DER PRAKTISCHEN ANWENDUNG

In einer Welt der immer schneller voranschreitenden Veränderungen werden die Menschen mit einer stetigen Vervielfachung des Mehrdeutigen und Widersprüchlichen konfrontiert. Die Illusion unumstößlicher, eindeutiger Gewißheiten läßt sich immer schwerer aufrechterhalten. Die Fähigkeit, mit Widersprüchlichkeiten umzugehen, muß zwangsläufig zum Bestandteil unseres Alltags werden. Die Wahrung des inneren Gleichgewichts im Angesicht des Paradoxen ist nicht nur der Schlüssel zu größerer Effektivität, sondern auch Voraussetzung dafür, daß wir nicht irre werden an einer Welt des sich immer rascher vollziehenden Wandels.

Ordnen Sie Ihre Fähigkeit, Ambiguitäten zu tolerieren, auf einer Skala von eins bis zehn ein, wobei „eins" für ein schon krankhaft zu nennendes Sicherheitsbedürfnis steht und „zehn" für die Gelassenheit eines erleuchteten taoistischen Priesters oder eines Leonardo da Vinci. Welche Verhaltensweisen könnten Sie ändern, um auf der Skala nach oben zu rücken? Die folgenden Übungen sollen Ihnen helfen, Ihre Fähigkeit zum *Sfumato* zu verbessern. Um von den Übungen optimal profitieren zu können, sollten Sie zunächst jedoch wieder die Fragen zur Selbsteinschätzung aufrichtig beantworten.

Sfumato: Selbsteinschätzung

- ❑ Ich kann mit Ambiguitäten gut umgehen.
- ❑ Ich stehe im Einklang mit meiner Intuition.
- ❑ Bei Veränderungen blühe ich auf.
- ❑ Es vergeht kein Tag, dem ich nicht auch eine komische Seite abgewinnen kann.
- ❑ Ich neige dazu, intuitiv Schlüsse zu ziehen.
- ❑ Ich mag Rätsel, Puzzles und Wortspiele.
- ❑ Ich weiß, was mir Angst macht.
- ❑ Ich achte darauf, genug Zeit für mich zu haben.
- ❑ Ich vertraue meinen Instinkten.
- ❑ Es macht mir keine Mühe, auch widersprüchlich zu denken.
- ❑ Ich habe Spaß an Paradoxien und bin für Ironie empfänglich.
- ❑ Ich weiß, daß Konflikte die Kreativität anregen können.

Sfumato: Anwendung and Übungen

Curiosità beinhaltet Unsicherheit

Nehmen Sie noch einmal die Liste mit den zehn wichtigsten, Ihr Leben bestimmenden Fragen zur Hand, die Sie im Verlaufe des Kapitels über die *Curiosità* erstellt haben. Welche Fragen rufen in Ihnen am ehesten ein Gefühl der Unsicherheit oder Ambivalenz hervor? Liegt diesen Fragen möglicherweise eine Paradoxie zugrunde? Versuchen Sie sich in abstrakter Kunst, indem Sie das Gefühl der Unsicherheit zeichnen, das die entsprechenden Fragen auf Ihrer *Curiosità*-Liste in Ihnen verursachen. Experimentieren Sie auch mit Gesten, um Ihrem Gefühl Ausdruck zu verleihen. Sollten Sie nicht sicher sein, wie Sie das anstellen könnten, haben Sie den Kerngedanken der folgenden Übung erfaßt.

Schliessen Sie Freundschaft mit der Mehrdeutigkeit

Denken Sie an drei Situationen in Ihrem Leben, die durch mehrdeutige Gefühle bestimmt waren, und umreißen Sie sie kurz in Ihrem Notizbuch. Erinnern Sie sich daran, wie Sie auf einen Studienplatzbescheid gewartet, eine Verkleinerung Ihres Unternehmens in Betracht gezogen oder über die Zukunft einer für Sie wichtigen Beziehung nachgedacht haben.

Beschreiben Sie das Gefühl der empfundenen Ambiguität. Wo genau in Ihrem Körper würden Sie es lokalisieren? Können Sie Form, Farbe, Klang, Geschmack oder Geruch des Gefühls bestimmen? Wie reagieren Sie auf das Gefühl von Ambiguität? Welche Verbindung besteht zwischen Ambiguität und Angst oder Sorge?

Ängste beobachten

Für viele Menschen ist Ambiguität untrennbar mit Angst verbunden. Doch die meisten von uns wissen überhaupt nicht, wann Sie tatsächlich Angst empfinden. In der Regel reagieren wir auf Ängste mit Vermeidungsstrategien, mit übermäßigem Reden, dem Eingießen eines Drinks, dem Griff nach der Zigarette oder der Flucht in die Phantasie. Um mit Ungewißheit und Ambiguität produktiv umzugehen, müssen wir zunächst erkennen lernen, wann wir Angst haben. Denn nur wenn wir uns unserer Ängste bewußt werden, können wir den nächsten Lernschritt vollziehen, die Angst zu akzeptieren, sie zu erfahren, und uns von einengenden Denk- und Handlungszwängen befreien.

Beschreiben Sie das Gefühl verschiedener Arten von Angst. Wo genau in Ihrem Körper erfahren Sie die Angst? Können Sie Form, Farbe, Klang, Geschmack und Geruch der Angst bestimmen? Wie reagieren Sie auf Ängste? Erklären Sie „Angst" zum Tagesthema, halten Sie Ihre Beobachtungen im Notizbuch fest.

Intoleranz gegenüber Ambiguität

Zählen Sie, wie häufig am Tag Sie absolute Begriffe wie „vollkommen", „immer", „mit Sicherheit", „nie" und „absolut" verwenden.

Widersprüche aushalten

Das Prinzip des *Sfumato* rührt an das Wesen des Seins. So wie auf den Tag die Nacht folgt, liegen die Wurzeln für die Freude im Schmerz. Jeder Mensch ist das Zentrum eines eigenen, ganz individuellen Universums und zugleich nichts weiter als ein unbedeutendes Staubkorn im Kosmos. Kein Gegensatz ist erschreckender als der von Leben und Tod. Erst der Schatten des Todes ermöglicht es, dem Leben einen Sinn zu geben.

Lernen Sie, Widersprüche auszuhalten und Ihre Sinne für Paradoxien zu schärfen. Wählen Sie einen der folgenden Gegensätze für eine Kontemplationsübung:

- ✦ Freude und Leid – Denken Sie an den traurigsten Augenblick in Ihrem Leben. Was waren die von größter Freude erfüllten Momente? Welche Beziehung besteht zwischen dem Zustand der Freude und dem des Leids? Fühlen Sie manchmal beides zugleich?
- ✦ Vertrautheit und Unabhängigkeit – Welche Verbindung zwischen Vertrautheit und Unabhängigkeit besteht in Ihrer engsten Beziehung zu einem anderen Menschen? Ist das eine ohne das andere möglich? Macht Ihnen diese Verbindung zuweilen Angst?
- ✦ Stärke und Schwäche – Zählen Sie mindestens drei Ihrer Stärken auf, und stellen Sie diesen Stärken drei oder mehr Ihrer Schwächen gegenüber. Welche Verbindung besteht zwischen ihnen?
- ✦ Gut und Böse – Kann man gut sein, ohne den Impuls zum Bösen – Jung nannte es den „Schatten" – zu akzeptieren und zu verstehen? Was geschieht, wenn Menschen den „Schatten" nicht wahrhaben wollen? Wie können Sie Ihre eigenen Vorurteile, Haß, Zorn, Eifersucht, Neid, Gier, Stolz und Faulheit erkennen und

akzeptieren, ohne Ihr Handeln durch diese negativen Eigenschaften beeinflussen zu lassen?

- Veränderung und Beständigkeit – Notieren Sie drei der bedeutendsten Veränderungen sowie drei Konstanten in Ihrem Leben. Bedenken Sie, was Leonardo da Vinci zu diesem Thema schreibt: „Das Symbol der Beständigkeit ist der Phönix, der in dem Wissen um seine Wiederbelebung, die die Natur ihm gegeben hat, über die Beständigkeit verfügt, die brennenden Flammen zu ertragen, die ihn verzehren, nur um erneut aufzusteigen."
- Demut und Stolz – Erinnern Sie sich der stolzesten Momente Ihres Lebens. Denken Sie an die Augenblikke, in denen Sie die größte Demut empfanden. Versuchen Sie, sich noch einmal die Gefühle wahrer Demut und echten Stolzes zu vergegenwärtigen. Wie unterscheiden sie sich? Gibt es vielleicht unerwartete Parallelen zwischen dem Empfinden von Demut und Stolz? Oder stehen sich beide Gefühle als unvereinbare Gegensätze gegenüber?
- Ziel und Weg – Denken Sie an ein bedeutendes Ziel, das Sie erreicht haben. Beschreiben Sie den Weg, den Sie eingeschlagen haben, um dieses Ziel zu erreichen. Haben Sie je einen Erfolg erzielt, ohne dabei Erfüllung zu empfinden? In welcher Beziehung stehen Ziel und Weg, Handeln und Sein zueinander? Heiligt der Zweck die Mittel? Muß man, um ein erfolgreiches und erfülltes Leben zu führen: a) mit hundertprozentiger Hingabe klar definierte Ziele verfolgen; b) erkennen, daß der Weg, den man täglich beschreitet, also die Lebensqualität des Alltags, das wichtigste Moment ist; oder c) anerkennen, daß beide Aspekte zusammengehören?
- Leben und Tod – Gestalten Sie eine eigene Übung.

Leonardo über Leben und Tod: „Betrachte nun die Hoffnung oder den Wunsch, in sein Heimatland oder zu dem Chaos des Uranfangs zurückzukehren, wie die Motte, die dem Licht entgegenstrebt, wie der Mann, der ewig sehnsuchtsvoll mit Freude jedem neuen Frühling und jedem neuen Sommer entgegensieht … in dem Glauben, daß die Dinge, nach denen er sich sehnt, zu langsam herannahen; und der nicht merkt, daß er sich nach seiner eigenen Zerstörung sehnt. Doch diese Sehnsucht ist ihrem eigentlichen Wesen nach der Geist der Elemente, der, da er sich im menschlichen Körper gefangen sieht, sich beständig wünscht, zu seiner Quelle zurückzukehren. Und du sollst wissen, daß die gleiche Sehnsucht ihrem Wesen nach der Natur innewohnt …"

Meditieren Sie über die Mona Lisa

Bei Serge Bramly findet sich der Hinweis auf einen chinesischen Dichter der Sung-Dynastie, der bemerkte, daß es keine größere Verschwendung und nichts Störenderes in der Welt gebe als schlecht erzogene junge Männer, den falschen Umgang mit gutem Tee und ein großartiges Kunstwerk, das nicht gebührend geschätzt werde. Leonardos *Mona Lisa* ist uns so vertraut, daß kaum jemand sie noch wirklich betrachtet. Nehmen Sie sich Zeit für das Bild. Warten Sie, bis Ihr erster Drang zur Analyse nachläßt, und versuchen Sie dann, das Wesen der Mona Lisa regelrecht einzuatmen.

Lächeln Sie wie Mona Lisa

Versuchen Sie, das berühmte Lächeln der Mona Lisa nachzuahmen. Halten Sie fest, was Sie dabei empfinden. Die Reaktionen von Menschen, die diese Übung gemacht haben, waren unter anderem:

- „Ich fühle mich, als ob mein Verstand an zwei Stellen zugleich ist."
- „Wenn ich so lächele, fühle ich mich freier."
- „Ich komme mir vor wie ein Wissender."
- „Ich spürte sofort eine Veränderung – alles war plötzlich anders."

Gehen Sie nun noch einmal zu den Fragen auf Ihrer *Curiosità*-Liste zurück, die für Sie am stärksten mit Ängsten besetzt sind. Lächeln Sie beim Lesen das Lächeln der Mona Lisa. Verändert sich Ihr Denken? Halten Sie Ihre Beobachtungen im Notizbuch fest.

INKUBATION UND INTUITION

Große Musiker behaupten, ihre Kunst entstünde in den Räumen zwischen den Noten. Und Bildhauer verweisen, wenn sie die Wirkung ihrer Werke erklären sollen, auf den Raum, der diese umgibt. In ähnlicher Weise liegt in den Räumen zwischen unseren bewußten Bemühungen der Schlüssel zur Kreativität. Denn es sind diese Zwischenräume, in denen Wahrnehmungen und Gefühle empfunden und Ideen „ausgebrütet" werden.

Als Leonardo am *Abendmahl* arbeitete, verbrachte er häufig viele Tage hintereinander auf dem Gerüst, um vom Morgengrauen bis in die Abenddämmerung zu arbeiten. Immer wieder aber legte er plötzlich und unangekündigt Pausen ein, Phasen des scheinbaren Nichtstuns. Der Prior von Santa Maria delle Grazie, der ihm den Auftrag für das Gemälde erteilt hatte, war darüber wenig erfreut. Vasari berichtet: „Man sagt, der Prior des Klosters habe Leonardo sehr ungestüm angetrieben, das Werk zu vollenden: Ihm schien es seltsam, Leonardo bisweilen einen halben Tag in Nachdenken verloren zu sehen; es wäre ihm lieb gewesen, wenn er gleich Arbeitern, die den Garten umhacken, den Pinsel niemals aus der Hand gelegt hätte." Vasari zufolge beschwerte der Prior sich beim Herzog, der Leonardo daraufhin zu sich kommen ließ, um ihn zur Arbeit zu bewegen. Doch Leonardo habe den Herzog davon überzeugen können, „daß erhabene Geister bisweilen am meisten schaffen, wenn sie am wenigsten arbeiten".

„Denn auch die Augen hatten jenen Glanz und jene Feuchtigkeit, wie wir es fortwährend im Leben sehen; rings um sie bemerkte man die rötlichblauen Kreise und das Geäder, welche man nur mit der größten Zartheit ausführen kann. Die Brauen … konnten nicht natürlicher sein. Die Nase, mit den schöngeformten Nasenlöchern rötlich und zart, sah wie lebend aus. Der Mund schien in seinen Winkeln und Rändern, wo das Rot der Lippen mit der Farbe des Gesichts sich vereint, nicht wie gemalt, sondern in Wahrheit wie Fleisch und Blut; wer die Halsgrube aufmerksam betrachtete, sah das Schlagen der Pulse."

– Giorgio Vasari über die *Mona Lisa*

Sfumato für Eltern

Kleine Kinder sind noch nicht in der Lage, mit den Widersprüchen des Lebens umzugehen. Aber sie lieben Rätsel und Geheimnisse. Unterstützen Sie ihre Fähigkeit zum *Sfumato* also durch Spiele, Rätsel und Geschichten. Erzählen Sie ihnen zum Beispiel jeden Abend die gleiche Gutenachtgeschichte, aber versehen Sie sie jedes Mal mit einem anderen Ende. So regen Sie nicht nur Ihre eigene Phantasie an, sondern fördern auch die Freude Ihres Kindes am Unbekannten.

Aus dieser Episode wird deutlich, daß Leonardo seine Größe keinesfalls unterschätzte; doch zugleich hielten sich der Stolz in seine Fähigkeiten und das Wissen um den ihm eigenen Rhythmus der „schöpferischen Pausen“ die Waage mit Demut und einem feinen Sinn für Humor. Vasari erzählt weiter, der Meister habe dem Herzog erklärt, daß er noch zwei Köpfe zu vollenden habe, den des Christus und den von Judas. Das Gesicht Christi, das unvollendet bleiben sollte, stellte für Leonardo eine Herausforderung dar, der er sich nicht gewachsen sah, da er nach einem Modell dafür „nicht auf Erden suchen“ wollte, und da er nicht glaubte, „daß seiner Einbildungskraft jene Schönheit und himmlische Anmut vorschweben könne, die der menschgewordenen Gottheit zieme“. Was dagegen das Gesicht des Judas angehe, so erklärte Leonardo dem Herzog, daß es ihm unmöglich scheine, „passende Gesichtszüge für jenen zu erfinden, dessen trotziger Geist nach so vielfach empfangenen Wohltaten des Entschlusses fähig gewesen wäre, seinen Meister, den Erretter der Welt, zu verraten“; nach einem Modell für Judas indes wolle er suchen, und finde er nichts Besseres, so bleibe ihm „der Kopf des lästigen und taktlosen Priors als Vorbild gewiß“.

Obwohl Ihr Chef sich gegenüber dem Gedanken, daß „erhabene Geister bisweilen am meisten schaffen, wenn sie am wenigsten arbeiten“ möglicherweise wenig aufgeschlossen zeigen wird, ist die Kunst der „Inkubation“ nichtsdestotrotz grundlegend für die Umsetzung Ihres kreativen Potentials. Wohl jeder hat schon mal die Erfahrung gemacht, daß er „über eine Sache geschlafen" hat und am nächsten Morgen tatsächlich eine Lösung fand. Doch am wirkungsvollsten erweist sich die „schöpferische Pause", wenn man, wie Leonardo, Phasen des intensiven, konzentrierten Arbeitens mit denen der Ruhe in Wechsel setzt. Neurologen gehen davon aus, daß die Datenbasis unseres Unbewußten über zehn Millionen Mal größer ist als die des bewußten Denkens. Diese Datenbasis ist die Quelle des kreativen Potentials. Anders gesagt: Ein Teil von Ihnen ist weitaus klüger als Sie. Die weisesten Menschen ziehen diesen klügeren Teil regelmäßig zu Rate. Das können auch Sie, indem Sie Raum schaffen für „schöpferische Pausen".

Zeit zum Alleinsein und zum Entspannen

Wo halten Sie sich auf, wenn Ihnen die besten Ideen kommen? Diese Frage habe ich in den letzten zwanzig Jahren Tausenden von Menschen gestellt. Die häufigsten Antworten sind: „im Bett", „auf einem Spaziergang in der Natur", „im Auto bei guter Musik" und „entspannt unter der Dusche oder in der Badewanne". Kaum jemand gibt an, daß ihm die besten Ideen am Arbeitsplatz kommen.

Was gewinnen Sie durch einen Spaziergang im Wald, die Mittagsruhe auf dem Bett oder ein ausgiebiges Bad? Alleinsein und Entspannung. Den meisten Menschen kommen die entscheidenden Ideen, wenn sie entspannt und allein sind.

Leonardo da Vinci liebte zwar den Ideenaustausch mit anderen Menschen, doch er wußte auch, daß er die kreativsten Einsichten immer dann hatte, wenn er allein war. So schreibt er denn auch an einer Stelle, daß „der Maler oder der Zeichner allein bleiben" solle, denn nur dann „gehörst du dir ganz, und wenn du in Gesellschaft eines einzigen Gefährten bist, gehörst du dir nur zur Hälfte".

„Sich anderswo ein bisschen erquicken“

Die meisten von uns verbringen ihre Tage damit, konzentriert zu arbeiten und sich dabei vor allem auf ihre „linke Gehirnhälfte" zu verlassen. Manchmal engagieren wir uns für ein Vorhaben derart, daß wir drohen, den Überblick zu verlieren. Freude und Effektivität beim Arbeiten oder Lernen lassen sich steigern, indem man immer wieder Pausen einlegt. Neue psychologische Studien zeigen, daß Menschen, die nach einer Stunde konzentrierten Arbeitens oder Lernens zehn Minuten lang vollkommen abschalten, sich am Ende dieser Pause besser an das erinnern, woran sie arbeiten, als nach Ablauf der Arbeitsstunde. In seinem „Traktat über die Malerei" rät Leonardo: „Es ist auch gut, wenn man oft aufsteht und sich anderswo ein wenig erquickt, denn, wenn du dann zu deiner Arbeit zurückkehrst, kannst du sie besser beurteilen". Folgen Sie dem Rat des Meisters und planen Sie in Ihren hektischen Arbeitsalltag gelegentlich eine zehnminütige Denkpause ein. Hören Sie Jazz oder klassische Musik, versuchen Sie sich in

Candace Pert schreibt in dem Buch „Molecules of Emotion“: „Das Gehirn ist auf der molekularen Ebene derart perfekt in den Körper integriert, daß der Begriff ‚mobiles Gehirn‘ eine zutreffende Beschreibung des psychosomatischen Netzwerkes ist, über das intelligente Informationen von einem System in das andere reisen.“ Und sie fügt hinzu: „Sekündlich findet in unserem Körper ein massiver Informationsaustausch statt. Man stelle sich vor, daß jedes Botensystem über einen eigenen Ton verfügt, ein spezifisches, ihn identifizierendes Summen, das ansteigt und abfällt, lauter und leiser wird, verbindet und trennt …“ Intuition ist die Kunst, mit dem inneren Ohr auf den Rhythmus und die Melodien der eigenen „Körpermusik“ zu lauschen.

kreativen Kritzeleien, meditieren Sie oder machen Sie ein paar Dehnungsübungen, um Entspannung und Kreativität zu fördern. Über die am besten stündlich eingelegten Pausen hinaus, sollten Sie sich um der kreativen Regeneration willen einen freien Tag pro Woche einrichten und einmal im Jahr richtig Urlaub machen.

Vertrauen Sie Ihren Instinkten

Schenken Sie Ihren Geistesblitzen und Eingebungen mehr Aufmerksamkeit. Am besten halten Sie sie in Ihrem Notizbuch fest, um Sie auf ihre Tauglichkeit hin überprüfen zu können. Je aufmerksamer Sie Ihre Ideen und Einfälle analysieren, desto besser werden sie mit der Zeit werden.

Die Kultivierung eines ebenso genauen wie verläßlichen inneren Führungssystems setzt voraus, daß man auch auf seinen Körper hört. Bemerkungen wie, „Mein Instinkt rät mir davon ab", „Ich habe dabei ein komisches Gefühl in der Magengegend" oder „Meine innere Stimme sagt mir, daß wir richtig liegen" machen deutlich, wie sehr Intuition vom Körper ausgeht.

Wenn Sie sich Zeit zum Alleinsein nehmen – gleich, ob Sie spazierengehen, Auto fahren oder nur einfach im Bett liegen – versuchen Sie, in Ihren Körper hineinzulauschen. Machen Sie ein- bis zweimal am Tag die folgende einfache Übung, um sich für die feinen Nuancen Ihrer Eingebungskraft zu sensibilisieren:

Atmen Sie ein paarmal tief ein und aus.
Entspannen Sie die Bauchmuskulatur.
Öffnen Sie sich, und seien Sie für Ihre innere Stimme aufnahmebereit.

Sfumato am Arbeitsplatz

Die American Management Association veröffentlichte in den 80er Jahren eine Studie, aus der hervorgeht, daß sich die erfolgreichsten Manager durch „eine hohe Toleranz gegenüber Ambiguität und die Fähigkeit zur intuitiven Entscheidungsfindung" auszeichnen. Heute, da das Tempo der Veränderungen angezogen hat, reicht „Toleranz gegenüber Ambiguität" nicht mehr aus; man muß sich den Mehrdeutigkeiten und Widersprüchlichkeiten stellen, mit ihnen arbeiten und daran Freude haben.

In seinem Buch „The Logic of Intuitive Decision Making" kommt Weston Agor aufgrund zahlreicher Interviews zu dem Schluß, daß die Mehrzahl der befragten Führungspersönlichkeiten vor allem mangelndes Vertrauen in die eigene Intuition für schwerwiegende Entscheidungsfehler verantwortlich macht. An der Schwelle zum 21. Jahrhundert droht uns nunmehr eine wahre Informationsflut zu überrollen. Intuition ist daher wichtiger als je zuvor. Das Motto muß also lauten: Vertrauen Sie Ihren Instinkten!

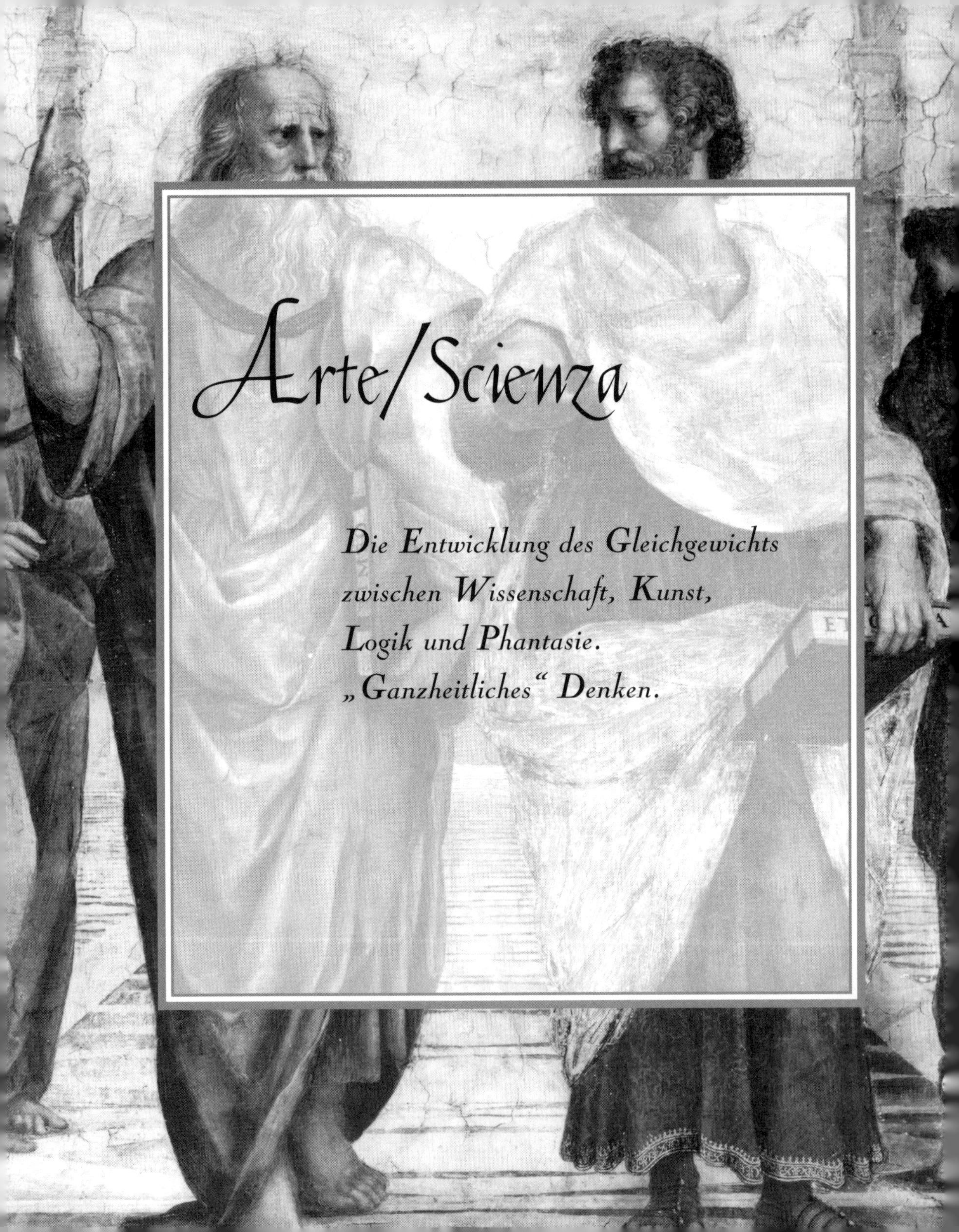

Arte/Scienza

Die Entwicklung des Gleichgewichts zwischen Wissenschaft, Kunst, Logik und Phantasie. „Ganzheitliches“ Denken.

Sind Sie mit den Forschungsergebnissen über die unterschiedlichen Funktionen der rechten und linken Gehirnhälfte vertraut? Wenn ja, wissen Sie, welche Hirnhälfte bei Ihnen dominant ist? Mit anderen Worten: Sind Sie ein eher künstlerisch veranlagter, intuitiver Mensch, dessen rechte Hirnhälfte dominiert? Oder liegt Ihnen mehr das schrittweise, logische Vorgehen der linken Hirnhälfte?

Die inzwischen populäre Unterscheidung in eher mit der linken beziehungsweise rechten Hirnhälfte denkende Typen geht auf die Forschungsarbeiten des Nobelpreisträgers Professor Roger Sperry zurück. Sperry hatte entdeckt, daß in den meisten Fällen die linke Gehirnhälfte für logisches, die rechte dagegen für phantasievolles, imaginatives Denken verantwortlich ist.

In der tagtäglichen Praxis leiden wir unter der Seuche des „halben" Denkens. „Unser Bildungssystem", sagt Professor Sperry, „neigt wie die Wissenschaft im allgemeinen dazu, nonverbale Intelligenz zu vernachlässigen. Die moderne Gesellschaft diskriminiert die rechte Hirnhälfte." Die Folge ist, daß Menschen mit einer dominanten linken Hirnhälfte in der Regel gut in der Schule sind, die Entwicklung ihres kreativen Potentials oft jedoch vernachlässigen, während Menschen, bei denen die rechte Hirnhälfte dominant ist, wegen ihrer anderen Denkstrukturen nicht selten als „lernbehindert" eingestuft werden und häufig deswegen Schuldgefühle entwickeln.

Wer nach Ausgeglichenheit beider Hirnhälften sucht, sollte sich dem Studium Leonardo da Vincis widmen. Denn ein großer Teil der Faszination, die von diesem Universalgenie ausgeht, beruht auf seiner Fähigkeit des „ganzheitlichen Denkens".

Der Kunsthistoriker Kenneth Clark betont zu Beginn seines Essays über die Beziehung zwischen Leonardos Wissenschaft und Kunst die wechselseitige Abhängigkeit beider Disziplinen: „Für gewöhnlich werden der Wissenschaftler und der Künstler Leonardo getrennt behandelt. Und zweifellos läßt die Schwierigkeit, seine vielfältigen technischen und wissenschaftlichen Arbeiten zu erforschen, diese Vorgehensweise auch ratsam erscheinen. Und dennoch ist sie nicht zufriedenstellend, da sich die Geschichte der Kunst ohne den Bezug auf die Geschichte der Wissenschaft nur unvollkommen verstehen läßt. In beiden Fällen studieren wir Symbole, die Ausdruck menschlichen Denkens sind. Und diese Symbole, gleich ob sie bildlich oder mathematisch sind, Fabel oder Formel, spiegeln die gleichen Veränderungen wider." Der Wissenschaftshistoriker George Sarton argumentiert aus einem anderen Blickwinkel, kommt aber zu einem ähnlichen Schluß: „Da wachsendes Wissen der Kern jeden Fortschritts ist, sollte die Geschichte der Wissenschaften den Kern der allgemeinen Geschichtswissenschaft bilden. Die wesentlichen Probleme des Lebens können aber weder allein durch Wissenschaftler noch ausschließlich durch Künstler oder Humanisten gelöst werden: Was wir brauchen, ist die Kooperation aller. Wissenschaft ist immer unabdingbar, aber nie hinreichend. Wir hungern nach Schönheit, und wo es keine Barmherzigkeit gibt, ist alles andere nutzlos." Und Sarton fügt hinzu: „Es ist [Leonardos] einzigartiger Verdienst, durch sein eigenes Beispiel gezeigt zu haben, daß die Suche nach Schönheit und die Suche nach Wahrheit nicht unvereinbar miteinander sind."

War Leonardo also ein Wissenschaftler, der sich auch der Kunst widmete? Oder war er ein Künstler, der außerdem die Wissenschaften studierte? Ohne Zweifel war er beides. Seine wissenschaftlichen Untersuchungen von Steinen, Pflanzen, die Studien über den Flug, das fließende Wasser und über die menschliche Anatomie dokumentierte er nicht mit nüchternen, technischen Zeichnungen, sondern mit ausdrucksstarken Kunstwerken. Zugleich sind seine Entwürfe für Gemälde und Skulpturen äußerst detailliert, analytisch und mathematisch genau.

In den Augen Leonardos waren Kunst und Wissenschaft untrennbar. In seinem Traktat über die Malerei warnt er potentielle Schüler: „Jene, die von Liebe zur Kunst erfüllt sind, ohne sich zuvor dem Studium der wissenschaftlichen Bereiche der Malerei gewidmet zu haben, kann man mit Seeleuten vergleichen, die in einem Schiff ohne Ruder und Kompaß in See stechen und daher nicht sicher sein können, ob sie das gewünschte Ziel erreichen werden."

Für Leonardo war die Voraussetzung für die künstlerische Fähigkeit, die Schönheit der menschlichen Gestalt zum Ausdruck zu bringen, ein eingehendes Studium der Anatomie. Ohne die detaillierte Analyse des Skeletts wie des Zusammenspiels der Muskeln laufe der angehende Künstler nur allzu leicht Gefahr, hölzerne und wenig anmutige Akte zu malen, die „eher einen Sack voll Nüsse ... als eine menschliche Gestalt" zeigen. Und er schreibt weiter: „Sei dir der Struktur all dessen bewußt, was du darzustellen wünschst." Dessen ungeachtet, geht Kenneth Clark davon aus, daß nicht die Wissenschaft die Kunst, sondern umgekehrt die Kunst die wissenschaftlichen Bemühungen Leonardos beeinflußt habe: „Es wird häufig behauptet, Leonardo habe so hervorragend gezeichnet, weil er die Dinge, die er darstellte, aufs genaueste kannte; zutreffender aber ist, daß er die Dinge kannte, weil er sie so gut zu zeichnen verstand."

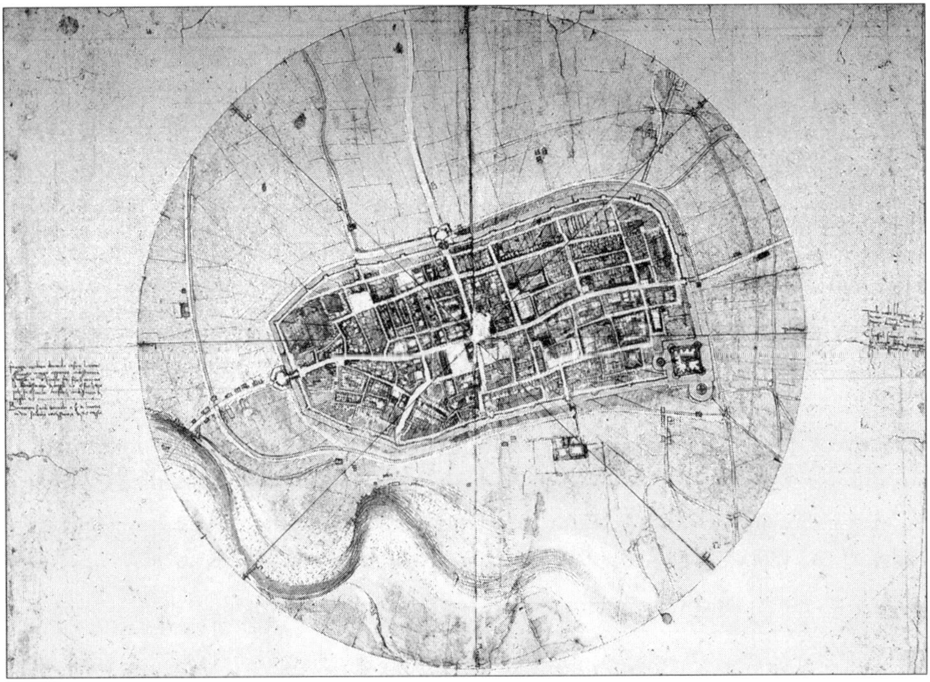

Karte von Imola von Leonardo da Vinci. Leonardos Fähigkeit, zugleich das Ganze und die Details zu sehen, ermöglichte es ihm, bemerkenswert genaue Karten zu zeichnen.

Die Rolle des Künstlers zu Lebzeiten Leonardos

Zur Zeit der Geburt Leonardos waren Künstler anonyme Handwerker mit dem sozialen Status eines Arbeiters. Ihr Arbeitsplatz glich eher einer Werkstatt als einem Atelier, wie wir es uns heute vorstellen, und bezahlt wurden sie in Stundenlöhnen. Die meisten ihrer Werke waren Gemeinschaftsarbeiten, die unsigniert blieben. Vor der Renaissance richtete sich alle Kreativität auf die Anerkennung des Göttlichen. Die Vorstellung, daß der Mensch Schöpfer sein könnte, wurde als Blasphemie erachtet.

Noch zu Leonardos Lebzeiten erfuhr die Rolle des Künstlers eine tiefgreifende Wandlung. Künstler begannen ihre eigenen Ideen zu verwirklichen, anstatt sich weiter dem Diktat der Mäzene zu beugen. Sie signierten ihre Werke, schrieben Autobiographien und ließen sich in Biographien verewigen. Raffael, Tizian und Michelangelo wurden zu Superstars ihrer Zeit, reich, geachtet und verehrt.

Den Samen für diesen bemerkenswerten Wandel pflanzte Leonardos Vorläufer Leon Battista Alberti, zu dessen Lebzeiten Arithmetik, Geometrie, Astronomie, Musik, Grammatik, Logik und Rhetorik von der intellektuellen Elite als vornehme, die Grundlage des Wissens repräsentierenden Disziplinen erachtet wurden. Die Malerei blieb zwar aus diesem Kanon ausgeschlossen, doch Alberti erkannte, daß sich mittels der zu seiner Zeit noch neuen, auf mathematischen Erkenntnissen fußenden Beschäftigung mit Proportionen und Perspektive eine Verbindung zwischen der Malerei und den sogenannten „sieben Künsten“ herstellen ließe. Dieser Gedanke wurde von Leonardo aufgegriffen und fortgeführt. Sein Konzept der Malerei als Wissenschaft stellte die von ihm gepriesene Technik des „Zu sehen verstehen“ an die erste Stelle der freien Künste. Leonardo da Vincis Maxime, „sich direkt der Natur zuzuwenden“, ein Erfinder, ein *inventore* zu werden, hatte nicht nur entscheidenden Einfluß auf die Rolle des Künstlers, sondern auch auf die Geniedefinition.

Leonardo trat nicht nur für Strenge und Genauigkeit, Wahrnehmung der Details, Logik, Mathematik und die intensive praktische Analyse ein. Seine Schüler forderte er zugleich auch dazu auf, ihre Vorstellungskraft zu aktivieren. Was er vortrug, war eine „neue und spekulative Idee, die zwar einfach und beinahe lächerlich wirken mag, nichtsdestotrotz aber von großem Nutzen ist, den Erfindungsgeist zu erwecken". So hielt er seine Schüler an, Steine, Rauch, Holzstücke, Wolken und Lehm genau zu betrachten und die Fähigkeit zu entwickeln, in diesen einfachen Formen „die Ähnlichkeit mit himmlischen Landschaften ... und der Unendlichkeit der Dinge" zu entdecken. Einsichten dieser Art, schrieb er, „offenbaren sich uns wie der Klang der Glocken, in deren Läuten du jeden Namen und jedes Wort zu entdecken vermagst, das du dir vorstellen kannst".

„Studiere die Wissenschaft der Kunst und die Kunst der Wissenschaft"
– Leonardo da Vinci

Leonardos Vorgehensweise war mehr als nur der Rat an den Künstler, seine Vorstellungskraft einzusetzen, sie war ein Durchbruch in der Evolution des Denkens. Leonardo da Vinci begründete damit eine Tradition, die schließlich in die moderne Methode des „Brainstorming" mündete. Das Konzept des „kreativen Denkens" als intellektuelle Disziplin existierte vor Leonardo nicht.

ARTE/SCIENZA IN DER PRAKTISCHEN ANWENDUNG

Alle Übungen in diesem Buch sollen Ihnen helfen, eine größere Ausgewogenheit ihrer Gehirnhälften herzustellen. Doch Sie können diese Ausgewogenheit auch auf direktem Weg fördern. Gemeint ist eine äußerst wirkungsvolle Methode, die beim Planen wie bei der Lösung von Problemen eingesetzt werden kann – die Methode des Mind Mapping.

Mind Mapping ist eine ganzheitliche Methode zur Entwicklung und Organisation von Ideen, die von Tony Buzan entwickelt wurde und sich an Leonardo da Vincis Notizen-Technik anlehnt. Man kann diese Methode einsetzen, um persönliche Ziele zu skizzieren, Tagesplanungen vorzunehmen oder zwischenmenschliche Probleme zu lösen.

Arte/Scienza am Arbeitsplatz

Ned Hermann, Gründer der Whole Brain Corporation, entwickelte einen Test, mit dem sich die Dominanz der Gehirnhälften bestimmten läßt. In seinen Workshops erhalten diejenigen, die sich im Test als „ultra-links" beziehungsweise „ultrarechts" erwiesen haben, eine besondere Aufgabe, die in zwei Stunden zu erledigen ist. Die Gruppe, bei denen die linke Gehirnhälfte als extrem dominant angesehen werden muß, ist mit der Aufgabe auf die Minute pünktlich fertig und liefert einen getippten, fehlerlosen Bericht ab. Ihr Bericht ist zwar in der Regel perfekt strukturiert, aber langweilig und nicht sonderlich einfallsreich. Die Gruppe, bei der die rechte Gehirnhälfte das Denken bestimmt, verstrickt sich zunächst in eine philosophische Debatte die einzelnen Mitglieder kehren zu unterschiedlichen Zeiten ins Plenum zurück und haben nur ein paar auf ein Blatt Papier gekritzelte, unstrukturierte und wenig brauchbare Notizen vorzuweisen.

Dann werden beide Gruppen zu einer verschmolzen, und man stellt ihnen einen Vermittler zur Seite, der sie bei der Erledigung der nächsten Aufgabe unterstützt. Die zusammengesetzte Gruppe kehrt normalerweise pünktlich und mit einem ausgewogenen, ebensogut strukturierten wie kreativen Ergebnis zurück. Was wir daraus lernen? Effektivität setzt die Zusammenstellung ausgewogener Teams hinsichtlich ihrer Denkleistung voraus.

Allzu häufig aber neigen die Menschen dazu, sich über die unterschiedlich ausgeprägten Denkweisen zu polarisieren. Die links-dominierten Angestellten aus der Finanzbuchhaltung sammeln sich um ihre Kaffeemaschine, sehen zu den mit der rechten Gehirnhälfte arbeitenden Mitarbeitern von der Marketing-Abteilung hinüber und denken: „Diese Träumer leben in ihrem Wolkenkuckucksheim. Davon, wie man Geld macht, haben die keine Ahnung."

Währenddessen beäugen die um ihren Getränkeautomaten versammelten „Rechten" die „Linken" und denken: „Was für Kleingeister diese Erbsenzähler doch sind. Das große Ganze werden sie nie begreifen."

Seit 1978 habe ich mit Tausenden von Managern und Abteilungsleitern gearbeitet. Einige waren analytisch vorgehende, ernsthafte und gründliche Planer; andere dagegen intuitive, verspielte, spontane Improvisationskünstler. Doch die besten waren die, bei denen ein Gleichgewicht bestand zwischen Analyse und Intuition, Ernsthaftigkeit und Spiel, Planung und Improvisation, *Arte* und *Scienza*.

Lassen Sie uns als Einstieg in das Mind Mapping zunächst einen Blick auf eine Methode des Entwickelns und Organisierens von Gedanken werfen, mit der die meisten von uns vertraut sind: das Erstellen einer Gliederung. Die klassische Gliederung beginnt üblicherweise mit dem „Punkt Nr. 1". Haben Sie schon einmal verzweifelt am Schreibtisch gesessen und darauf gewartet, daß Ihnen endlich „Punkt 1" einfällt? Vielleicht hatten Sie nach zwanzig Minuten schließlich die zündende Idee und konnten Ihre Gliederung bis zu Punkt 3d weiterführen, bevor Ihnen klar wurde, daß Punkt 3d eigentlich eher als Gliederungspunkt 2b auftauchen sollte. An diesem Punkt beginnen Sie wahrscheinlich auszustreichen und Pfeile zu malen, zu träumen und zu kritzeln. Ihre unterdrückte „rechte Gehirnhälfte" versucht sich auszudrücken, doch die Kritzeleien lassen die Gliederung nur noch unordentlicher erscheinen, und Sie haben ein schlechtes Gewissen, weil Sie sich in Tagträumen verlieren. Gelähmt durch diesen gegenseitigen Vernichtungskrieg Ihrer Hirnhälften, zerknüllen Sie Ihre Gliederung schließlich und fangen noch einmal von vorn an.

Gedanken in ordentlicher und ansprechender Form zu präsentieren ist wichtig. Doch eine Gliederung ist nur dann sinnvoll, wenn die eigentliche Denkarbeit bereits geleistet wurde. Es ist schlicht und einfach unlogisch, Gedanken zu ordnen, bevor sie überhaupt existieren.

Hinzu kommt, daß Gliederungen und andere linear-konsekutive Verfahren zur Fixierung von Gedanken kognitive Kapazitäten für Farben, Formen, Synthese, Rhythmus und Bilder ausschließen. Bei der Erstellung einer Gliederung nutzen Sie also nur eine Hirnhälfte.

Mind Mapping befreit von der Tyrannei vorzeitiger Ordnung, die das Entwickeln von Ideen behindert. Mind Mapping fördert die konzeptionellen Fähigkeiten, indem es einen Ausgleich zwischen der Entwicklung und der Organisation von Gedanken herstellt und zugleich zum Ausschöpfen der vollen Bandbreite der mentalen Ausdrucksfähigkeiten anregt.

Denken Sie an ein Buch, das Sie vor kurzem gelesen haben. Stellen Sie sich vor, Sie hätten einen Bericht über dieses Buch zu verfassen. Beginnen Sie, indem Sie sich an die dort vermittelten Informationen erinnern. Während Sie dies tun, beobachten Sie, wie Sie dabei vorgehen.

Läßt Ihr Gehirn ganze Absätze oder eine geordnete Gliederung vor

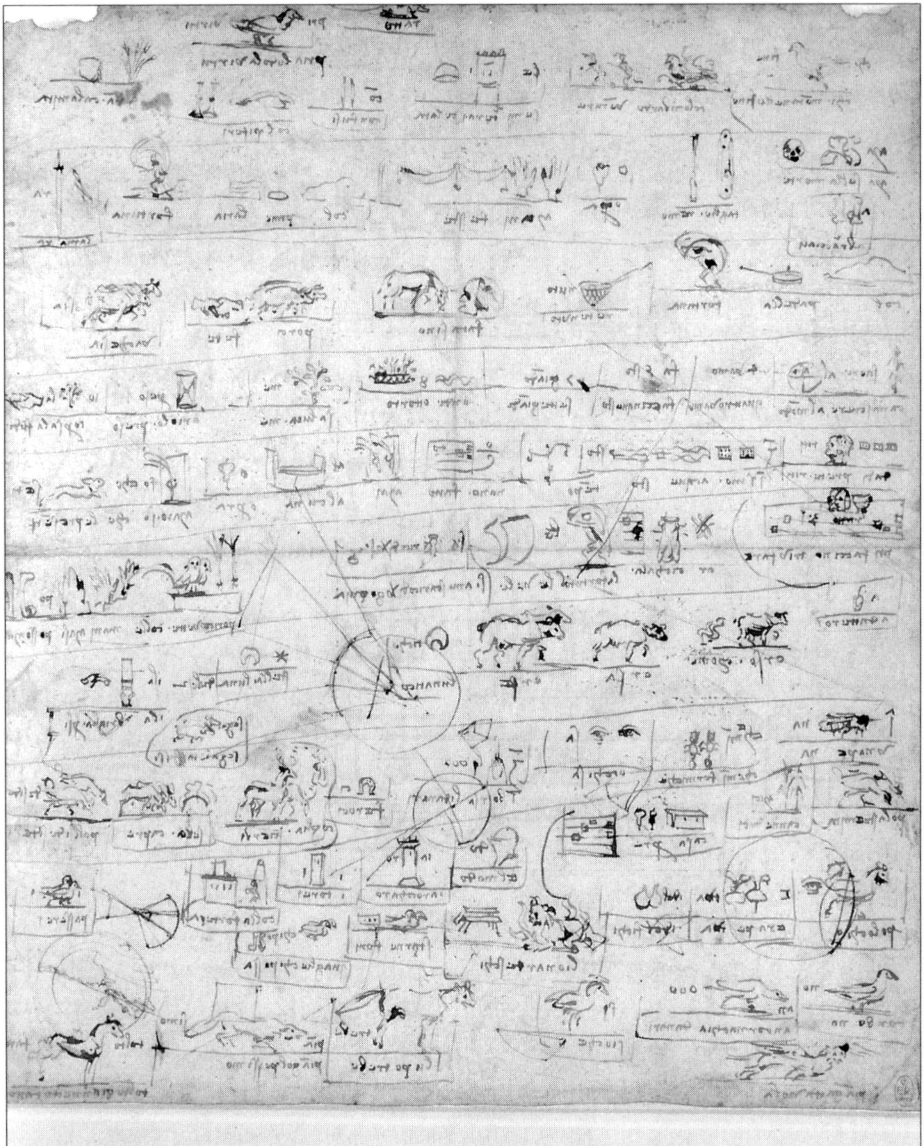

Seiten wie diese aus den Handschriften Leonardos regten die Entwicklung der Mind-Mapping-Methode an.

Bildliche Darstellung der linken und rechten Gehirnhälfte

Ihrem inneren Auge entstehen? Wohl kaum. Wahrscheinlicher ist, daß Ihnen intuitiv Eindrücke, Schlüsselwörter und Bilder in den Kopf kommen und sich miteinander verbinden. Mit der Methode des Mind Mapping wird dieser natürliche Denkprozeß auf dem Papier fortgesetzt.

Wenn Sie die Struktur eines Baumes oder einer Pflanze genau betrachten, werden Sie erkennen, daß sie ein Netzwerk des Lebens darstellt, das sich vom Stamm oder Stil her in alle Richtungen ausdehnt. Gönnen Sie sich einen Hubschrauberrundflug über eine größere Stadt und Sie werden ihre sich ausbreitende Struktur miteinander verbundener Zentren und Straßen entdecken, Hauptarterien, die sich mit Seitenstraßen verknüpfen. Der Grundwasserspiegel, unser globales Telekommunikationssystem oder das Sonnensystem stellen ähnliche Netzwerke dar. Die Kommunikationsstruktur in der Natur ist nicht-linear und selbstorganisierend; sie funktioniert auf der Grundlage von Netzwerken und Systemen.

Das vielleicht erstaunlichste natürliche System befindet sich in Ihrem Kopf. Die für das Funktionieren des Gehirns grundlegende Struktureinheit ist das Neuron. Jedes Neuron hat einen Kern, den sogenannten Nukleus, und davon ausgehende Zweige oder Dendriten (ein Wort, das sich aus dem griechischen *dendron* für „Baum“ ableitet), die mit kleinen Knoten, den Neurofibrillen, versehen sind. Wenn wir denken, überbrücken elektrochemische „Informationen“ die winzigen Lücken zwischen den Knoten. Die Verbindung wird Synapse genannt. Unser Denken wird ermöglicht durch ein riesiges Netzwerk synaptischer Muster. Eine Mind Map ist die graphische Umsetzung eben dieser natürlichen Muster des Gehirns.

Es dürfte also nicht allzusehr überraschen, daß die Notizen vieler großer Köpfe der Geschichte eine sich verzweigende organische Struktur aufweisen, ergänzt um Skizzen, kreative Kritzeleien und Schlüsselwörter.

Sind Sie ein Mensch, dessen Denken eher von der linken oder von der rechten Hirnhälfte bestimmt wird? Bevor Sie lernen, durch Mind Mapping zu einem ganzheitlichen Denken zu gelangen, sollten Sie sich mit Hilfe der Liste rechts versuchen selbst einzuschätzen.

Durch welche der Aussagen sehen Sie sich am besten beschrieben? Die erste Hälfte der Aussagen entspricht eher einem Menschen, der von seiner linken Gehirnhälfte bestimmt wird, die zweite enthält Charakteristika, die man eher mit Menschen verbindet, die von der rechten Gehirnhälfte dominiert werden.

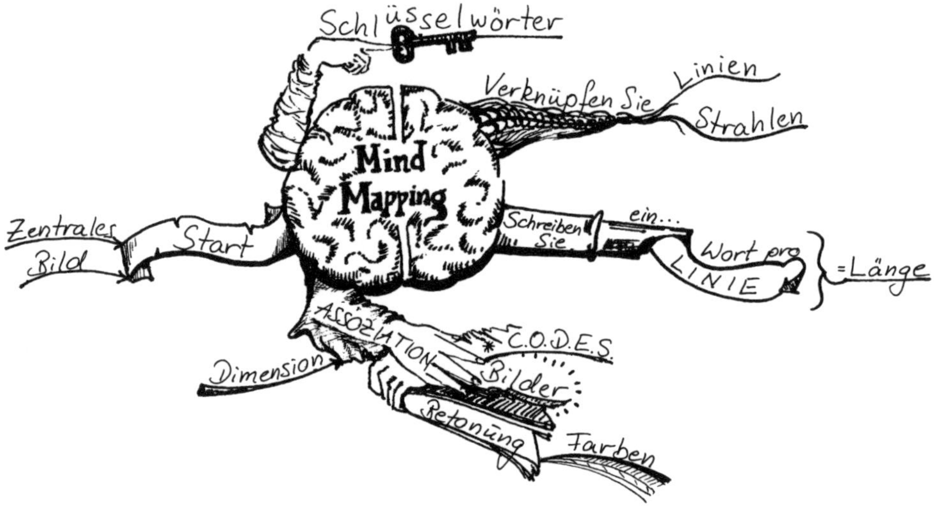

Mind Map zu den Regeln des Mind Mapping

Arte/Scienza: Selbsteinschätzung

- ❑ Ich habe eine Vorliebe für Details.
- ❑ Ich bin fast immer pünktlich.
- ❑ Ich bin gut in Mathematik.
- ❑ Ich verlasse mich auf Logik.
- ❑ Ich habe eine gut lesbare Handschrift.
- ❑ Meine Freunde behaupten, ich könne mich gut und klar ausdrücken.
- ❑ Ich bin ein analytischer Denker.
- ❑ Ich bin gut organisiert und diszipliniert.
- ❑ Ich habe eine Vorliebe für Listen.
- ❑ Ich lese Bücher immer von der ersten bis zur letzten Seite durch.
- ❑ Ich habe sehr viel Phantasie.
- ❑ Brainstorming ist eine meiner Stärken.
- ❑ Ich tue und sage oft Unerwartetes.
- ❑ Ich kritzele gern herum.
- ❑ In der Schule war ich in Geometrie besser als in Algebra.
- ❑ Wenn ich ein Buch lese, springe ich zwischen einzelnen Seiten und Kapiteln hin und her.
- ❑ Ich ziehe es vor, das Gesamtbild zu betrachten und die Details anderen zu überlassen.
- ❑ Ich vergesse oft die Zeit.
- ❑ Ich verlasse mich auf meine Intuition.

Arte/Scienza: Anwendung und Übungen

Die Regeln des Mind Mapping

Gegen Ende des Traktats über die Malerei schreibt Leonardo: „Diese Regeln bewirken, daß du ein freies und gutes Urteil bekommst, denn das gute Urteil kommt daher, daß man etwas von der Sache versteht, und das Sachverständnis kommt aus dem guten Grund, den man sich aus den guten Regeln herausgeholt hat, und die guten Regeln sind die Töchter der Erfahrung, der gemeinsamen Mutter aller Wissenschaften und Künste."

Die Regeln des Mind Mapping sollen Ihnen helfen, zu „einem freien und guten Urteil" zu gelangen. Sie sind „die Töchter der Erfahrung", insofern als sie in den letzten dreißig Jahren immer wieder getestet und weiterentwickelt wurden.

Um mit dem Mind Mapping zu beginnen, brauchen Sie ein Thema, ein paar farbige Stifte und ein großes Blatt Papier. Beachten Sie dabei folgende Regeln:

1) Zeichnen Sie ein Symbol oder Bild (das für Ihr Thema steht) in die Mitte des Blattes. Wenn Sie im Zentrum beginnen, haben Sie Raum für in alle Richtungen weisende Assoziationen. An Bilder und Symbole kann man sich leichter erinnern als an Wörter, und sie fördern Kreativität.
2) Notieren Sie – über das Blatt verteilt – Stichwörter. Stichwörter sind informationsgeladene „Kernbegriffe" der Erinnerung und des kreativen Assoziierens.

3) Ziehen Sie, ausgehend vom zentralen Motiv, strahlenförmige Linien, mit denen Sie die Stichworte miteinander verbinden. Diese Linien („Verzweigungen") verdeutlichen den Zusammenhang, in dem die einzelnen Stichwörter zueinander stehen.
4) Schreiben Sie Ihre Stichwörter in Druckschrift. Begriffe, die in Druckschrift geschrieben sind, lassen sich leichter lesen, und man kann sich besser an sie erinnern als an handschriftlich Geschriebenes.
5) Schreiben Sie nur ein Stichwort pro Verbindungslinie. So sind Sie gezwungen, Ihren Gedanken in einem einzigen, treffenden Stichwort zusammenzufassen, wodurch Sie sich im präzisen Denken üben und Verwirrungen vermeiden.
6) Schreiben Sie die Stichworte exakt auf die Verbindungslinien und versuchen Sie Linie und Wort genau gleich lang zu halten. Assoziationen werden dadurch deutlicher und Sie werden zu einer ökonomischen Ausnutzung des vorhandenen Raums angeregt.
7) Setzen Sie Farben, Bilder, räumliche Zuordnungen und Markierungscodes ein, um Ihr Assoziationsvermögen zu steigern und bestimmte Gedanken hervorzuheben. Kennzeichnen Sie (durch Unterstreichungen oder mit einem Textmarker) wichtige Gedanken, und heben Sie Verbindungen zwischen einzelnen Zweigen Ihrer Mind Map hervor. So könnten Sie zum Beispiel nach einem bestimmten Farbencode eine Hierarchie Ihrer Gedanken herstellen, indem Sie die wichtigsten Punkte gelb markieren, die in der Rangfolge an zweiter Stelle stehenden blau und so fort. Versuchen Sie so oft wie möglich, Ihre Gedanken durch farbig gestaltete Bilder und Symbole zu illustrieren; sie stimulieren kreative Assoziationen und steigern das Erinnerungsvermögen.

Entwerfen Sie Ihre eigene Mind Map

Je länger Sie mit der Methode des Mind Mapping experimentieren, desto deutlicher werden Sie deren Vorteile erkennen. Das Mind Mapping ermöglicht es Ihnen, die Bearbeitung eines Themas zügig voranzubringen und in relativ kurzer Zeit zu Ergebnissen zu kommen; Sie werden darüber hinaus feststellen, daß das Denken, Arbeiten und Problemlösen nach dieser Methode einen erheblichen Lustgewinn darstellt. Konventionellen Gliederungen haftet eine gewisse Uniformität an, Mind Maps dagegen sind immer gekennzeichnet durch ein hohes Maß an Originalität. Durch das regelmäßige Erstellen von Mind Maps werden Sie allmählich selbst zu einem *inventore*.

Die folgende einfache Übung soll Ihnen helfen, die Methode des Mind Mapping zu erlernen:

1) Legen Sie ein großes, unliniertes Blatt Papier und Stifte in mindestens sechs verschiedenen Farben bereit. Auch Textmarker zur Hervorhebung bestimmter Stichworte sind nützlich. Wenn Sie nichts anderes zur Hand haben, können Sie sich natürlich auch mit einem einzigen Stift und einem kleineren Stück Papier behelfen.

Obwohl sich eine Mind Map zur Not auch auf der Innenseite eines Streichholzbriefchens, in der Handfläche oder auf einem Post-it-Zettelchen anfertigen läßt, ist ein großer Bogen Papier, am besten von der Größe eines Flip-Charts, vorzuziehen. Je größer das Blatt, desto mehr Raum haben Sie für Ihre Assoziationen.

Legen Sie das Blatt quer vor sich auf den Tisch. So lassen sich die Stichwörter ohne Verrenkungen aufschreiben und lesen.

2) Gehen wir einmal davon aus, das Thema dieser Mind Map sei die Renaissance.

- ✦ Beginnen Sie, indem Sie in die Mitte des Papiers ein für das Thema repräsentatives Bild oder Symbol zeichnen.
- ✦ Fertigen Sie eine möglichst lebhafte, bunte Zeichnung an.
- ✦ Gehen Sie mit Freude an die Aufgabe und machen Sie sich keine Gedanken darüber, wie „gut" Ihre Zeichnung ist.

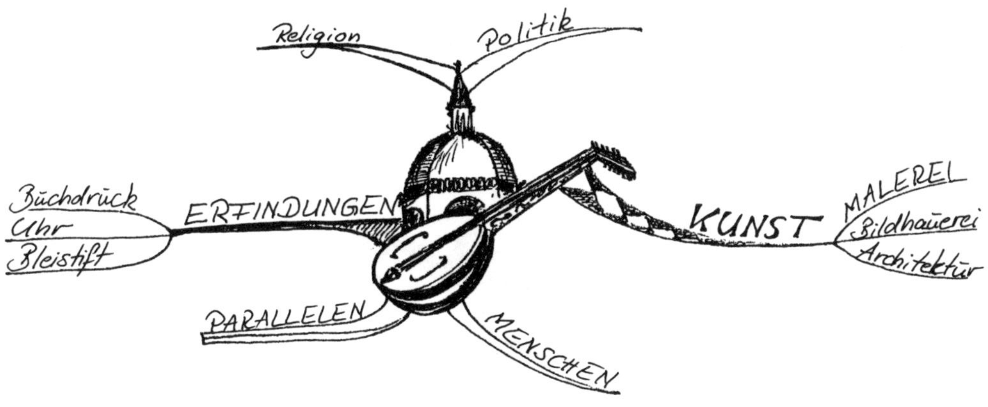

3) Zeichnen Sie von der Mitte ausgehende, strahlenförmige Linien, auf die Sie Stichwörter schreiben oder Symbole zeichnen. Jede Linie kann sich bei entsprechenden Assoziationen weiter verästeln.

- Die Entwicklung von Ideen in der Form von Stichworten ist einfach. Im Zusammenhang mit dem Thema Renaissance könnte ein Stichwort *Kunst* lauten, das weitere Assoziationen wie *Malerei*, *Bildhauerei* und *Architektur* freisetzt. Ein anderer Zweig Ihrer Mind Map könnte von dem Stichwort *Erfindungen* ausgehen und Verästelungen wie *Buchdruck*, *Uhr* oder *Bleistift* zur Folge haben.
- Wenn Sie an einer bestimmten Stelle nicht weiterkommen, suchen Sie sich ein anderes Stichwort auf Ihrer Mind Map und schreiben Sie die erste Assoziation auf, die Ihnen dazu in den Sinn kommt – selbst wenn sie Ihnen albern oder bedeutungslos erscheint. Halten Sie den Assoziationsfluß in Gang, und machen Sie sich keine Gedanken darüber, ob jedes aufgeschriebene Wort „richtig" ist.

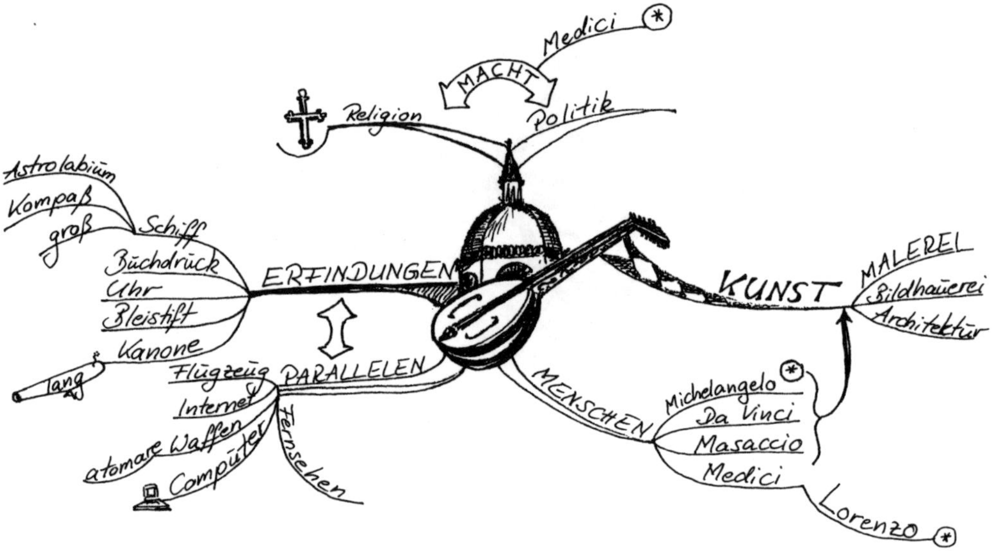

4) Wenn Sie den Eindruck haben, durch freie Assoziation genügend Material zusammengetragen zu haben, sehen Sie sich das Ergebnis, die „Landkarte" Ihrer Gedanken zu einem Thema, an.

- Wenn Sie Ihre Mind Map genauer betrachten, werden Sie Verknüpfungen entdecken, die Ihnen helfen, Ihre Ideen zu ordnen und aufeinander abzustimmen.
- Suchen Sie nach Stichwörtern, die mehrfach auftauchen. Häufig sind sie ein Indikator für übergeordnete Themen.

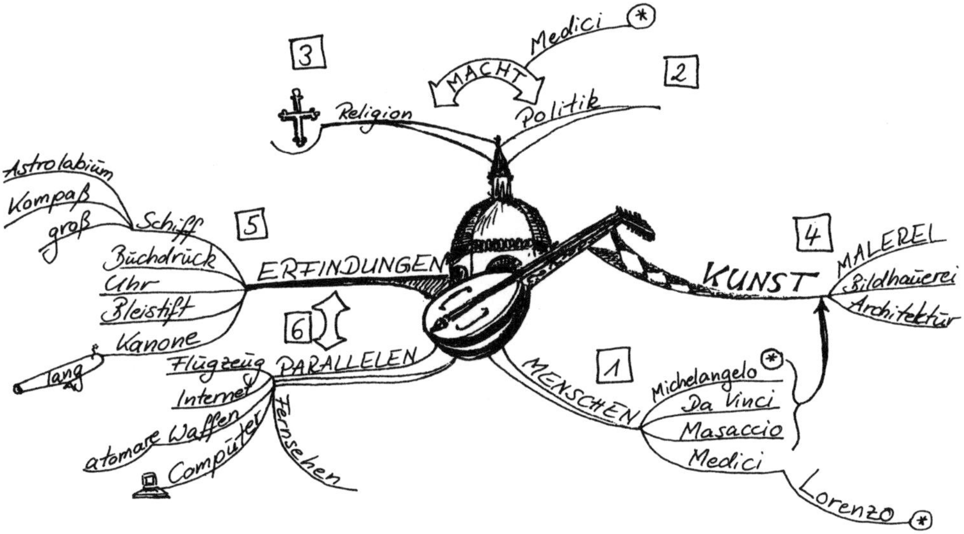

5) Verbinden Sie in einem Zusammenhang stehende Teile Ihrer Mind Map durch Pfeile, Markierungen und farbliche Kennzeichnungen.

- Streichen Sie Elemente heraus, die Ihnen unwesent lich erscheinen, bis nur noch die Gedanken übrigbleiben, die Sie im entsprechenden Zusammenhang weiterbringen.
- Schließlich können Sie, wenn nötig, die so verbleibenden Stichwörter in eine Reihenfolge bringen. Dazu können Sie sie entweder numerieren oder auf einem neuen Blatt Papier im Uhrzeigersinn noch einmal notieren.

Woran erkennt man, daß man mit seiner Mind Map fertig ist? Theoretisch ist eine Mind Map nie abgeschlossen. Hätten Sie Zeit, Energie, Neigung, eine genügende Menge an farbigen Stiften sowie einen hinreichend großen Bogen Papier, könnten Sie in einem unendlichen Prozeß die Fakten allen menschlichen Wissens festhalten und miteinander verbinden. Doch vermutlich werden Sie sich nur auf eine Rede oder auf eine Prüfung vorbereiten wollen. Daher lautet die simple Antwort, Ihre Mind Map ist fertig, wenn die Informationen, die Sie zusammengetragen haben, den Erfordernissen der gestellten Aufgabe entsprechen.

Üben Sie sich im Mind Mapping

Mind Mapping ist eine äußerst brauchbare Methode, um komplexe Aufgaben – wie strategische Planungen, die Vorbereitung einer Präsentation, die Leitung eines Meetings, das Lernen für eine Prüfung oder eine Systemanalyse – zu vereinfachen. Sie sollten sich jedoch

Einige Tips für eine ordentliche, übersichtliche und saubere Mind Map: Achten Sie darauf, daß Sie das zentrale Bild wirklich in die Mitte des Blattes zeichnen, und begrenzen Sie seine Größe. Schreiben Sie nur ein Wort auf jede Linie, und vergessen Sie nicht, Druckbuchstaben zu verwenden. Wenn Sie bestimmte Wörter hervorheben wollen, können Sie sie sogar noch größer schreiben. Sorgen Sie dafür, daß Linie und dazugehöriges Wort die gleiche Länge haben; dadurch sparen Sie nicht nur Platz, sondern gestalten Ihre Mind Map auch übersichtlicher. Wenn möglich, benutzen Sie große Bögen Papier. So haben Sie die Möglichkeit, „großflächig" zu denken.

zuvor mit dieser Methode vertraut machen, indem Sie ein paar Mind Maps für relativ einfache Themen anfertigen. Wählen Sie unter den folgenden Vorschlägen ein Thema für Ihre erste eigene Mind Map aus. Veranschlagen Sie für diese Übung etwa zwanzig Minuten.

- *Mind Map Ihres nächsten arbeitsfreien Tages* – Beginnen Sie mit einer einfachen Zeichnung, die einen freien Tag symbolisiert (z. B. eine lächelnde Sonne). Schreiben Sie in Druckbuchstaben Stichwörter dazu auf, was Sie an Ihrem nächsten freien Tag gerne unternehmen würden. Denken Sie daran, Ihre Stichwörter und Zeichnungen auf den Linien zu plazieren, die sternförmig vom zentralen Symbol ausgehen.
- *Mind Map einer Traumreise* – Geben Sie sich den wunderbaren Gedanken an eine Traumreise hin. Beginnen Sie mit einer symbolischen Darstellung Ihres Reisezieles (z. B. Meereswogen, schneebedeckte Berge, der Eiffelturm), und zeichnen Sie von da ausgehend Linien, auf denen Sie entsprechende Stichwörter notieren.
- *Mind Map eines perfekten Abends mit einem Freund oder einer Freundin* – Nutzen Sie eine Mind Map, um einen perfekten Abend für einen geliebten Menschen zu entwerfen. Beginnen Sie mit einem Bild in der Mitte, das Ihren Freund oder Ihre Freundin darstellt. Lassen Sie dann Ihre Gedanken in alle Richtungen ausschweifen, um durch Stichworte oder Bilder festzuhalten, was den geliebten Menschen glücklich machen könnte.

Sehen Sie sich Ihre Mind Map zu einem freien Tag, Ihrer Traumreise oder einem perfekten Abend noch einmal an und überprüfen Sie, ob Sie die folgenden Regeln eingehalten haben:

– Haben Sie bunte, lebendige Bilder geschaffen?

– Haben Sie pro Linie nur ein Wort geschrieben?

– Haben Sie in Druckbuchstaben geschrieben?

– Haben Sie die sich verästelnden Linien miteinander verbunden?

Sollten Sie von den Regeln abgewichen sein, zeichnen Sie die Mind Map noch einmal.

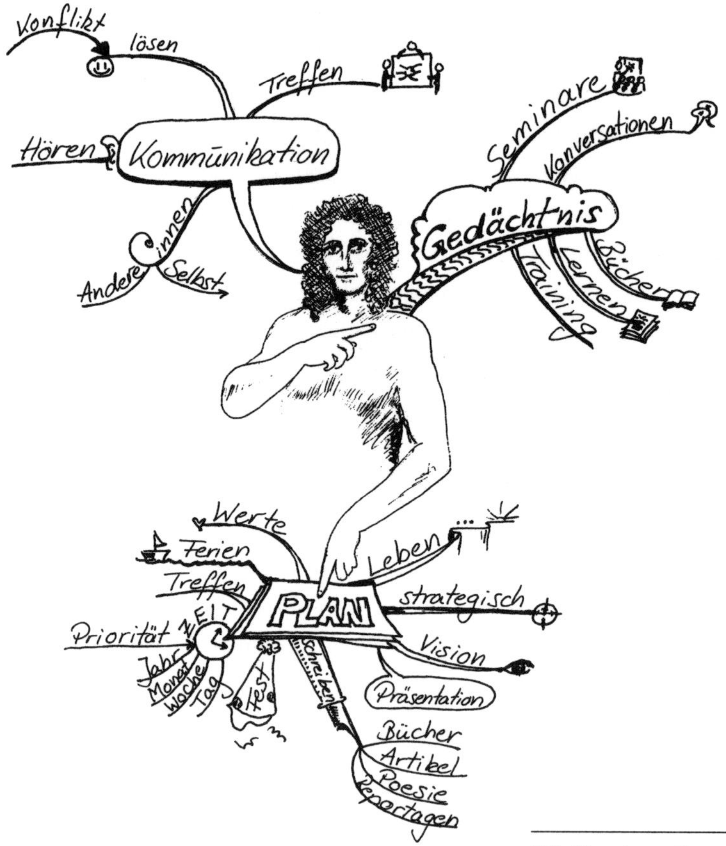

Wie Sie sehen, gibt es die verschiedensten Anwendungsmöglichkeiten für das Mind Mapping.

Fertigen Sie eine Mind Map des Mind Mapping an

Da Sie die Aufwärmphase erfolgreich hinter sich gebracht haben, sollten Sie nunmehr versuchen, eine Mind Map aller nur denkbaren Einsatzmöglichkeiten des Mind Mapping zu erstellen. Beginnen Sie wie üblich mit einem Bild oder Symbol in der Mitte des Papiers, das für Sie das Konzept des Mind Mapping repräsentiert. Setzen Sie sich zum Ziel, auf mindestens zwanzig konkrete Anwendungsmöglichkeiten für das Mind Mapping in Ihrem Privat- wie Berufsleben zu kommen. Wenn Sie Ihren Entwurf abgeschlossen haben, heben Sie jene Anwendungsmöglichkeiten farblich hervor, die Sie für besonders gewinnbringend halten. Sehen Sie sich dann die Mind Map auf Seite 186 an, auf der Sie eine der Anwendungsmöglichkeiten verzeichnet finden.

Erstellen Sie eine Mind Map zum Thema Gedächtnis

Leonardos Fähigkeiten sind auch auf sein Bemühen um ein gutes Gedächtnis zurückzuführen, was er selbst das „Auswendiglernen" nannte. Nachdem er einen Gegenstand sorgfältig aus verschiedenen Blickwinkeln betrachtet hatte, fertigte er eine Zeichnung davon an. Im Bett liegend, spät abends oder früh am Morgen, vergegenwärtigte er sich dann die Erinnerung an den Gegenstand vor dem inneren Auge, um sie schließlich so lange mit der Zeichnung zu vergleichen, bis er den Gegenstand vollkommen in sein Gedächtnis integriert hatte.

Mind Mapping ist ein unglaublich wirkungsvolles Instrument, um Dinge und Sachverhalte „auswendig zu lernen". Machen Sie die folgenden, auf Leonardos Methode basierenden Übungen, um Ihr Gedächtnis zu trainieren:

- Denken Sie an etwas, das Sie im Gedächtnis behalten wollen – den Inhalt eines Buches, das Ihnen besonders gut gefallen hat; eine Präsentation, die Sie veranstalten wollen; oder den Stoff, den Sie für eine Prüfung lernen müssen.
- Erstellen Sie eine umfassende Mind Map zu dem entsprechenden Thema, und heben Sie die wichtigsten Punkte deutlich hervor. Abhängig von Menge und Komplexität des Materials, müssen Sie unter Umständen mehrere Entwürfe anfertigen, um Ihr Thema zu strukturieren und in seinen Konturen deutlich hervortreten zu lassen.
- Wenn Sie Ihre „Master Mind Map" abgeschlossen haben, legen Sie sie zunächst einmal zur Seite. Nehmen Sie ein neues Blatt Papier und versuchen Sie, ohne auf das Original zu schauen, Ihre Mind Map aus dem Gedächtnis zu zeichnen. Dann überprüfen Sie Ihre Kopie mit dem Original. Wiederholen Sie diese Übung so lange, bis Sie auch die Details erfaßt haben.
- Wenn Sie abends im Bett liegen oder spazierengehen, versuchen Sie, sich Ihre Mind Map bildlich vorzustellen. Vollziehen Sie diese Übung so lange, bis das erinnerte Bild dem Ihrer Mind Map entspricht.
- Wenn Sie nun zu Ihrer Präsentation oder Prüfung gehen, werden Sie Ihr Material gut strukturiert im Kopf haben.

Arte/Scienza für Eltern

Viele meiner Klienten und Freunde, die mehrere Kinder haben, berichten mir, daß ihre Kinder unterschiedliche „Denkstile" auszeichnen und sie selbst aufpassen müßten, die Vorurteile ihres eigenen Denkens nicht an sie weiterzugeben. Ein „links" denkender Elternteil sagte einmal: „Wissen Sie, ich war ein Idiot. Ich habe zwei Söhne. Der eine ähnelt mir sehr – ist gut in Mathematik, diszipliniert und konzentriert. Der andere ist vollkommen anders – ein wahrer Träumer, künstlerisch äußerst begabt, aber nicht in der Lage, sich einer Sache wirklich zu widmen. Gestern abend ist mir aufgegangen, daß ich meinen mit der rechten Gehirnhälfte denkenden Sohn diskriminiert habe. Wenn ich mich ihm gegenüber offener gezeigt und ihn dazu ermutigt hätte, seine Art, die Dinge zu sehen, mit seinem Bruder und mir zu teilen, wäre es uns allen besser gegangen."

Nicht nur am Arbeitsplatz, auch zu Hause sollten wir ausgewogene Teams von „Links- und Rechts-Denkern" zusammenstellen. Unbewußt stülpen viele Eltern ihren Kindern ihre eigenen Denkmuster über. Statt dessen sollten Sie sie darin unterstützen, Fähigkeiten auf beiden Gebieten, in der Kunst und in den Wissenschaften, zu entwickeln. Wenn Ihr Kind eher zum rechtsseitigen Denken neigt, lockern Sie Geschichtsstunden dadurch auf, daß Sie Szenen aus dem Lehrbuch nachspielen lassen. Helfen Sie Ihrem Kind, Pünktlichkeit zu lernen, indem Sie ihm einen nach einem bestimmten Muster farbig gestalteten, bebilderten Kalender an die Hand geben. Wenn Ihr Kind dagegen eher mit der linken Gehirnhälfte denkt, helfen Sie ihm, ein Gleichgewicht zu entwickeln, indem Sie in Ihrer Erziehung besonderen Wert auf Kunst, Theater und Musik legen. Welche Gehirnhälfte auch immer bei Ihrem Kind dominant ist, wenn Sie es dazu anhalten, Mind Maps zu erstellen, wird es in jedem Fall zu einem ausgeglicheneren Denken kommen. Konzentrieren Sie sich vor allem darauf, die Fähigkeit zum „Auswendiglernen" zu entwickeln, indem Sie Ihrem Kind beibringen, Gedächtnis-Mind Maps des in der Schule Gelernten zu erstellen.

Erstellen Sie eine Mind Map zum Thema Kreativität

Durch die Methode des Mind Mapping läßt sich auch die Kreativität anregen und, um es in den Worten Leonardos zu sagen, „der Geist der Erfindung beleben". Widmen Sie sich einem Gedanken, dem Sie nachgehen möchten, einer Frage oder Aufgabe, die es verdient, aus einem neuen Blickwinkel betrachtet zu werden. Nehmen Sie sich einen großen Bogen Papier zur Hand und zeichnen Sie in die Mitte des Blattes ein Bild oder Symbol, das für das entsprechende Thema steht. Folgen Sie nun dem Beispiel Leonardos: Der schlug als eine Übung für den Maler vor, „Flecken auf einer Wand oder Steine von unregelmäßiger Färbung" zu betrachten, um seinen Assoziationen freien Lauf zu lassen. Lassen auch Sie Ihren Assoziationen zu dem Symbol auf den sich verzweigenden Linien Ihrer Mind Map freien Lauf. So werden Sie, wie Leonardo sagte, „in der Lage sein ... eine unendliche Zahl von Dingen zu sehen, die du auf ihre vollständige und wahre Form zusammendrängen kannst".

Wenn Ihnen etwas einfällt, das auf den ersten Blick nicht in den Zusammenhang zu passen scheint, schreiben Sie es dennoch auf und fahren Sie mit der Erstellung der Mind Map fort. Absurde und ungewöhnliche Assoziationen eröffnen häufig neue kreative Dimensionen. Führen Sie sich vor Augen, daß selbst das größte Genie aller Zeiten zweifelte, ob nicht diese „neue und spekulative Idee ... trivial und beinahe lächerlich scheinen möchte". Doch das hinderte ihn nicht daran, weiterzumachen. Warum also sollten Sie aufgeben?

- Wenn Sie eine Fülle von Assoziationen gesammelt haben, legen Sie eine Pause ein, um Ihre Gedanken reifen zu lassen.
- Dann wenden Sie sich erneut Ihrer Mind Map zu, um Ihren Assoziationen noch einmal freien Lauf zu lassen.
- Nach einer weiteren Pause betrachten Sie Ihre Mind Map und suchen nach inhaltlichen Verbindungen und Themengruppen.
- Und schließlich reduzieren Sie diese „auf ihre vollständige und wahre Form". Anders gesagt: Kürzen Sie Ihre Mind Map so zusammen, daß die wichtigsten Erkenntnisse sichtbar werden; ordnen Sie die Verzweigungen um, so daß sie die Neuordnung Ihrer Gedanken widerspiegeln.

Nachdem er die Mind Map-Methode zum „Auswendiglernen" angewandt hatte, schrieb ein Zwölfjähriger aus dem südafrikanischen Soweto: „Früher habe ich mich nicht für besonders klug gehalten. Jetzt weiß ich, daß mein Gehirn phantastisch funktioniert. Jetzt komme ich in der Schule viel besser mit!" Der Manager einer japanischen Computerfirma setzte das Mind Mapping ein, um Ideen für eine Strategieplanung zu entwikkeln und schrieb: „Haben Sie vielen Dank, denn Sie haben mir geholfen, meinen Verstand zu wecken." Ein Chemieingenieur machte mittels dieser Methode eine Erfindung, die er sich patentieren ließ; der Poet laureate Großbritanniens läßt sich mit ihrer Hilfe zu neuen Dichtungen inspirieren. Und auch Sie können diese Technik nutzen, um Ihr Gedächtnis zu verbessern, ausgeglichen zu denken und Ihren „Erfindungsgeist zu wecken".

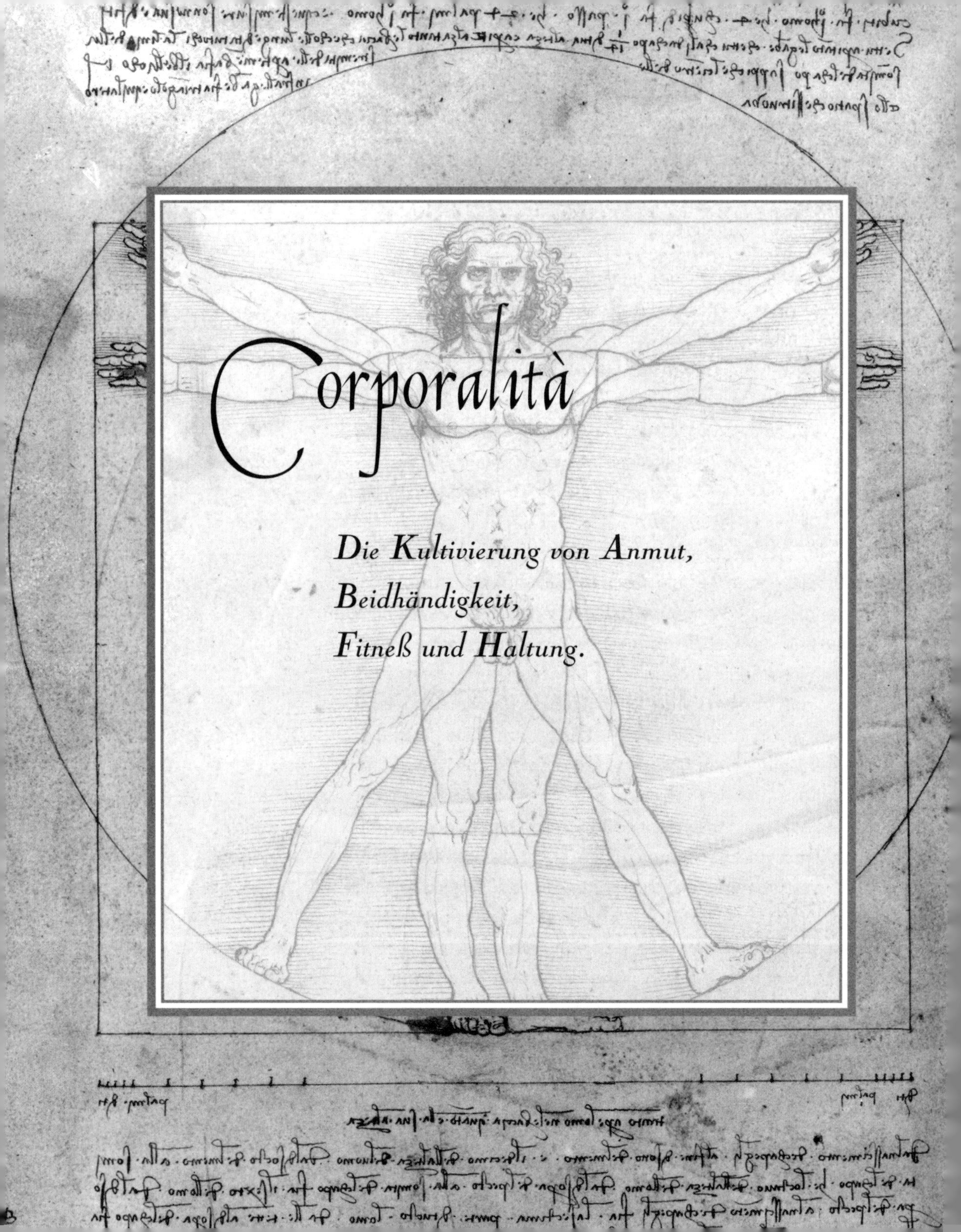

Corporalità

Die Kultivierung von Anmut,
Beidhändigkeit,
Fitneß und Haltung.

Wie stellen Sie sich das Aussehen eines Genies vor? Sind Sie wie ich mit dem Stereotyp des mageren, Brille tragenden Strebers aufgewachsen? Es ist erstaunlich, wie viele Menschen hohe Intelligenz mit körperlicher Unzulänglichkeit assoziieren. Doch von wenigen Ausnahmen abgesehen, waren die großen Genies der Geschichte, allen voran Leonardo da Vinci, mit bemerkenswerter physischer Kraft und Leistungsfähigkeit ausgestattet.

„Schön und mit einer herrlichen Physis versehen, schien er ein Modell menschlicher Perfektion."

– Goethe über Leonardo da Vinci

Leonardos außergewöhnliche Physis stand seiner intellektuellen und künstlerischen Begabung in nichts nach. Vasari lobt seine „große körperliche Schönheit … und schier unendliche Anmut der Bewegung". Unter den Bürgern von Florenz war Leonardo für seine ebenmäßige Schönheit, Anmut und Sportlichkeit bekannt. So war er zum Beispiel ein ausgezeichneter Reiter. Außerdem rühmte man seine körperliche Stärke. „Mit seiner erstaunlichen Kraft", schreibt Vasari, „war er imstande, jedes durchgehende Pferd aufzuhalten; mit der rechten Hand konnte er den Eisenring eines Türklopfers oder ein Hufeisen verbiegen, als seien sie aus Blei." Und er fügt hinzu: „Er war nicht nur stark, sondern auch überaus geschickt."

Einige Wissenschaftler vertreten die These, Leonardos Leidenschaft für die Anatomie rühre auch von seinem Bewußtsein über die eigene außergewöhnliche Physis her. Kenneth Kelle, Autor von „Leonardo da Vinci, the Anatomist", bezeichnet ihn als „einzigartige genetische Mutation" und betont, daß seine „Untersuchungen der Anatomie des menschlichen Körpers nicht unerheblich durch seine eigenen bemerkenswerten körperlichen

---

Kanon der Proportionen: Leonardos Darstellung der idealen Proportionen des menschlichen Körpers geht auf De Architectura *von Vitruvius aus dem ersten vorchristlichen Jahrhundert zurück. Weltweit steht diese Studie als Symbol für das Potential menschlicher Fähigkeiten.*

„Der Tod alter Menschen, so er nicht durch ein Fieber verursacht wird, hat seine Ursache in den Venen ..., deren Wände so dick werden, daß sie sich verschließen und dem Blut keinen Durchlaß mehr bieten."
– Leonardo da Vinci

Fähigkeiten beeinflußt wurden". Spazierengehen, Reiten, Schwimmen und Fechten waren bevorzugte Sportarten, in denen sich der Meister regelmäßig übte. In seinen Schriften zur Anatomie führt er aus, daß Arteriosklerose den Alterungsprozeß beschleunige und die Folge mangelnder Bewegung sei. Leonardo war Vegetarier und ein ausgezeichneter Koch, und er glaubte, daß eine ausgewogene Ernährung der Schlüssel zu Gesundheit und Wohlgefühl sei. Um eine ausgewogene Körperbalance herzustellen, malte, zeichnete und schrieb Leonardo sowohl mit der rechten wie mit der linken Hand – er war also ein „Beidhänder".

Leonardo da Vinci war der Überzeugung, daß jeder Mensch persönlich für seine körperliche Gesundheit und sein Wohlergehen verantwortlich ist. Er erkannte die Auswirkungen, die Lebenseinstellungen und Gefühle auf den Körper haben (er ahnte damit die Erkenntnisse der modernen Psychoneuroimmunologie voraus) und riet dazu, sich von Ärzten und Medikamenten unabhängig zu machen. In der Medizin vertrat er einen ganzheitlichen Ansatz. Krankheit entstand für ihn aus dem „Zusammentreffen miteinander widerstreitender Elemente im Körper", die in Einklang zu bringen sind, um Heilung zu erreichen. „Lerne, dir deine Gesundheit zu erhalten!" mahnte Leonardo und gab dazu eine Reihe von konkreten Ratschlägen:

> „Wenn du gesund sein willst, dann laß dir also raten:
> Iß niemals ohne Lust, nur leicht Kost und Speise,
> Und kaue gut. Was du auch ißt, es sei auf eigne Weise
> Recht einfach zubereitet, aber gut gebraten;
> Denn wer Arzneien nimmt, ist meistens schlecht beraten.
> Vermeide dumpfe Luft und hüte dich vor jeglicher Erregung.
> Stehst du vom Tische auf, so mache dir Bewegung.
> Zur Mittagstund sollst du dem Schlafe stets entsagen.
> Der Wein, der sei verdünnt; auch trinke nur zum Essen
> Des öftern einen Schluck, doch nie auf leeren Magen.

Die Notdurft darfst du nicht verhalten noch vergessen.
Wenn du spazierengehst, so sei dein Schritt gemessen.
Leg dich nicht auf den Bauch, wähl nicht zu tiefe Lagen
Des Nachts, und hüll dich gut in deine Decke.
Erhole deinen Geist, versuch ihm Heiterkeit zu geben.
Vermeide Völlerei und übe Mäßigkeit im Leben."

CORPORALITÀ IN DER PRAKTISCHEN ANWENDUNG

Was tun Sie für Ihre Fitneß und das Zusammenspiel von Körper und Geist? Wie sehen Sie Ihren eigenen Körper? Wie stark lassen Sie sich von äußeren Faktoren beeinflussen – von Zeitschriftenartikeln, Modeindustrie, Fernsehen oder anderen Meinungsmachern? Was auch immer Ihre gottgegebenen Stärken oder Schwächen sein mögen, durch den ganzheitlichen Ansatz der *Corporalità* können Sie Ihre Lebensqualität entscheidend verbessern. Beginnen Sie, indem Sie die folgenden Fragen zur Selbsteinschätzung beantworten.

Corporalità: Selbsteinschätzung

- ❑ Ich bin körperlich fit.
- ❑ Ich baue immer mehr Muskeln auf.
- ❑ Ich werde immer beweglicher.
- ❑ Ich weiß, wann mein Körper angespannt oder entspannt ist.
- ❑ Ich versuche, mich bewußt zu ernähren.
- ❑ Meine Freunde würden mich als anmutig beschreiben.
- ❑ Ich arbeite daran, beidhändig zu leben.
- ❑ Ich bin mir bewußt, daß meine körperliche Befindlichkeit meine Stimmung beeinflußt.
- ❑ Ich bin mir bewußt, daß meine Stimmungen meine körperliche Befindlichkeit beeinflussen.
- ❑ Ich habe Kenntnisse im Bereich der Anatomie.
- ❑ Ich kann meine Bewegungen gut koordinieren.
- ❑ Ich liebe Bewegung.

Corporalità: Anwendung und Übungen

Entwickeln Sie Ihr persönliches Fitnessprogramm

Den Ärzten seiner Zeit stand Leonardo da Vinci äußerst kritisch gegenüber. „Jeder Mensch sucht ein Vermögen zu erwerben", schrieb er, „um es später den Ärzten, den Zerstörern des Lebens, zu geben; also müssen die Ärzte reich werden!" Und er riet an anderer Stelle: „Bemühe dich, deine Gesundheit zu bewahren, und das wird dir um so besser gelingen, je mehr du dich vor den Ärzten hütest. Denn ihre Mixturen sind eine Art von Alchimie, über die es nicht weniger Bücher gibt als über Medizin."

Das Leben Leonardos war die Verwirklichung des klassischen Ideals *mens sana in corpore sano*, in einem gesunden Körper wohnt ein gesunder Geist. Moderne wissenschaftliche Studien haben inzwischen viele Empfehlungen, praktische Hinweise und Einsichten Leonardos bestätigt. Wenngleich man sich den Meister nur schwerlich in einem Aerobic-Kurs vorstellen kann, ist ein persönliches Fitneßprogramm für den zeitgenössischen Menschen ein ernstzunehmender wichtiger Schritt zu mehr körperlicher Gesundheit, mentaler Wachheit und emotionalem Wohlbefinden.

Herz-Kreislauf-Training: Leonardo vermutete nicht nur, daß Arteriosklerose zu vorzeitiger Alterung führt, sondern auch, daß sich ihr durch regelmäßiges Körpertraining entgegenwirken läßt. Dr. Kenneth Cooper und viele andere Wissenschaftler unserer Tage haben diese Vermutung bestätigt. Cooper, Begründer des Aerobic-Konzepts, fand heraus, daß sich regelmäßiges, maßvolles Training günstig auf Körper und Geist auswirkt. Aerobisches (wörtlich: „mit Sauerstoff versorgendes") Training stärkt das Herz-Kreislauf-System, fördert die Durchblutung und damit eine bessere Sauerstoffversorgung von Körper und Gehirn. Das Gewicht des Gehirns beträgt im Durchschnitt weniger als drei Prozent des Körpergewichts, und doch verbraucht es mehr als dreißig Prozent des gesamten Sauerstoffbe-

„Kompensatorische Fehlhaltungen“

Wenn Sie je einen Jogger gesehen haben, der sich unter Mühen und Schmerzen die Straße entlangschleppt, oder die verzerrten Gesichtszüge eines Menschen beobachtet haben, der versucht, ein Gewicht zu heben, das zu schwer für ihn ist, dann sind Sie mit dem vertraut, was der Philosoph John Dewey „kompensatorische Fehlhaltungen“ nannte. Mit anderen Worten: Training, das dem Körperbewußtsein zuwiderläuft, kann mehr Schaden anrichten als nutzen.

darfs. Durch aerobische Übungen können Sie die Sauerstoffzufuhr verdoppeln.

Regelmäßiges aerobisches Training führt zu spürbaren Verbesserungen im Bereich der emotionalen Stabilität wie auch der mentalen Fähigkeiten. Bei einem untrainierten Menschen stellen sich erste spürbare Erfolge nach etwa sechs Wochen ein, vorausgesetzt, er trainiert viermal pro Woche mindestens zwanzig Minuten lang. (Sprechen Sie mit Ihrem Arzt, bevor Sie mit Ihrem Programm beginnen.) Spaß machen beispielsweise Radfahren, Power-Walking, Jogging, Tanzen, Schwimmen oder Rudern.

Krafttraining: Die Leonardo zugeschriebene Fähigkeit, Hufeisen mit den bloßen Händen verbiegen und Pferde in vollem Galopp aufhalten zu können, hat wohl selbst der ehrgeizigste Kunde eines Fitneßcenters nicht mehr als Ideal vor Augen. Ein moderates Krafttraining ist nichtsdestotrotz wertvoller Bestandteil eines ausgeglichenen Fitneßtrainings. Das Trainieren mit Gewichten baut Muskeln auf und stärkt dadurch auch den Knochenbau. Jüngste Forschungen haben gezeigt, daß man mit Krafttraining Muskelschwund und der vor allem im Alter auftretenden Osteoporose vorbeugen kann. Suchen Sie sich ein gutes Fitneßstudio, in dem es Trainer gibt, die Sie bei der Entwicklung Ihres persönlichen Programms beraten und unterstützen.

Übungen zur Beweglichkeit: Vasari schreibt, Leonardos bemerkenswerte Kraft sei gepaart gewesen mit überaus großer Geschicklichkeit. Geschicklichkeit läßt sich durch Übungen zur Beweglichkeit trainieren. Machen Sie vor dem aerobischen und dem Krafttraining sowie morgens nach dem Aufstehen ein paar Dehnungsübungen. Richtiges Stretching vermindert die Verletzungsgefahr. Vermeiden Sie es, zu „federn“ oder eine

Dehnung zu erzwingen. Wenn Sie richtiges Dehnen lernen wollen, besuchen Sie einen Kurs für Jazztanz oder für eine Kampfsportart. Ideal wäre auch ein Yoga-Kurs.

Entwickeln Sie ein Bewusstsein für Ihren Körper

Eine ausgewogene Ernährung und ausreichend Bewegung sind Grundelemente für die Erhaltung der Gesundheit; doch ein Fitneßplan ist unvollständig ohne ein entsprechend entwickeltes Körperbewußtsein, zu dem auch eine aufrechte Haltung und die Beherrschung der Beidhändigkeit gehört. Diese Elemente gehen über die meisten konventionellen Fitneßprogramme hinaus.

Auf dem Weg zu sich selbst stellen sich die meisten Menschen die klassische Frage: „Wer bin ich?" Entscheidende Fortschritte im Prozeß der Selbstfindung lassen sich aber vor allem dann machen, wenn man sich die noch grundlegendere Frage stellt: „Wo bin ich?" Das Bild, das man von seinem Körper hat, ebenso wie das Körperbewußtsein spielen eine entscheidende Rolle für das Selbstbild. Im Kapitel über *Sensazione* haben Sie Übungen zur Schärfung der fünf Sinne kennengelernt: Sehen, Hören, Riechen, Schmecken und Fühlen. Die Kultivierung des Körperbewußtseins beginnt mit der Pflege des sechsten Sinnes, des Gleichgewichtssinns. Es ist dies der Sinn für Gewicht, Balance und Bewegung. Er sagt Ihnen, ob Ihr Körper angespannt oder entspannt ist, ob Sie sich verkrampft oder anmutig bewegen.

Beginnen Sie, Ihren Gleichgewichtssinn zu schärfen und Ihr Körperbewußtsein zu steigern, indem Sie mit den folgenden Übungen experimentieren.

Ernährung nach Leonardo da Vinci

Kombiniert mit sportlicher Betätigung und Fitneßtraining vermag eine gesunde Ernährung einen entscheidenden Beitrag für ein langes, glückliches und ausgeglichenes Leben zu leisten. Zugegeben, Ernährungswissenschaftler geben alle paar Jahre neue Empfehlungen dazu heraus, was gesund ist und was nicht. Dennoch sollten Sie die folgenden grundlegenden Ratschläge berücksichtigen:

- Kaufen Sie Lebensmittel, die frisch, naturbelassen und möglichst unbearbeitet sind.
- Essen Sie viele Ballaststoffe. Rohes oder schonend gedünstetes Gemüse, Getreide, Hülsenfrüchte und andere ballaststoffreiche Lebensmittel standen täglich auf Leonardos Speiseplan. Diese Nahrungsmittel „reinigen" den Darm und regen die Verdauung an.
- Vermeiden Sie es, sich zu übernehmen. Leonardo riet: „Halte dich zur Nacht an eine leichte Mahlzeit." Lernen Sie, nur so viel zu essen, bis Sie fast satt sind. Sie werden sich besser fühlen und wahrscheinlich auch länger leben. (Zahlreiche Experimente von McCay, Masaro und anderen haben gezeigt, daß Ratten, die leicht unterernährt sind, doppelt so lange leben wie Ratten, denen man es erlaubte, sich satt zu essen.)
- Trinken Sie viel Wasser (2–3 l pro Tag). In jedem italienischen Haushalt stellt man zum Essen etliche Flaschen Mineralwasser auf den Tisch. Unser Körper besteht zu 80% aus Wasser, und er braucht regelmäßig Flüssigkeit, um Gifte und abgestorbenes Zellmaterial auszuschwemmen. Machen Sie Nahrungsmittel mit einem hohen Wassergehalt (Gemüse und frisches Obst) zum festen Bestandteil Ihrer Ernährung. Wenn Sie Durst haben, trinken Sie *klares* Wasser oder *frische* Obst- oder Gemüsesäfte. Vermeiden Sie Coca Cola oder andere sogenannte Erfrischungsgetränke. Sie enthalten erschreckend viele Zusatzstoffe, Zucker und leere Kalorien.
- Versuchen Sie, den Verbrauch von Zucker und Salz zu reduzieren. Eine ausgewogene Ernährung enthält bereits genug natürliche Salze und Zucker. Zuviel Salz kann zu Bluthochdruck und anderen Krankheiten beitragen; zuviel Zucker beeinträchtigt den Stoffwechsel und enthält zudem überflüssige, leere Kalorien. Lassen Sie sich nicht von kurzfristigen Energieschüben verführen, die süße Snacks liefern; dem Energiehoch folgt schon rasch ein rapider Leistungsabfall. Wenn Sie schon nicht ganz auf Zucker und Salz verzichten wollen, probieren Sie das Essen, bevor Sie nachwürzen.

- Nehmen Sie nur wenig Fett zu sich, und vermindern Sie die Aufnahme von gesättigten Fettsäuren. Benutzen Sie statt dessen gesunde Öle wie kaltgepreßtes Olivenöl (das Leonardo besonders gerne mochte), Distel- oder Leinsamenöl.
- Essen Sie Fleisch in Maßen und nur von freilaufenden Tieren. Leonardo war Vegetarier. Sein Lieblingsessen war eine aus verschiedenen Gemüsesorten, Bohnen und Reis oder Pasta gekochte Minestrone. Wenn Sie dennoch weiterhin Fleisch essen wollen, dann sollten Sie den Verzehr auf zwei oder drei Tage in der Woche beschränken. Vermeiden Sie Fleisch von Tieren, die mit Wachstumshormonen, Antibiotika und anderen Giften vollgepumpt wurden.
- Bringen Sie Abwechslung in Ihren Speiseplan. So garantieren Sie am ehesten, daß Sie sich ausgewogen ernähren und mit Appetit und Genuß essen.
- Trinken Sie zum Essen ruhig ein wenig Wein. Leonardo empfahl den maßvollen Genuß von Wein zum Essen, geißelte aber übermäßiges Trinken. Statistiken belegen, daß moderater Alkoholgenuß (das heißt ein bis zwei Glas Wein oder Bier am Tag) die Lebenserwartung offenbar erhöhen. Darüber hinaus gibt es Hinweise dafür, daß das tägliche Glas Rotwein zum Essen den Kreislauf anregt und Erkrankungen des Herzens vorbeugen kann. Übermäßiger Alkoholgenuß dagegen hat die gegenteilige Wirkung: Er senkt die statistische Lebenserwartung drastisch.
- Essen Sie nicht, „dinieren“ Sie. „Mal eben im Vorbeigehen“ etwas in sich hineinzustopfen ist keine gute Strategie für eine ausgewogene Ernährung und führt darüber hinaus häufig zu Verstopfung. Gewöhnen Sie sich an, sich für jede Mahlzeit in aller Ruhe hinzusetzen und genußvoll zu essen. Schaffen Sie, dem Vorbild Leonardo da Vincis folgend, ein ästhetisch ansprechendes Ambiente: schönes Geschirr, frische Blumen auf dem Tisch, eine ansprechende Zubereitung (auch optisch) selbst der einfachsten Nahrungsmittel.
- Und ganz besonders wichtig: Hören Sie vor jeder Mahlzeit auf Ihren Körper und bestimmen Sie, was Sie wirklich essen wollen. Leonardo brachte es auf den Punkt: „Iß niemals ohne Lust.“ Wenn Sie sich nicht sicher sind, stellen Sie sich vor, wie Sie sich fühlen werden, nachdem Sie die in Frage stehenden Lebensmittel gegessen haben. Halten Sie einen Moment inne, bevor Sie mit dem Essen beginnen, und essen Sie bewußt. Genießen Sie Geruch, Geschmack und Konsistenz eines jeden Bissens. Machen Sie jede Mahlzeit zu einer Erfahrung von *Sensazione*.

Betrachten Sie sich im Spiegel

Stellen Sie sich vor einen großen Spiegel (nackt, wenn Sie besonders mutig sind). Sie sollen Ihren Körper nicht beurteilen oder bewerten, sondern Ihr Spiegelbild möglichst objektiv betrachten. Neigen Sie den Kopf leicht zur Seite? Ist eine Schulter etwas höher als die andere? Schieben Sie das Becken vor? Verteilen Sie das Gewicht Ihres Körpers gleichmäßig auf beide Füße, oder stützen Sie sich einseitig auf ein Bein? Welche Teile Ihres Körpers erscheinen Ihnen verspannt? Befinden Sich Bekken, Oberkörper und Kopf in einer harmonischen Linie? Halten Sie die Beobachtungen in Ihrem Notizbuch fest.

Fertigen Sie eine Skizze Ihres Körpers an

Zeichnen Sie in Ihr Notizbuch eine Skizze von Ihrem Körper. Es geht dabei nicht darum, ein Meisterwerk der Zeichenkunst hervorzubringen, sondern nur um eine einfach Skizze; zur Not reicht ein Strichmännchen.

Zeichnen Sie nun auf Ihrer Skizze mit einem roten Stift die Stellen Ihres Körpers ein, an denen Sie Anspannung und Streß verspüren. Markieren Sie mit einem schwarzen Stift die Punkte, an denen der Energiefluß blockiert zu sein scheint, ebenso wie die Stellen, an denen Sie am wenigsten empfinden. Grün kennzeichnen Sie die Bereiche, die sich am lebendigsten anfühlen, wo die Energie frei zu fließen scheint.

Die meisten Menschen markieren bei dieser Übung etliche Bereiche rot oder schwarz. Ein Großteil der Verspannungen und Blockierungen geht auf mangelndes Wissen über unsere natürlichen Köperstrukturen und -funktionen zurück, was zu Fehlhaltungen, Streß und zu einem mangelhaften Körperbewußtsein führen kann.

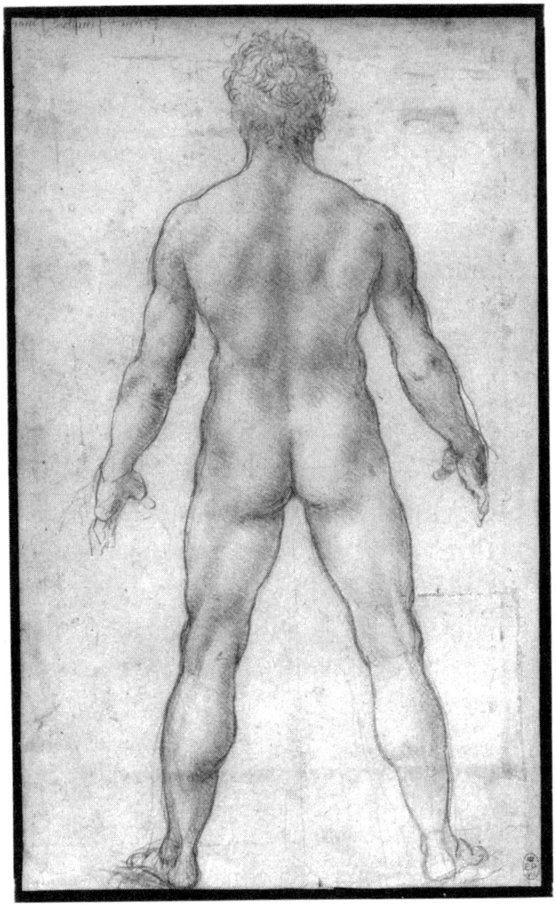

Rückenansicht

Erkunden Sie die Landkarte Ihres Körpers

Kehren Sie noch einmal vor den Spiegel zurück und deuten Sie mit dem Zeigefinger auf:

- die Stelle, an der der Kopf auf dem Hals ruht;
- die Schultergelenke;
- die Hüftgelenke.

Betrachten Sie jetzt als erste Annäherung an Ihre eigene „Körperlandkarte" Leonardos Zeichnung des menschlichen Körpers.

Kopf und Nacken: Der Kopf balanciert auf dem letzten Wirbel des Rückgrats, dem sogenannten Atlas. Die meisten Menschen lokalisieren den Verbindungspunkt zwischen Kopf und Nacken wesentlich tiefer.

Schultergelenke: Die meisten Menschen lokalisieren das Schultergelenk an der Stelle, wo sich der Oberarm mit dem Torso verbindet. Doch sie übersehen dabei die Verbindung des Schlüsselbeins mit dem Sternum und somit auch die Beweglichkeit dieses Gelenkkomplexes. Diese Fehleinschätzung rührt aus der Neigung her, den Schultergürtel als eine starre Einheit zu erfahren, was zu erheblichen Verspannungen führt.

Hüftgelenke: So wie die Schultergelenke nicht mit „den Schultern" gleichzusetzen sind, muß auch zwischen den Hüftgelenken und „den Hüften" unterschieden werden. Beobachten Sie ein Kleinkind, wie es in die Hocke geht, wenn es ein Spielzeug aufhebt, um den natürlichen Einsatz des Hüftgelenks zu entdecken. Beobachten Sie dann einen Erwachsenen, der sich bückt, um etwas aufzuheben. Er bewegt sich „aus der Taille" heraus. Die Vernachlässigung und Versteifung der Hüftgelenke ist eine der Hauptursachen für Rückenschmerzen im Bereich der Lendenwirbel.

Die Wirbelsäule

Vervollständigen Sie Ihre „Körperlandkarte" weiter, indem Sie aufzeichnen, was Sie über die Wirbelsäule wissen. Für wie dick halten Sie sie? Zeichnen Sie den von Ihnen geschätzten Durchmesser in Ihr Notizbuch. Überlegen Sie dann, wie eine gesunde Wirbelsäule geschwungen sein sollte und skizzieren Sie Ihre Vorstellung wiederum in Ihrem Notizbuch. Lesen Sie nicht weiter, bevor Sie Ihre Zeichnungen nicht vollendet haben.

Schwere Gedanken

Was glauben Sie, wieviel Ihr Kopf wiegt? Notieren Sie Ihre Schätzung.

Stemmen Sie, wenn Sie das nächste Mal im Fitneßstudio sind, eine Hantel mit 7,5 kg Gewicht; oder heben Sie im Supermarkt einen Sack mit 7,5 kg Kartoffeln hoch. Das entspricht in etwa dem durchschnittlichen Gewicht des Kopfes. In dieser fünfzehn Pfund schweren Kugel sind das Gehirn, Augen, Ohren, Nase, Mund und die Organe, die den Gleichgewichtssinn ausmachen, untergebracht. Was geschieht mit dem Rest des Körpers, wenn diese Kugel aus dem Gleichgewicht gerät? Welchen Einfluß hat es auf das sinnliche Wahrnehmungsvermögen, wenn die Verbindung zwischen Halswirbelsäule und Kopf gestört ist? Wußten Sie, daß 60% der Bewegungsrezeptoren im Nacken angesiedelt sind? Welchen Einfluß hat es auf das Körperbewußtsein, wenn die Nackenmuskulatur chronisch verspannt ist?

Aus all dem wird deutlich, daß eine aufrechte, unverkrampfte Haltung des Kopfes für den angehenden Renaissancemenschen von größter Wichtigkeit ist. Vertiefen Sie Ihr Wissen um die Notwendigkeit der Balance durch die folgende Übung.

Der aufrechte Gang

Diese Übung geht auf den großen Anatomen und Anthropologen Professor Raymond Dart zurück, den zu befragen ich mehrfach die Ehre hatte. Diese Übung kann in einer Gruppe, aber auch allein absolviert werden. Sie brauchen lediglich einen sauberen Teppichfußboden und ein Handtuch.

- Beginnen Sie, indem Sie sich mit dem Gesicht nach unten auf den Boden legen. Die Füße sind geschlossen, die Arme liegen entspannt neben dem Körper, Handinnenseiten nach oben. (Legen Sie sich ein Handtuch unter das Gesicht.) Machen Sie sich bewußt, daß Sie in dieser Stellung nicht fallen können. Bleiben Sie ein oder zwei Minuten so liegen, und versuchen Sie sich in ein Wesen hineinzuversetzen, das in einer derartigen Beziehung zur Schwerkraft steht. Stellen Sie sich vor, in einiger Entfernung befände sich etwas Eßbares, und versuchen Sie, sich ihm zu nähern, indem Sie sich über den Boden winden.
- Dann folgt ein Entwicklungssprung. Stellen Sie sich darauf ein, daß Sie eine Mutation durchlaufen. Bewegen Sie die Handrücken über den Boden nach außen und nach vorn, bis sie sich quasi „automatisch" umdrehen, so daß schließlich Ihre Arme mit der Handfläche nach unten ausgestreckt vor Ihnen liegen. Stützen Sie sich auf die so entstandenen „Pfoten", um Kopf und Oberkörper anheben zu können. Sehen Sie sich um und vergegenwärtigen Sie sich den Sprung, der durch diese Horizonterweiterung möglich geworden ist. Experimentieren Sie mit Ihrer neu gewonnenen Bewegungsfreiheit, indem Sie Ihre Umgebung erkunden und sich Nahrung suchen.
- Im nächsten Entwicklungssprung werden Sie zum vierbeinigen Säugetier. Suchen Sie sich ein Tier aus, in das Sie sich gerne verwandeln würden: Pferd, Hund, Puma, Wasserbüffel etc. Erheben Sie sich auf alle viere, und imitieren Sie das von Ihnen gewählte Tier: sei-

nen Gang, die Laute, die es von sich gibt. Welche Veränderungen des Verhaltens und der Wahrnehmung ergeben sich durch die neue Körperhaltung?

- In einem großen Evolutionssprung lernen Sie nun den aufrechten Gang und werden damit zum Primaten. Suchen Sie sich wiederum ein Lieblingstier aus – Schimpanse, Orang-Utan, Gorilla –, und machen Sie sich den Spaß, wie ein Affe durch das Zimmer zu laufen. Welche Veränderungen der Wahrnehmungsmöglichkeiten stellen Sie fest? Hat das veränderte Verhältnis zur Schwerkraft Auswirkungen auf das Kommunikations- und Sozialverhalten?
- Richten Sie sich schließlich ganz auf, um die Haltung des *Homo sapiens* einzunehmen. Welche Schwächen und Möglichkeiten des Verletztwerdens bringt die aufrechte Haltung mit sich? Welche Folgen hat sie für die Entwicklung der Intelligenz und des Bewußtseins? Können Sie eine Beziehung beobachten zwischen der Körperhaltung von Menschen, denen Sie im Alltag begegnen, und ihrer Ausgeglichenheit, ihrer Aufgeschlossenheit anderen gegenüber?

Unser Bewußtsein und unsere Intelligenz sind eng mit der Entwicklung des aufrechten Ganges verknüpft. Doch die Zwänge, denen wir im Alltag ausgesetzt sind – Arbeiten am Computer, im Auto im Stau stehen, eine vornehmlich sitzende Lebensweise –, führen dazu, daß wir zunehmend das Verhältnis zu diesem uns qua Geburt verliehenen Privileg verlieren. Die meisten von uns müssen die aufrechte Haltung erst wieder lernen.

Die Alexander-Technik – Übungen für eine anmutige Haltung

Leonardo war bekannt für seine anmutige, aufrechte Haltung und seinen stolzen Gang. Die Bürger von Florenz verließen ihre Häuser, um ihn durch die Straßen gehen zu sehen.

Leonardos aufrechte Haltung und Anmut lassen sich erlernen, und zwar mit Hilfe einer Technik, die ein weiteres Genie, F. Matthias Alexander, entwickelt hat. Alexander, 1869 in Tasmanien geboren, war Schauspieler und hatte sich auf die Aufführung von Einmanndarbietungen der Tragödien und Komödien von Shakespeare spezialisiert. Seine vielversprechende Karriere schien jedoch ernsthaft gefährdet, als ihm immer häufiger mitten in der Vorstellung die Stimme versagte.

Alexander wandte sich an die besten Ärzte, Stimmtherapeuten und Schauspiellehrer seiner Zeit, deren Ratschläge er gewissenhaft befolgte. Doch nichts half. Also beschloß er, das Problem selbst anzugehen und zu lösen. Ausgangspunkt seiner Überlegungen war, daß irgend etwas, das er mit sich tat, Ursache für seine Schwierigkeiten sein mußte.

Nach Monaten der aufmerksamen Selbstbeobachtung entdeckte Alexander, daß sich in seinem Körper immer wieder das gleiche Schema abspielte, sobald er Rollen zu rezitieren begann:

1) seine Nackenmuskulatur verspannte sich und er drückte das Kinn auf die Brust;
2) er verkrampfte den Kehlkopf;
3) er rang nach Luft.

Darüber hinaus neigte er dazu:

4) den Brustkorb herauszudrücken;

5) ein Hohlkreuz zu machen;

6) alle Hauptmuskeln des Körpers anzuspannen.

Zu diesem Fehlverhalten neigte er sogar, wenn er nur an das Rezitieren *dachte*. Alexander war sich darüber im klaren, daß er fortan versuchen mußte, diese Verhaltensmuster wieder zu verlernen und seinen Verstand und Körper als ganzes System umzuerziehen, wenn er eines Tages wieder auf der Bühne stehen wollte. Also begann er systematisch damit, vor dem Sprechen innezuhalten und sich auf eine ganz bestimmte „Anweisung" zu konzentrieren. Diese Anweisung lautete: „Entspanne den Nacken, damit der Kopf sich leicht nach vorne neigt und sich zugleich der Rücken nach oben und zu den Seiten ausweiten kann."

Die wiederholte Anwendung dieser Methode zeitigte erstaunliche Ergebnisse: Alexander gewann nicht nur die Kontrolle über seine Stimme zurück, auch eine Reihe von immer wieder auftretenden Gesundheitsproblemen schienen dadurch behoben. Schon bald rühmte man den Schauspieler für die Qualität seiner Stimme, seine perfekte Atmung und Bühnenpräsenz.

In Scharen besuchten nun angehende Schauspieler und Theaterleute seine Kurse. Einige Ärzte, die als Laienschauspieler zu Alexander gekommen waren, schickten Patienten zu ihm, die unter chronischen Krankheiten wie Streßerscheinungen, Atemproblemen und Rücken- oder Nackenschmerzen litten. In erstaunlich vielen Fällen war Alexander in der Lage, diesen Patienten zu helfen.

Die Ärzte waren von Alexanders Vorgehensweise derart beeindruckt, daß sie ihn finanziell unterstützten, als er 1904 eine Reise nach London unternahm, um sei-

Alexander und das *Saper vedere*

„Zu sehen verstehen" war ein entscheidender Aspekt von Alexanders Genialität. Seine Entdeckung war auf detaillierte und erstaunlich genaue Beobachtungen zurückzuführen. Als seinen Sponsoren 1904 noch ein paar hundert Pfund fehlten, um die Reise nach England zu finanzieren, fand Alexander eine ebenso einfache wie geniale Lösung, um diese nicht unbeträchtliche Summe aufzubringen. Wie Leonardo hegte auch er eine Leidenschaft für Pferde. Sich auf seine in vielen Studien gewonnenen Kenntnisse über die Anatomie der Pferde verlassend, setzte er auf der Rennbahn einen ordentlichen Betrag auf einen Außenseiter – und gewann.

ne Erkenntnisse einem größeren Kreis von Wissenschaftlern vorzustellen. Alexander gab den besten Schauspielern und Schauspielerinnen jener Tage Sprechunterricht. Auch einige Schriftsteller ließen sich von Alexanders Arbeit beeinflussen.

Bevor Alexander im Jahr 1955 starb, bildete er einige seiner Schüler dazu aus, seine Arbeit fortzusetzen. Seit etlichen Jahren wird die Alexander-Technik an der Royal Academy of Dramatic Arts, der Royal Academy of Music, der Julliard School und anderen erstklassigen Ausbildungsstätten für Musiker, Schauspieler und Tänzer unterrichtet. Doch auch außerhalb des Bereichs der Kunst erfreut sie sich großer Popularität. So wird sie nicht nur von Sportlern, sondern auch in der israelischen Luftwaffe und von vielen Managern angewandt.

Voraussetzung für die Arbeit nach der Alexander-Technik ist die genaue Selbstbeobachtung. Achten Sie einmal darauf, ob Sie den Nacken verkrampfen, das Kinn nach hinten schieben, die Schultern hochziehen, den Rücken krümmen oder die Luft anhalten, wenn Sie am Computer arbeiten, telefonieren, von Hand einen Brief schreiben, einem Fremden vorgestellt werden, eine Rede halten, Tennis, Squash oder Golf spielen etc.

Am besten lassen sich rasche Fortschritte erzielen, wenn man sich von einem qualifizierten Lehrer der Alexander-Technik unterrichten läßt. Diese Trainer verstehen es, durch sanften, einfühlsamen Druck mit den Händen Verspannungen im Nacken zu lösen, die natürliche Körperhaltung ihrer Klienten wiederherzustellen und damit das Bewußtsein für die eigenen Bewegungen wiederzubeleben.

Fürs erste können Sie die folgenden, der Alexander-Technik entlehnten Übungen durchführen, um Körperbewußtsein und -balance im Alltag wiederzufinden.

Die „Ausgleichende Ruheposition"

Alles, was Sie für diese Übung brauchen, ist ein Ort, an dem Sie ungestört sind, ein freies, mit Teppich belegtes Stück Fußboden, ein paar Taschenbücher sowie zehn bis zwanzig Minuten Zeit:

- Beginnen Sie, indem Sie die Bücher auf dem Boden stapeln. Stellen Sie sich etwa eine Körperlänge entfernt mit dem Rücken zum Bücherstapel auf. Die Füße sind schulterbreit auseinandergestellt, die Arme hängen entspannt herab. Richten Sie den Blick geradeaus und bleiben Sie so einen Moment stehen.
- Entspannen Sie die Nackenmuskulatur, so daß der Kopf sich leicht nach vorn neigt und nach oben „wachsen" kann, während sich der Oberkörper streckt und weitet. Atmen Sie gleichmäßig und spüren Sie den Kontakt der Füße mit dem Boden. Werden Sie sich der Länge Ihres Körpers von den Füßen bis in die Haarspitzen bewußt. Halten Sie die Augen geöffnet und lauschen Sie auf die Geräusche in Ihrer Umgebung.
- Gehen Sie nun mit einer raschen, leichten Bewegung in die Hocke und auf ein Knie. Dann setzen Sie sich auf den Boden und stützen sich mit den Händen hinter dem Rücken ab. Die Füße stehen mit der ganzen Fläche auf dem Boden, die Knie sind angewinkelt. Vergessen Sie nicht, weiterhin gleichmäßig zu atmen.
- Legen Sie das Kinn auf die Brust, um ein Anspannen der Nackenmuskulatur zu verhindern.
- Nun lassen Sie den Oberkörper langsam, Wirbel für Wirbel, auf den Boden abrollen, bis Ihr Kopf auf den Büchern ruht. Der Bücherstapel soll den Kopf genau am Nackenansatz stützen. Falls nötig, rücken Sie die Bücher mit einer Hand in die richtige Position, wäh-

rend die andere den Kopf stützt. Nehmen Sie so lange Bücher vom Stapel oder fügen neue hinzu, bis Sie eine Höhe gefunden haben, bei der die Nackenmuskulatur leicht gedehnt wird. Die Füße bleiben dabei flach auf dem Boden, die Knie weisen zur Decke, und die Hände liegen entweder neben dem Körper oder locker gefaltet auf dem Brustkorb. Spüren Sie, wie das Gewicht Ihres Körpers auf dem Boden ruht.

- Sie sollten mindestens zehn bis zwanzig Minuten in dieser Position verharren. Während Sie so auf dem Boden liegen, wird die Wirbelsäule durch die Schwerkraft gedehnt und der Oberkörper ausgerichtet. Halten Sie die Augen geöffnet, um nicht einzuschlafen. Konzentrieren Sie sich lieber auf Ihren Atemfluß oder das sanfte Pulsieren Ihres Körpers. Machen Sie sich bewußt, daß der Boden Ihren Oberkörper stützt, spüren Sie, wie sich die Muskulatur des Schultergürtels entspannt und der Rücken breiter wird. Entspannen Sie die Nackenmuskulatur, während sich Ihr gesamter Körper streckt und dehnt.
- Wenn Sie in dieser Position etwa zehn bis zwanzig Minuten geruht haben, können Sie langsam wieder aufstehen. Achten Sie dabei darauf, daß Ihr Körper sich bei der Rückkehr zur aufrechten Haltung nicht wieder verkrampft oder „verkürzt". Um die Übung so behutsam wie möglich zu beenden, rollen Sie langsam vom Rücken über die Seite auf den Bauch. Begeben Sie sich langsam auf alle viere, bevor Sie den Oberkörper aufrichten und sich wie zu Beginn mit einem Knie abstützen. Dann stehen Sie langsam auf, wobei Sie sich vorstellen sollten, daß Sie an einem am Hinterkopf befestigten Faden nach oben gezogen werden.
- Halten Sie inne, lauschen Sie offenen Auges. Fühlen Sie die Verbindung Ihrer Füße mit dem Boden, und

spüren Sie der Länge Ihres Körpers von den Füßen bis in die Haarspitzen nach. Sie werden feststellen, daß Sie sich jetzt größer fühlen. Wenn Sie in den Alltag zurückkehren, werden Sie sich mit der Anmut einer von Leonardo gemalten Figur bewegen.

Die größte Wirkung erzielen Sie, wenn Sie die Übung der „Ausgleichenden Ruheposition" wenigstens zweimal am Tag durchführen – morgens, nach dem Aufwachen, wenn Sie von der Arbeit nach Hause kommen oder abends vor dem Zubettgehen.

Kultivierung der Beidhändigkeit

Während der Arbeit in der Sixtinischen Kapelle versetzte Michelangelo Beobachter dadurch in Erstaunen, daß er sowohl mit der rechten wie mit der linken Hand den Pinsel führte. Auch Leonardo, von Geburt Linkshänder, kultivierte die Beidhändigkeit.

Corporalità für Eltern

Kleine Kinder verfügen über eine natürliche Anmut. Ihre Bewegungen sind erstaunlich graziös und koordiniert. Doch wieso verliert sich diese anmutige Haltung mit den Jahren? Bis zur Einschulung bleibt sie den meisten Kindern noch erhalten. In der dritten oder vierten Klasse zeigen sie bereits die ersten Anzeichen aller möglichen Haltungsschäden und Verspannungen. Gehen Sie in ein Kaufhaus, auf einen Jahrmarkt oder an einen anderen Ort, wo Sie ganze Familien beobachten können, und Sie werden verblüffende Ähnlichkeiten zwischen den Bewegungen der Eltern und der Kinder feststellen. Obwohl wir unsere Kinder nicht vor allen Problemen des Lebens bewahren können, sollten wir ihnen durch unsere eigene aufrechte Haltung wenigstens ein positives Vorbild sein.

Sichtbarer Ausdruck der Grazie

„Bewegung, soll sie in einem Kunstwerk festgehalten werden, muß von besonderer Art sein, sichtbarer Ausdruck der Grazie. Obwohl uns die Künstler der Renaissance in ihren Schriften keine Definition dieses Begriffs überliefert haben, wären sie sich doch wohl alle darin einig gewesen, daß Anmut oder Grazie durch eine Aneinanderreihung weicher Übergänge entsteht. In ihrer reinsten Form kam sie in ihren Augen in fließenden Bewegungen, wehenden Gewändern und lockig oder weich fallendem Haar zum Ausdruck."

Kenneth Clarks Bemerkungen zur Anmut in der Kunst entsprechen den Qualitäten, die durch die Alexander-Technik im alltäglichen Leben kultiviert werden: Anmut und „weicher Übergänge" in alltäglichen Bewegungen, wie zum Beispiel beim Übergang vom Sitzen zum Stehen, vom Stehen zum Gehen.

Da bekanntermaßen die rechte Gehirnhälfte die linke Körperhälfte und die linke Gehirnhälfte die rechte Körperhälfte kontrolliert, kann die Koordinierung beider Körperhälften die Kohärenz und Balance der beiden Gehirnhälften fördern. Beginnen Sie Ihre Beidhändigkeit zu erforschen, indem Sie das Potential Ihrer normalerweise „vernachlässigten" Hand ausloten. Machen Sie die folgenden Übungen:

Umgekehrtes Verschränken – Üben Sie, Ihre Finger, Arme und Beine andersherum zu verschränken, als Sie es gewöhnlich tun. Versuchen Sie, abwechselnd mal das rechte, mal das linke Auge zusammenzukneifen, und die Zunge nach beiden Seiten zu drehen.

Benutzen Sie Ihre nicht-dominante Hand – Versuchen Sie einen Tag lang, bevorzugt Ihre nicht-dominante Hand zu gebrauchen, indem Sie mit ihr das Licht anschalten, die Zähne putzen, essen usw.

Machen Sie ein Schreibexperiment – Versuchen Sie, mit der nicht-dominanten Hand Ihre Unterschrift zu Papier zu bringen. Üben Sie das Alphabet, und schreiben Sie dann mit dieser Hand Ihre Assoziationen zu einem Thema Ihrer Wahl auf.

Versuchen Sie simultan mit beiden Händen zu malen und zu schreiben – Versuchen Sie, mit beiden Händen gleichzeitig zu malen und zu schreiben. Wenn möglich, sollten Sie dazu eine Wandtafel benutzen. Zeichnen Sie Kreise, Dreiecke und Quadrate. Schreiben Sie Ihren Namen simultan mit beiden Händen.

Experimentieren Sie mit dem Schreiben in Spiegelschrift – Sie werden überrascht sein, wie leicht sich das Schreiben in Spiegelschrift lernen läßt. Hier ein Beispiel zum Nachahmen:

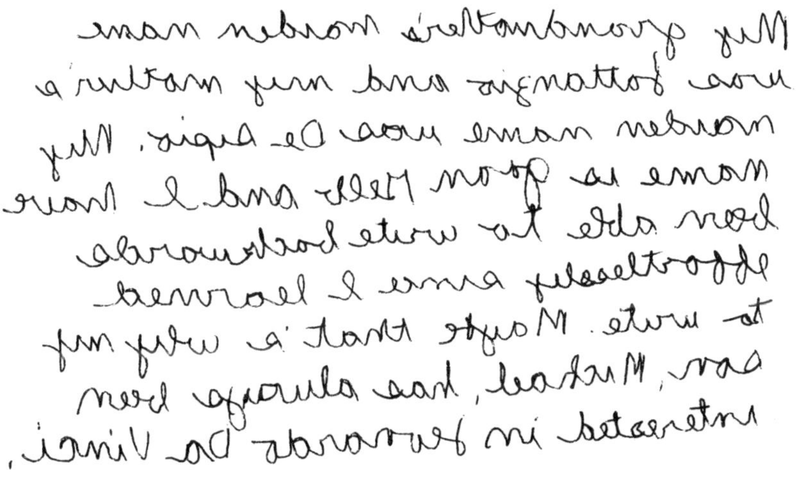

Regenerieren Sie sich mit einer Überkreuzübung – Wenn Sie sich beim Lernen für eine Prüfung, bei der Arbeit oder dem Ringen um kreative Ideen nicht mehr konzentrieren können, versuchen Sie es mit folgender Übung: Berühren Sie im Stehen mit der rechten Hand hinter dem Rücken den hochgezogenen linken Fuß, dann mit der linken Hand den rechten. Wiederholen Sie die Übung zehnmal. Oder Sie heben vor dem Körper das linke Knie und berühren es mit der rechten Hand und umgekehrt. Wiederholen Sie auch diese Übung zehnmal.

Lernen Sie Jonglieren

Jonglieren zu lernen ist eine besonders kurzweilige Form, Beidhändigkeit, Gleichgewichtssinn und die Koordination von Körper und Verstand zu entwickeln. Aus der Leonardo-Biographie von Antonia Valentin erfahren wir, daß der Meister selbst ein großer Jongleur war. Das Jonglieren war ein fester Bestandteil der Historienspiele und Feste, die Leonardo für seine Mäzene organisierte, und entsprach zudem seiner Vorliebe für die Zauberei. Die einfache Jonglierübung, die Sie im folgenden kennenlernen werden, ist eine *fantasia di Vinci* – ein mentales Flechtwerk und Unendlichkeitssymbol.

Besorgen Sie sich drei gleich große Bälle (Tennisbälle sind bestens geeignet), und versuchen Sie, die folgende Übung durchzuführen:

1. Nehmen Sie zunächst einen Ball in die Hand. Werfen Sie ihn in einem hohen Bogen in die andere Hand. Lassen Sie den Ball ein paarmal hin und her fliegen.
2. Nehmen Sie nun zwei Bälle, einen in jede Hand. Werfen Sie den Ball in Ihrer rechten Hand wie in Übung 1 hoch. Wenn er seinen höchsten Punkt erreicht hat, werfen Sie den Ball aus Ihrer linken Hand in gleicher Weise in die Luft. Konzentrieren Sie sich

darauf, die Bälle mit lockerer, leichter Bewegung zu werfen, ohne zu versuchen, sie aufzufangen.

3. Wie in Übung 2, doch dieses Mal fangen Sie den ersten Ball und lassen nur noch den zweiten zu Boden fallen.
4. Wie in Übung 2, doch nun fangen Sie beide Bälle.
5. Jetzt sind Sie soweit, es mit drei Bällen zu versuchen. Nehmen Sie in eine Hand zwei Bälle, wobei einer auf ihrer Handfläche, der andere auf Zeige- und Mittelfinger ruht. Den dritten Ball nehmen Sie in die andere Hand. Werfen Sie nun den auf den Fingerspitzen liegenden Ball in die Luft. Wenn er seinen höchsten Punkt erreicht hat, werfen Sie den einzelnen Ball der anderen Hand. Wenn dieser den höchsten Punkt erreicht hat, werfen Sie den letzten Ball. Lassen Sie alle drei zu Boden fallen!

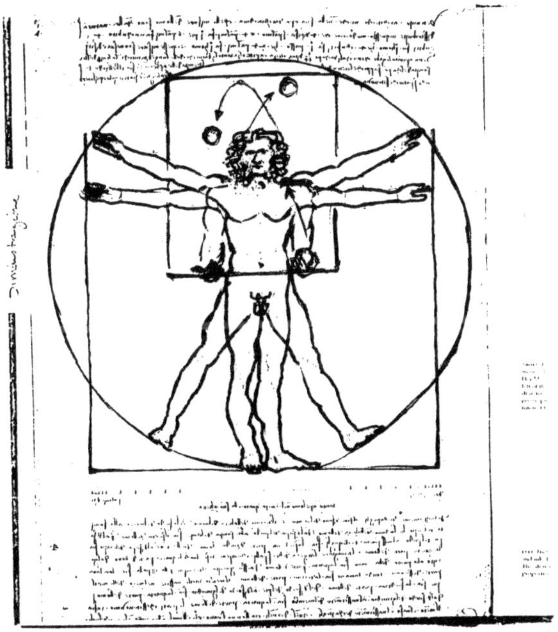

Jongleur

6. Wie Übung 5, doch dieses Mal fangen Sie den ersten Ball auf.
7. Wie Übung 5, doch jetzt versuchen Sie, die ersten beiden Bälle zu fangen. Wenn es Ihnen gelingt, die beiden ersten Bälle aufzufangen, und Sie dabei nicht vergessen, auch noch den dritten zu werfen, werden Sie feststellen, daß sich dann nur ein einziger Ball in der Luft befindet und Sie bereits den nächsten werfen können. Wenn Sie jetzt auch noch den dritten Ball auffangen, haben Sie das erste Mal richtig jongliert. Feiern Sie Ihren Erfolg!

Wem es einmal gelungen ist, den läßt das Jonglieren so schnell nicht wieder los. Sie sollten sich beim Üben darauf konzentrieren, die Bälle leicht und gezielt zu werfen. Machen Sie sich nichts daraus, wenn Ihnen ein Ball zu Boden fällt. Wenn Sie Ihre Aufmerksamkeit vor allem auf das Werfen richten und dabei gleichmäßig atmen, wird der Erfolg nicht ausbleiben.

Corporalità am Arbeitsplatz

Unsere körperliche Verfassung beeinflußt auch unser Denken. Wenn der Körper steif und verkrampft oder in sich zusammengesunken und schlaff ist, wirkt sich dies auf die Qualität des Denkens aus. Dieser Zusammenhang spiegelt sich auch in einigen sprachlichen Wendungen wider: „Sie wird Ihre Haltung zu diesem Thema nicht mehr ändern." „Er führt die Diskussion mit leichter Hand."

Die Menschen in unseren Manageretagen leiden in weiten Teilen und zunehmend unter einer spürbaren körperlichen Verspannung. Bei vielen Besprechungen und Sitzungen verharren die Beteiligten stundenlang wie festgenagelt auf ihren Stühlen, ohne ihre Position nennenswert zu verändern, und versuchen gleichzeitig, neue Ideen zu entwickeln oder Probleme zu lösen. Und wundern sich, warum sie dabei häufig nicht sonderlich erfolgreich sind!

Bei einer der nächsten internen Sitzungen sollten Sie einmal die folgende, äußerst amüsante Übung zur Auflockerung durchführen. Ziel ist es, eingefahrene mentale und physische Strukturen aufzubrechen. Suchen Sie sich einen Partner und stellen Sie sich einander gegenüber. Sie sollen die Bewegungen kopieren, die Ihr Partner Ihnen vormacht. Ihr Partner beginnt zum Beispiel, indem er seine rechte Hand hebt und damit seinen Kopf tätschelt und dann die Hand wieder sinken läßt. Machen Sie die Bewegung nach, während Sie darauf warten, daß Ihr Partner mit einer neuen Bewegung beginnt. Er könnte zum Beispiel mit der linken Hand seinen linken Fuß berühren. Vollziehen Sie auch diese Bewegung nach, während Sie sich weiterhin den Kopf tätscheln. Dann könnte Ihr Partner mit den Achseln zucken. Machen Sie auch diese Bewegung nach, ohne die beiden vorangegangenen zu vernachlässigen. Nun könnte Ihr Partner noch ein Geräusch oder Töne vorgeben, zum Beispiel das Gackern eines Huhns oder die Titelmelodie von *Titanic*. Imitieren Sie zusätzlich zu den Bewegungen auch dieses Geräusch.

Ihr Partner sollte Ihnen mindestens fünf verschiedene, möglichst ungewöhnliche Bewegungen vormachen, die Sie alle zugleich imitieren. Dann tauschen Sie die Rollen, so daß nun Sie die Bewegungen vorgeben. Versuchen Sie, sich noch alberneren Verrenkungen auszudenken, bevor sich alle im Raum einen neuen Partner suchen, mit dem sie die Übung wiederholen. In der Regel sorgt dieses Spiel für erhebliche Heiterkeit. Es durchbricht alte Verhaltensmuster und setzt Unmengen kreativer Energien frei.

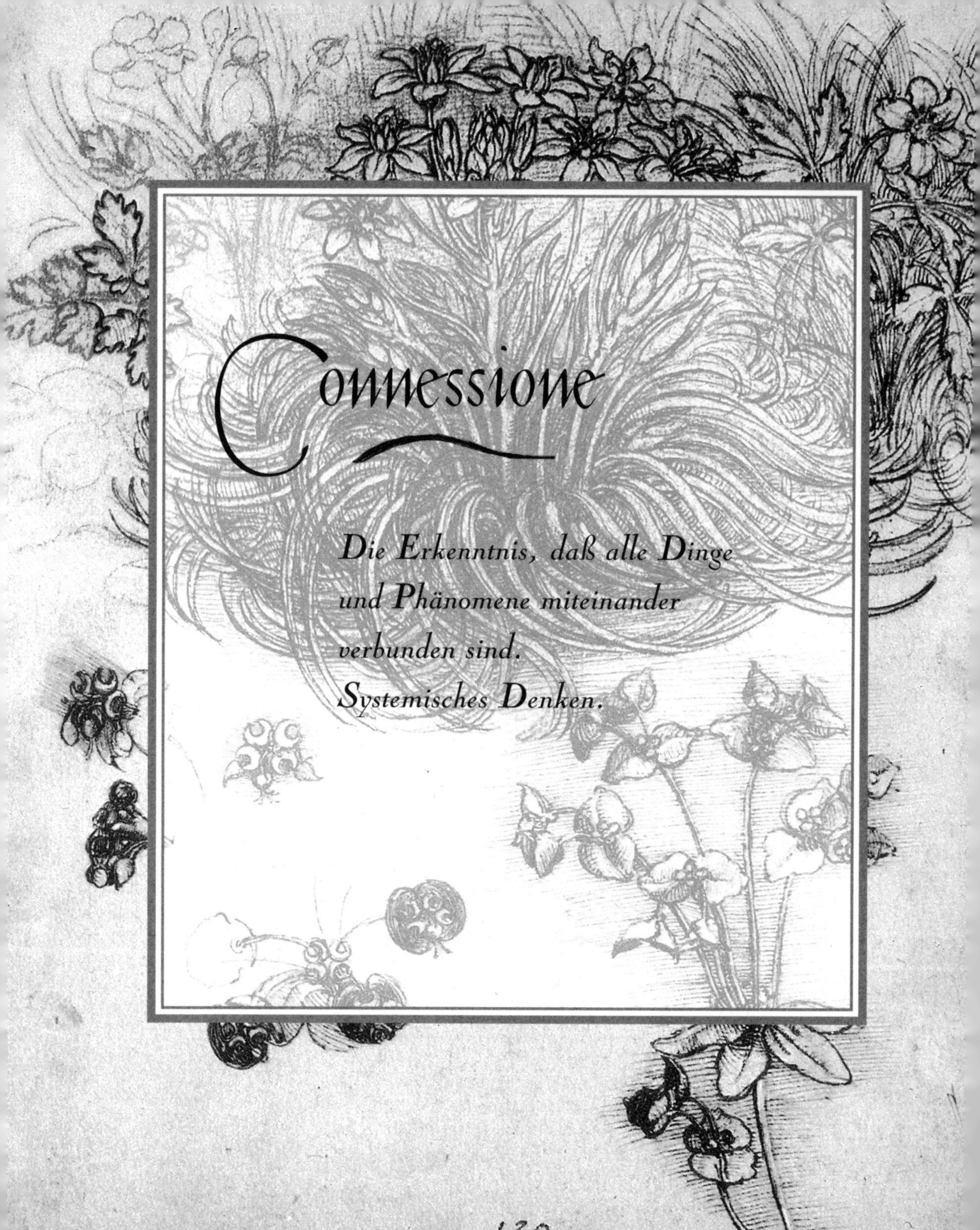

Connessione

Die Erkenntnis, daß alle Dinge und Phänomene miteinander verbunden sind.
Systemisches Denken.

Wirft man einen Stein in ein stehendes Wasser, bildet sich eine Reihe von kreisförmigen Wellen, die immer größer werdend nach außen verlaufen. Lassen Sie dieses Bild vor Ihrem geistigen Auge entstehen; wenn Sie sich jetzt vorstellen, wie eine Welle auf die nächste einwirkt und wo sich ihre Energie verliert, dann haben Sie die Denkstruktur Leonardo da Vincis erfaßt. Der sich nach außen verbreiternde Wellenkreis ist eine geeignete Metapher für das Prinzip der *Connessione*, das häufig in Leonardos Beobachtungen von wiederkehrenden Mustern und Verbindungen auftaucht:

- „Wie ein Stein, den man ins Wasser wirft, der Mittelpunkt und die Ursache verschiedener Kreise wird, und wie der Schall sich kreisförmig in der Luft verbreitet, so verstreut ein Körper, der sich in der hellen Luft befindet, kreisförmig seine unzähligen Bilder und erfüllt mit ihnen die umliegende Luft, so daß einer, der sehr weit entfernt ist, Stimme oder Geräusch nicht mehr hören kann."
- „Beobachte, wie die Bewegungen der Wasseroberfläche denen des Haares ähneln, das zwei Bewegungen hat, die eine rührt vom Gewicht der Haare her, die andere von den Wellen und Wirbeln. Auf gleiche Weise hat das Wasser seine Wirbel, die zum einen Teil von der Gewalt der Strömung herrühren, zum anderen aber dem Lichteinfall gehorchen."
- „Im Wasser zu schwimmen gibt den Menschen Kunde davon, wie Vögel in der Luft fliegen. Schwimmen illustriert die Methode des Fliegens und zeigt, daß das größte Gewicht in der Luft den größten Widerstand findet."
- „Die Berge werden durch die Flußläufe gebildet. Die Berge werden durch die Regenfälle und die Flüsse abgetragen."
- „Jeder Teil ist dazu ausersehen, sich mit dem Ganzen zu verbinden, auf daß er auf diese Weise seiner eigenen Unvollkommenheit entfliehen kann."

Einem Gedicht gleich, in dem das Ganze größer als die Summe seiner Einzelteile ist, verdeutlicht die folgende Anweisung da Vincis den Geist von *Curiosità* und *Connessione*:

„Beschreibe, wie die Wolken sich bilden und wie sie sich auflösen, was die Wasserdämpfe von der Erde in die Luft steigen läßt und was die Nebel und die Verdichtung der Luft verursacht, und warum diese manchmal blauer oder weniger blau erscheint als ein andres Mal. Beschreibe auch die Luftregionen und die Ursache des Schnees und des Hagels, warum das Wasser sich zusammenzieht und zu Eis verhärtet, warum in der Luft seltsame Schneegebilde, an den Bäumen in kalten Ländern seltsame Blattgebilde und an den Felsen Eiszapfen entstehen ..."

Wohl jedem von uns ist schon einmal eine Variante des folgenden rhetorischen Rätsels begegnet, das dazu anregen kann, in *Connessione*-Begriffen zu denken: „Hat es einen Einfluß auf das Wetter in New York, wenn in Tokio ein Schmetterling mit den Flügeln schlägt?" Zeitgenössische Systemtheoretiker beantworten diese Frage für gewöhnlich mit einem enthusiastischen „Ja!". Bereits vor fünf Jahrhunderten notierte Leonardo da Vinci, Vorläufer allen systemischen Denkens: „Die Erde wird schon durch das Gewicht eines Vögelchens, das sich auf ihr niederläßt, aus ihrer Lage gebracht."

Außergewöhnliche Beobachtungen wie diese pflegte Leonardo auf die Seitenränder seiner Notizbücher zu schreiben. Im Laufe der Jahrhunderte haben Gelehrte und Forscher immer wieder Leonardo da Vinci wegen der Unordnung in seinen Notizbüchern kritisiert: Zu keinem Zeitpunkt habe er eine Inhaltsübersicht, Gliederung oder ein Register angelegt und seine Notizen in einer nahezu zufälligen Weise niedergeschrieben. Er sei von Thema zu Thema gesprungen und habe sich häufig wiederholt. Seine Verteidiger halten dem entgegen, daß Leonardos Sinn für den Zusammenhang aller Dinge so allumfassend war, daß jede seiner Beobachtungen, gleich in welchem Zusammenhang sie steht, von Bedeutung sei. Mit anderen Worten, er hatte es nicht nötig, seine Gedanken nach Kategorien zu ordnen oder zu gliedern, weil er darum wußte, daß alles mit allem verbunden ist.

Ein Geheimnis von Leonardos unvergleichlicher Kreativität liegt wohl darin, daß er sein ganzes Leben lang unterschiedliche Elemente miteinander kombiniert und zueinander in Beziehung gesetzt hat. Vasari berichtet von einem Vorfall in Leonardos Kindheit, als er von seinem Vater darum gebeten worden war, den Schild eines Bauern zu bemalen. Da er eine Darstellung schaffen wollte, um „den, der sich ihm entgegenstellte, zu erschrecken", trug er in seinem Zimmer eine Sammlung zusammen: „Grüne und andere Eidechsen, Grillen, Schlangen, Schmetterlinge, Heuschrecken, Fledermäuse und andere seltsame Tiere dieser Art; aus diesem wunderlichen Haufen gewann er durch verschiedenartige Zusammenstellung ein gräßliches und schreckliches Untier, gab ihm einen vergifteten Atem und einen feurigen Dunstkreis."

Drachen von Leonardo da Vinci

Viele Jahre später schrieb Leonardo da Vinci eine kurze Anleitung mit dem Titel: „Wie du einem Fabeltier ein natürliches Aussehen geben mußt." Darin heißt es: „Du weißt, daß du kein Tier machen kannst, das nicht besondere Teile hat, und daß jeder für sich Ähnlichkeit mit dem eines anderen Tiers haben muß. Wenn du also einem von dir erdachten Tier – sagen wir einem Drachen – ein natürliches Aussehen geben willst, dann nimm für das Haupt den Kopf eines Bluthundes oder Bracken, für die Augen die einer Katze, für die Ohren die eines Stachelschweins, und dazu die Schnauze eines Windhundes, die Brauen eines Löwen, die Schläfen eines alten Hahns und den Hals einer Wasserschildkröte." Als er im Belvedere des Vatikan lebte, nahm Leonardo da Vinci eines Tages eine lebende Eidechse und schuf Horn, Bart und Flügel für sie. Sein Werk tat er in eine besondere Schachtel und – folgt man Vasari – „jagte alle seine Freunde damit in Furcht und in die Flucht".

Leonardos Drachengeschöpfe sind ein gutes Beispiel für seine kreative Begabung zur Kombination. Er studierte das Wesen der Schönheit an Tausenden von menschlichen Gesichtern und kombinierte dann die unterschiedlichen Elemente, die er beobachtet hatte, um auf diese Art und Weise vollkommene Gesichter in seinen Gemälden zu erschaffen. Seine Einsichten zur Akustik rühren von seinen Entdeckungen zum Wesen des Wassers her. In einer anderen Passage seiner Notizbücher vergleicht Leonardo die Geschwindigkeit und Richtung von Lichtstrahlen, die Kraft von Schlaginstrumenten, den Klang eines Echos, Magnetfelder und die Ausbreitung von Gerüchen miteinander.

Viele seiner Erfindungen und Entwürfe entsprangen dem Spiel mit verschiedenen Formen aus der Natur. Obwohl die Gewissenhaftigkeit und Ausdauer, mit der Leonardo seine Studien betrieb, gar nicht hoch genug bewertet werden können, schätzte er doch auch das spielerische Kombinieren, wie seine Vorliebe für Scherze, Rätsel und konstruierte Drachen beweist. Sigmund Freud kommentierte es so: „In der Tat blieb der große Leonardo da Vinci sein ganzes Leben lang ein Kind … Selbst als Erwachsener fuhr er zu spielen fort und schuf damit einen weiteren Grund, warum er seinen Zeitgenossen häufig unheimlich und unbegreiflich erschien."

Connessione begann für Leonardo mit seiner Liebe zur Natur und verfestigte sich mit seinen Forschungen zur Anatomie der Menschen und der Tiere. Seine vergleichenden Studien zur Anatomie schlossen das Sezieren von Pferden, Kühen, Schweinen und vielen anderen Tierarten ein. So erkannte er die Unterschiede und konnte gleichzeitig Verbindungen zwischen der Zunge eines Spechts und dem Kiefer eines Krokodils herstellen. Froschbeine, eine Bärentatze, die Augen des Löwen und die Pupille einer Eule verglich er mit den entsprechenden Organen des Menschen. Natürlich gingen seine Studien damit weit über das hinaus, was dazu nötig war, einen Maler mit den Kenntnissen auszustatten, die er für seine Arbeit benötigte. Leonardo erforschte den menschlichen Körper als ein koordiniertes System wechselseitig voneinander abhängiger Beziehungen.

Leonardo und die Philosophie des Fernen Ostens

Die kühne Vermutung, die von einigen Forschern vorgetragen wurde, Leonardo sei bis in den Fernen Osten vorgedrungen, müssen als pure Spekulation abgetan werden, gibt es doch keinerlei konkrete historische Belege, daß eine solche Reise stattgefunden haben könnte. Nichtsdestotrotz weisen die von ihm dargelegten Konzepte teilweise verblüffende Übereinstimmungen mit den Weisheiten asiatischer Religionen auf. Bramly vergleicht einige seiner Schriften mit den Koans des Zen. Die *Mona Lisa* erscheint wie ein perfekter Ausdruck der Prinzipien des Yin und Yang. Darüber hinaus war Leonardo der erste abendlandische Künstler, der die Landschaft zu einem zentralen Gegenstand seiner Malerei machte, was in der asiatischen Kunst durchaus nicht unüblich war. An den Hinduismus erinnert die Tatsache, daß Leonardo Vegetarier war und den materiellen Seiten des Lebens keinen Wert zumaß, was im Florenz oder Mailand seiner Zeit keineswegs die Regel war. Und schließlich klingt das buddhistische Prinzip der Leere in seinen Schriften immer wieder an, wenngleich Leonardo es in der Terminologie des Abendlands zur Sprache bringt: „Das Nichts hat keine Mitte, und seine Grenzen sind das Nichts." Und er fügt hinzu: „In der Größenordnung der Dinge, die es unter uns gibt, nimmt das Sein des Nichts die erste Stelle ein."

Seine Studien der Anatomie bezeichnete er als eine *„cosmografica del minor mundo“*, eine „Kosmographie des Mikrokosmos“. Seine Wertschätzung der natürlichen Körperproportionen schlug sich in den Arbeiten zu Architektur und Stadtplanung nieder. Und sein Verständnis vom menschlichen Körper war auch die Grundlage für seine Sichtweise vom Erdinneren als einem lebendigen System:

> „Der Mensch wurde von den Vorfahren eine Welt im kleinen (Mikrokosmos) genannt. Gewiß ist diese Bezeichnung recht treffend, denn da der Mensch aus Erde, Wasser, Luft und Feuer zusammengesetzt ist, gleicht ihm dieser Erdkörper. Wie der Mensch die Knochen als Stützen und Gerüst des Fleisches in sich hat, so hat die Welt das Gestein als Stützen der Erde. Wie der Mensch in sich den Blutsee hat, wo die Lunge beim Atmen zunimmt und abnimmt, so hat der Körper der Erde sein Weltmeer, das auch alle sechs Stunden abnimmt und zunimmt mit dem Atem der Welt. Wie von dem genannten Blutsee die Adern ausgehen …, so speist das Weltmeer den Körper der Erde durch unzählige Wasseradern.“

Fünfhundert Jahre, bevor der Physiker David Bohm die Hypothese aufstellte, daß der „genetische Code“ des Universums in jedem einzelnen Atom enthalten ist, so wie auch jede DNA-Kette den kompletten genetischen Code eines Individuums enthält, schrieb Leonardo: „Jeder Körper, der in die leuchtende Luft gestellt wird, breitet sich kreisförmig aus und füllt den ihn umgebenden Raum mit unendlicher Ähnlichkeit seiner selbst und erscheint alles in allem und alles in jedem Teil.“ Dann fügte er hinzu: „Dies ist das wahre Wunder, daß alle Formen, alle Farben, alle Bilder eines jeden Teils des Universums in einem einzigen Punkt konzentriert sind.“ Bohms These schließt das Konzept einer „inhärenten Ordnung“ ein, einer „Tiefenstruktur“ der Verbindungsmuster, die das Universum zusammenhält. „Alles ist von allem umschlossen“, schrieb Bohm im Jahre 1980. Fünf Jahrhunderte zuvor hatte Leonardo da Vinci notiert: „Alles kommt von allem, und alles wird zu allem, und alles kehrt in alles zurück …“

Gerüstet mit Visionen, Logik, Vorstellungskraft und dem unbeirrba-

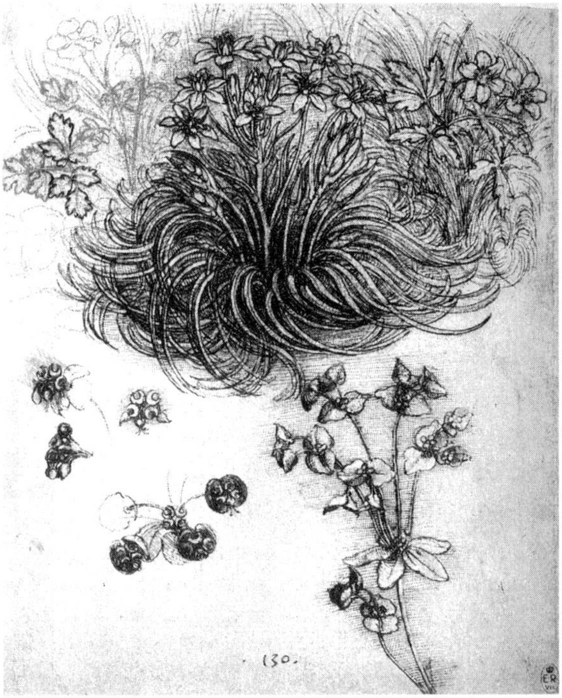

Ornitholagum umbellatum – Euphorbie

Eine gewaltige Explosion

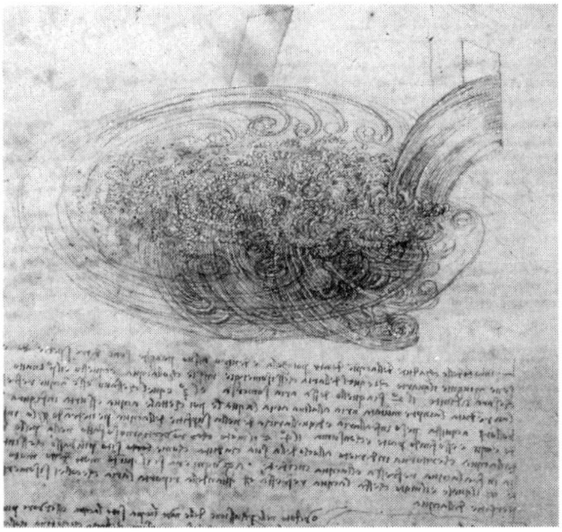

Strudel

Haar: Studie für die Leda

ren Wunsch, Wahrheit und Schönheit zu finden, suchte Leonardo die Natur in all ihren Facetten zu ergründen. Doch je weiter er, der Anhänger des Prinzips der Erfahrung, seine Suche vorantrieb, desto rätselhafter erschien ihm die Natur, so daß er endlich zu dem Schluß kam: „Die Natur ist voll unendlicher Ursachen, die die Erfahrung noch nie gezeigt hat." Wo die Wissenschaft an ihre Grenzen stieß, übernahm die Kunst das Zepter, erklärt Bramly und führt weiter aus, daß Leonardo „derart überwältigt war von den Geheimnissen, über die er zwar nachdenken, die er aber nicht durchdringen konnte … [daß] er Skalpell, Kompaß und Stift beiseite legte, um einmal mehr zum Pinsel zu greifen."

Wir müssen unser Augenmerk also auf die Gemälde und Zeichnungen des Meisters richten, um zu erkennen, wie sich die *Connessione* in seinen Werken niederschlägt. Dem aufmerksamen Beobachter wird Leonardos Einsicht in das universelle System, die sich durch sein Werk zieht, nicht entgehen; die „inhärente Ordnung" läßt sich beispielsweise an Details so unterschiedlicher Werke wie Verrocchios *Taufe* (das Haar des Engelskopfes), der *Jungfrau und die hl. Anna* (die Anordnung der Figuren), der *Mona Lisa* (die Landschaft) und den Skizzen zu den Eigenarten des Wassers erkennen.

CONNESSIONE IN DER PRAKTISCHEN ANWENDUNG

Die Tatsache, daß Sie dieses Buch bis hierher gelesen haben, ist ein Indiz dafür, daß Sie auf der Suche nach *Connessione* sind. In rein physischer Hinsicht suchen wir Gesundheit (oder Heilung im Sinne von „Ganz- oder Heilsein"), Zuneigung, die Ekstase der sexuellen Vereinigung. Emotionell sehnen wir uns nach dem Gefühl der Zugehörigkeit, nach Vertrautheit und Liebe. Auf intellektuellem Gebiet suchen wir nach Strukturen und Beziehungen, wir wollen Systeme entdecken und begreifen.

Ziel dieses Kapitels ist es, Ihnen praktische Werkzeuge an die Hand zu geben, um in Ihrer Welt, Ihrem Alltag die wunderbaren Möglichkeiten der *Connessione* zu entdecken. Doch zunächst sollten Sie sich wieder den folgenden Fragen der Selbsteinschätzung widmen.

Connessione: Selbsteinschätzung

- ❑ Ich verfüge über ökologisches Bewußtsein.
- ❑ Ich finde Gefallen an Gleichnissen, Analogien und Metaphern.
- ❑ Ich erkenne häufig Verbindungen, die andere nicht sehen.
- ❑ Ich interessiere mich auf Reisen eher für die Ähnlichkeiten als für die Unterschiede zwischen Menschen.
- ❑ In Fragen der Ernährung, Gesundheit und Heilung strebe ich einen ganzheitlichen Ansatz an.
- ❑ Ich verfüge über einen ausgeprägten Sinn für Proportionen.
- ❑ Ich kann die systemische Dynamik – die Strukturen, Verbindungen und Netzwerke – innerhalb meiner Familie und meines Arbeitsumfelds erklären.
- ❑ Meine Ziele und Prioritäten sind klar formuliert und stehen mit meinen Wertvorstellungen wie meinem Verständnis vom Sinn des Lebens in Einklang.
- ❑ Manchmal fühle ich mich mit der gesamten Schöpfung verbunden.

Für Leonardo war eine Landschaft – ebenso wie der Mensch – Teil einer großen Maschine, die nur über ihre Einzelteile als Ganzes zu verstehen war. Felsen waren in seinen Augen nicht einfach nur dekorative Umrisse, sondern Teil des Knochengerüsts der Erde, mit einer eigenen Anatomie ausgestattet und Folge einer weit zurückliegenden seismischen Störung. Wolken stellten für ihn nicht das Ergebnis willkürlicher Pinselstriche von der Hand eines himmlischen Künstlers dar, sondern eine Ansammlung winziger Wassertropfen, die durch die Verdunstung des Meerwassers entstehen und dazu bestimmt sind, als Regen die Flüsse zu füllen.

– Kenneth Clark

Connessione: Anwendung und Übungen

Gedanken über Ganzheit

Was bedeutet Ganzheit für Sie? Versuchen Sie, Ihre Vorstellung von Ganzheit in einer Zeichnung, einer Geste oder einem Tanz auszudrücken. Erfahren Sie Ganzheit in Ihrem Alltag? Was verbinden Sie mit dem Begriff der Trennung? Beschreiben Sie die Unterschiede. Welche Elemente oder Bestandteile machen Ihren Charakter aus? Kommt es zu Konflikten zwischen Verstand, Gefühl und Körper? Wenn ja, welcher Teil geht meistens als Sieger aus diesem Streit hervor? Beschreiben Sie die Dynamik Ihres Verstandes, des Herzens und des Körpers und versuchen Sie, dies in einer Grafik darzustellen.

Machen Sie eine assoziative Schreibübung zu dem Gedanken Leonardos, daß „jedes Teil sich mit dem Ganzen zu verbinden sucht, um dadurch seiner eigenen Unvollkommenheit zu entkommen".

Familiendynamik

Die moderne Psychologie geht davon aus, daß die Kenntnis der „systemischen Dynamik" innerhalb der eigenen Familie wichtig für ein besseres Verständnis von sich selbst ist. Wenn Sie auf der Suche nach Ganzheit und Selbsterkenntnis sind, können Ihnen die folgenden Fragen zu wertvollen Einsichten verhelfen:

- Welche Rolle spielt jeder einzelne innerhalb der Familie?
- Inwiefern sind diese Rollen voneinander abhängig?
- Welche Vor- und Nachteile bringt die Verteilung von Rollen in der Familie mit sich?
- Welchen Einfluß hat Streß auf die Familiendynamik?
- Welche Verhaltensmuster werden von einer Generation zur nächsten weitergereicht?
- Welche äußerlichen Faktoren beeinflussen die Familiendynamik am stärksten?
- Wie sah die Dynamik innerhalb Ihrer Familie vor einem Jahr aus? Und wie vor sieben Jahren? Welche Veränderungen haben stattgefunden? Wie wird die Familiendynamik in einem Jahr aussehen? Und wie in sieben?
- Inwiefern beeinflussen die Verhaltensmuster innerhalb Ihrer Familie die Art und Weise, wie Sie sich in andere Gruppen einbringen?
- Versuchen Sie auf der Grundlage der Anworten das System Ihrer Familie grafisch darzustellen.

Die Körpermetapher

Benutzen Sie Leonardos Lieblingsmetapher, den menschlichen Körper, um die Dynamik Ihrer Familienstruktur weiter zu ergründen. Fragen Sie sich:

- Wer ist der Kopf in unserer Familie?
- Wer ist das Herz?
- Steht das Herz im Einklang mit dem Kopf?
- Wie gut wird unser Familienkörper ernährt?
- Wie gut verdaut und absorbiert er Nahrung?
- Wie effektiv sind wir in der Müllausscheidung?

- Wie steht es um unseren Kreislauf? Sind unsere Arterien verkalkt?
- Wer oder was ist unser Rückgrat?
- Welche Sinne sind bei uns am schärfsten und welche am schwächsten ausgeprägt?
- Weiß die Rechte, was die Linke tut?
- Wie steht es um unsere Gesundheit? Leiden wir unter chronischen Beschwerden, starken Schmerzen oder lebensbedrohenden Krankheiten?
- Arbeiten wir an uns, um fit, stark, beweglich und anmutig zu bleiben?

Connessione am Arbeitsplatz

Der derzeitige Trend, in Unternehmen „lernende Organisationseinheiten“ und „absolute Qualität“ herzustellen, ist der Versuch, das *Connessione*-Denken in Arbeitsprozessen umzusetzen. Peter Senge macht in seinem Buch „The Fifth Discipline: The Art and Practice of the Learning Organisation“ deutlich, daß komplexe, sich schnell ändernde Systeme es erforderlich machen, daß wir „die Fähigkeit verfeinern müssen, das Ganze im Auge zu behalten ... eher die Beziehungen als die Dinge an sich zu betrachten und eher Strukturen des Wechsels zu beobachten als Momentaufnahmen“. In einer hübschen Redewendung im Stile da Vincis fügt Senge hinzu, daß die „Realität aus Kreisen besteht, wir aber immer nur gerade Linien sehen“.

Lernen Sie, „Kreise“ zu erkennen und eine leitende Funktion innerhalb einer „lernenden Organisationseinheit“ zu übernehmen, indem Sie das Prinzip der *Connessione* auf Zusammenhänge anwenden, mit denen Sie in Ihrem Beruf zu tun haben. Wählen Sie einen solchen Organisationszusammenhang aus, und stellen Sie sich im Hinblick darauf die gleichen Fragen wie in der Übung zur „Familiendynamik“ (sollte es sich um einen größeren Organisationszusammenhang handeln, müssen „Personen“ jeweils durch entsprechende andere Begriffe wie „Abteilung“, „Projektgruppe“ oder „Geschäftsbereich“ ersetzt werden). Versuchen Sie dann ein Diagramm zu zeichnen, das die systemische Dynamik Ihrer Organisationseinheit darstellt. Und schließlich beschreiben Sie die Organisationseinheit oder die Firma, in der Sie arbeiten, unter dem Blickwinkel der Körpermetapher.

Drachen machen

Die Fähigkeit, Beziehungen und wiederkehrende Strukturen zu erkennen sowie ungewöhnliche Verbindungen herzustellen, zeichnet das Wesen von Kreativität aus. Leonardos wundersame Drachen und viele seiner Erfindungen und Entwürfe sind das Ergebnis der skurrilen Verbindung scheinbar unvereinbarer Details. Setzen auch Sie Dinge, die auf den ersten Blick nichts miteinander zu tun haben, in Beziehung zueinander.

Welche Beziehung sehen Sie zum Beispiel zwischen:
Einem Ochsenfrosch und dem Internet?
Die Schwimmfüße des Frosches bestehen aus einem feinen Gewebenetz; das Internet verbindet Sie mit dem World Wide Web, dem weltweiten Netz.

Welche Verbindung läßt sich zwischen einem Orientteppich und der Psychotherapie herstellen?
Orientteppiche verfügen ebenso wie die Psyche über komplexe, sich wiederholende Muster und Strukturen.

Haben Sie verstanden, worum es geht? Versuchen Sie, wenigstens drei oder vier Verbindungen zwischen jedem der folgenden Begriffspaare herzustellen. Diese Übung eignet sich bestens zur Einstimmung auf ein Brainstorming, gleich ob man es alleine oder in einem Team durchführt. Viel Spaß dabei!

Welche Verbindung sehen Sie zwischen:

- dem Blatt einer Eiche und einer Hand
- einem Lachen und einem Knoten
- einem Topf Minestrone und den Vereinigten Staaten
- Mathematik und Leonardo da Vincis *Abendmahl*

- einem Schweineschwanz und einer Flasche Wein
- einer Giraffe und Krautsalat
- einem Stachelschwein und einem Computer
- einem Samurai und dem Schachspiel
- Gershwins „Rhapsody in Blue" und Regen
- einem Tornado und lockigem Haar
- der Weltwirtschaft und einem Pilz
- Jonglieren und Ihrer Karriere

Um Systeme besser zu verstehen, sollten Sie sich vorstellen, wie sie unter extremen Bedingungen reagieren. Über die innere Dynamik Ihres Familienverbandes erfahren Sie zum Beispiel am meisten in außergewöhnlichen Situationen: Hochzeiten, schwere Krankheiten von Familienmitgliedern, Geburten und Beerdigungen. Für welche Wertvorstellungen ein Unternehmen steht, wird am ehesten in einer finanziell schwierigen Situation, in einer ethischen Krise oder bei unerwarteten Veränderungen auf dem Markt deutlich.

Imaginäre Dialoge

Vor ein paar Jahren erntete Hillary Clinton in den Medien Spott, weil sie einen imaginären Dialog mit Eleanor Roosevelt führte. Doch das in der Vorstellung geführte „Gespräch" mit einem Vorbild stellt eine alte und effektive Methode dar, für sich selbst Einsichten zu gewinnen und Zukunftsperspektiven zu entwickeln. Schon Petrarca, der große italienische Dichter, empfahl die Anwendung solcher Dialoge, die auch in der Academia des Lorenzo de Medici praktiziert wurden.

Entscheiden Sie sich für ein Problem oder ein Thema, an dem Sie arbeiten oder das Sie vertiefen wollen.

Bis zum Äussersten gehen, um Verbindungen herzustellen

An einer Stelle seiner Notizbücher berichtet Leonardo da Vinci, daß er tröstend am Bett eines Sterbenden gesessen habe, bis dieser sanft und friedlich entschlafen sei. Nur wenige Augenblicke, nachdem der alte Mann seinen letzten Atemzug getan hatte, begann Leonardo mit der Autopsie, fasziniert von der Tatsache eines derart friedvollen Todes.

Auf seiner Suche nach der Wahrheit und dem Wesen der natürlichen Systeme ging Leonardo bis zum Äußersten. Seine anatomischen Studien des Geschlechtsakts, die Abendgesellschaft für Verkrüppelte, seine bemerkenswerte Skizze von der Hinrichtung Bandinellis, seine phantasmagorischen Kriegsmaschinen – all das ist Beweis für Leonardos intuitive Erkenntnis, daß man ein System, um es verstehen zu können, unter extremen Bedingungen erforschen muß. Insofern unterscheidet sich auch Leonardo da Vincis *Abendmahl* von seinen zahlreichen Vorgängern, als es sich auf den Moment höchster Dramatik konzentriert – den Augenblick, in dem Christus verkündet: „Einer unter euch wird mich verraten."

Überlegen Sie, welchen Standpunkt Leonardo da Vinci oder eine andere Person, die für Sie Vorbildcharakter hat, dazu einnehmen würde. Noch amüsanter und zugleich kreativer ist es, sich ein Gespräch verschiedener Personen – in der Vergangenheit oder Gegenwart lebend, real oder fiktiv – über das entsprechende Problem oder Thema vorzustellen. Lassen Sie zum Beispiel zwischen folgenden Personen einen imaginären Dialog stattfinden:

- Michelangelos David und Leonardos Johannes der Täufer
- Winona Ryder und Margaret Thatcher
- Muhammad Ali und Mona Lisa
- Ulrich Wickert und Niccolò Machiavelli

- Miles Davis und Verrocchio
- Christus und Buddha
- Bill Gates und Lorenzo der Prächtige
- Andere Personen, die Ihnen geeignet erscheinen

Ursprungs-Denken

Im *Sensazione*-Kapitel habe ich Ihnen empfohlen, vor dem Essen einen Moment innezuhalten, um sich zu sammeln und sich auf den Augenblick zu konzentrieren. Sie werden Ihr Essen nicht nur bewußter genießen: Dieses regelmäßige Ritual bringt Sie auch dem Prinzip der *Connessione* näher. Vergegenwärtigen Sie sich die Ursprünge dessen, was Sie gleich genießen werden, bevor Sie den ersten Bissen zum Mund führen. Ich zum Beispiel habe gestern abend gemeinsam mit einem Freund eine große Schüssel Linguine mit Knoblauch, Olivenöl, schwarzem Pfeffer und Pecorino genossen. Dazu gab es einen Salat aus knackigem Romagna, fri-

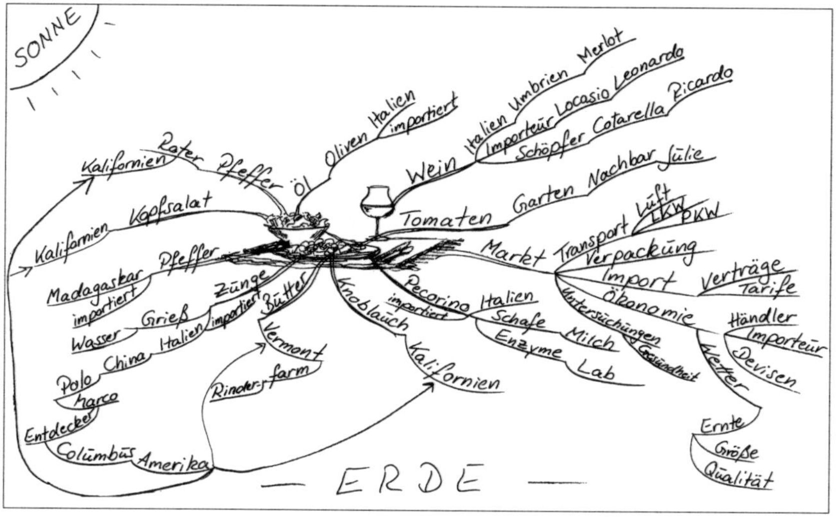

schen Tomaten, Petersilie und gerösteten roten Paprika, angemacht mit Olivenöl, Zitronensaft, Knoblauch und noch mehr Pecorino. Dieses typische Dienstagsessen wurde veredelt durch ein paar Gläser 1995er Falesco Montiano, einem vollmundigen Merlot aus Italien. Bevor wir uns dem Genuß dieses Essens hingaben, hielten wir einen Moment inne, um Dank zu sagen und uns über den Ursprung der Mahlzeit bewußt zu werden, mit der wir gesegnet waren. Die Mind Map auf S. 236 reflektiert unsere Gedanken zu den Ursprüngen unseres Essens.

Über den Ursprung der Dinge nachzudenken, hilft uns auf wunderbare Weise, das Prinzip der *Connessione* zu ergründen. Buckminster Fuller, ein modernes Renaissancegenie, war bekannt für seine frei gehaltenen, improvisierten Reden, mit denen er das Publikum zu faszinieren wußte. Anstatt seine Vorlesungen vorzubereiten, forderte er seine Zuhörer auf, ein Thema – gleich welcher Art – vorzuschlagen. Bei einer Gelegenheit bat ein Student, er solle über einen Styroporbecher sprechen. Fuller gelang es, sein Publikum zwei Stunden lang zu fesseln, indem er über die Ursprünge des Bechers sprach: über die Fortschritte der Chemie, die zur Erfindung des Styropors geführt hatten, über ökonomische und soziale Aspekte seiner Herstellung sowie die kulturellen und ökologischen Folgen.

Denken Sie einmal über Herkunft wie Entstehungsprozeß der folgenden, in Ihrem Alltag vorkommenden Produkte nach:

- dieses Buch
- die Kleidung, die Sie in diesem Moment tragen
- Ihre Uhr
- Ihren Computer
- oder irgendein anderer Gegenstand

Wenn Sie diese Übung von Zeit zu Zeit wiederholen und immer wieder die Ursprünge von Dingen zu erkunden suchen, werden Sie unwillkürlich zu der Erkenntnis gelangen, die bereits Leonardo hervorhob, daß nämlich „alles mit allem verbunden ist".

Gedanken zu Mikrokosmos und Makrokosmos

Leonardo da Vincis Forschungen über den Ursprung der Dinge förderten seine Einsicht in das Verhältnis von Mikrokosmos und Makrokosmos. Diesem Verhältnis, das über die Jahrhunderte hinweg in vielen Kulturen erahnt und thematisiert wurde, widmet sich auch die moderne Wissenschaft: Heisenberg, Mandelbrot, Prigogine, Pribram, Sheldrake, Bohm, Chopra, Pert, um nur einige zu nennen, haben den Weg für ein wissenschaftliches Verständnis des alten Diktums „wie oben, so unten" bereitet. Dieses Verständnis steht im Einklang mit der Erfahrung von *Connessione*. Candace Pert: „Wie oben, so unten. Anders zu denken, bedeutet zu leiden, die schmerzhafte Erfahrung der Trennung von unserem Ursprung, von unserer wahren Einheit zu machen."

Ruhen Sie in sich selbst, indem Sie sich auf Ihren Atemfluß konzentrieren. Halten Sie inne und meditieren Sie über Ihre Verbindung mit dem Mikrokosmos und dem Makrokosmos. Beginnen Sie damit, sich die Koordinationstätigkeit Ihres Verdauungssytems, der Endokrine und der Haut, der Knochenmuskulatur und des Nervensystems, des Blutkreislaufs und des Immunsystems bewußtzumachen. Dann führen Sie sich die harmonische Verbindung der Elemente vor Augen, die in diesen Systemen zusammenwirken: Knochen, Därme, Muskeln, Magen, Blut, Nerven, Bauchspeicheldrüse, Leber, Herz und Nieren. Jetzt dringen Sie noch einen Schritt weiter vor, auf die Ebene der Zellen, und stellen sich die Milliarden und Abermilliarden von Zellen vor, aus denen Ihre Organe und das Körpergewebe bestehen. Nun gehen Sie zur Ebene der Moleküle und sehen, wie die Moleküle in unterschiedlichen Kombinationen zusammenhängen und die Zellen bilden. Stellen Sie sich das Zusammenspiel der Atome vor, aus denen die Moleküle bestehen. Und schließlich wenden Sie Ihre Aufmerksamkeit der subatomaren Ebene zu, die zu ca. 0,001% aus Materie und 99,999% aus Raum besteht.

Die Summe all dieser Subsysteme macht Ihren Organismus, macht *Sie* aus. Und Sie selbst sind wiederum ein Subsystem einer Familie, eines sozialen, beruflichen und ökonomischen Netzwerks. Machen Sie sich die Funktionen deutlich, die Sie in diesen Netzwerken innehaben. Denken Sie über Ihre Verknüpfung mit den verschiedenen Systemen nach, die Sie mit Informationen versorgen – Kabel, Satelliten, Glasfaserverbindungen und Computerchips verknüpfen Sie mit Millionen von Gedanken, die per Telefon, Fax, Computer, Fernsehen, Radio und Printmedien zu Ihnen gelangen. Betrachten Sie sich selbst im Zusammenhang der (geo-) politischen Systeme, als Einwohner einer Gemeinde oder einer Stadt, als Bürger eines Bundeslandes, einer Provinz oder Region, die wiederum Teil eines Staates ist. Führen Sie sich die Rolle vor Augen, die Sie im Ökosystem Ihres unmittelbaren Umfelds wie auf der Erde spielen. Sehen Sie die Erde mit den Augen eines Astronauten, als Teil des Sonnensystems, der Milchstraße, in einem sich ausdehnenden und zusammenziehenden Universum aus 0,001% Materie und 99,999% Raum.

Meditation zur Connessione

Das manchmal rasante Tempo des modernen Lebens kann bisweilen dazu führen, daß wir die Verbindung sowohl zum Mikrokosmos als auch zum Makrokosmos verlieren. Wenn man gerade einen wichtigen Termin hat, den Kindern hinterherräumen oder sich durch den Berufsverkehr kämpfen muß, fällt es schwer, sich an kosmische Wahrheiten zu erinnern. Die folgende einfache Meditation weist einen Weg, die Erfahrung der *Connessione* in Ihren Alltag zu integrieren.

Suchen Sie sich einen ruhigen Ort und setzen Sie sich auf einen Stuhl, die Füße sind fest auf den Boden gestellt, der Rücken möglichst aufgerichtet. Schließen Sie die Augen, und konzentrieren Sie sich auf Ihre Atmung. Achten Sie auf das Gefühl, wenn die Luft beim Einatmen durch Ihre Nasenlöcher strömt. Atmen Sie auch durch die Nase aus und spüren Sie dabei, wie die Luft ausströmt. Richten Sie die Aufmerksamkeit auf Ih-

Connessione für Eltern

Die mit Hilfe der Übungen „Familiendynamik“ und „Körpermetapher“ gewonnenen Einblicke in die in Ihrer Familie vorherrschenden Strukturen sollten Sie weiterführen, indem Sie sich fragen: Wie kann ich diese Erkenntnisse nutzen, um ein liebevollerer Vater, eine liebevollere Mutter zu werden? Wie kann ich es verhindern, daß ich die ungelösten Probleme, mit denen ich selbst aufgewachsen bin, an meine Kinder weitergebe?

Die Übungen „Drachen machen“ und „imaginäre Dialoge“ lassen sich leicht so abwandeln, daß sie auch von Kindern durchgeführt werden können. Und sie eignen sich hervorragend, um die Kreativität des Kindes zu fördern. Die Übung „Ursprungs-Denken“ erweist sich als besonders wertvoll, um Ihrem Kind den Gedanken näherzubringen, daß „alles mit allem verbunden ist“.

ren Atemrhythmus. Bleiben Sie zehn bis zwanzig Minuten so sitzen. Falls Sie mit den Gedanken abschweifen, konzentrieren Sie sich wieder auf das unmittelbare Erlebnis des Atmens.

Den meisten Menschen verhilft diese Meditationsübung zu Ruhe und Ausgeglichenheit. Das Atmen geschieht immer *jetzt*, während unsere Sorgen und Ängste normalerweise mit Dingen aus der Vergangenheit oder der Zukunft verknüpft sind. Vor allem aber verbindet Sie der Atmungszyklus mit dem Rhythmus der Schöpfung, mit den Gezeiten und dem Wechsel von Tag und Nacht. Sie teilen die Luft, die Sie atmen, mit allen Lebewesen, mit Ihren Lieben, Ihrem Hund oder Ihrer Katze, mit Parteigängern jedweder politischer Couleur – wir alle atmen dieselbe Luft. Seufzende alte Männer in Aserbeidschan, weinende Neugeborene in Myanmar, lachende Börsenmakler in der Wall Street, brüllende Teenager am Strand von Malibu, in Ekstase kreischende Liebende wie jammernde Bettler in Kalkutta – wir alle teilen dieselbe Luft.

Zwanzig Minuten lang ruhig zu sitzen und über den Fluß des Atmens zu meditieren, wird Ihnen sehr gut tun. Doch zwanzig Minuten kann man nicht immer erübrigen. Versuchen Sie daher, jede Gelegenheit zu nutzen. Wann immer es Ihnen in Ihrem Tagesablauf in den Sinn kommt: Richten Sie die Aufmerksamkeit auf Ihr Atmen. An Tagen mit besonders viel Arbeit sollten Sie sich vornehmen, wenigstens ein- oder zweimal eine Pause einzulegen, um ganz bewußt sieben Atemzüge zu tätigen, stehen Sie ganz besonders unter Streß, atmen Sie wenigstens einmal bewußt ein und aus. Diese kleine Oase des Zusichfindens wird Sie mit sich selbst, mit der Natur und der Schöpfung verbinden.

„Er sah Gott ... in der rätselhaften Schönheit des Lichts, in den harmonischen Bewegungen der Sterne, in dem komplizierten Zusammenspiel von Muskeln und Nerven im Körper des Menschen und im kaum faßbaren Meisterwerk der menschlichen Seele."

– Serge Bramly über Leonardos religiöse Einstellung

Zeitleiste – Fluss des Lebens

Geschichtsbücher beinhalten oft Zeitleisten oder -tabellen, in denen außergewöhnliche Ereignisse, wichtige Zeitabschnitte oder das Leben einer bedeutenden Person zusammengefaßt werden. Mit dem Anfertigen einer persönlichen Zeitleiste, in die Sie alle Ereignisse eintragen, die Sie persönlich wie in übergeordneter Hinsicht als bedeutsam erachten, können Sie auch Ihr eigenes Leben beurteilen.

Wenn Sie Ihre Zeitleiste skizziert haben, versuchen Sie einmal, sich Ihr Leben als Fluß vorzustellen. Lassen Sie vor Ihrem geistigen Auge den Ursprung des Flusses entstehen, vielleicht als Schneekristall auf einem Berg, der dazu bestimmt ist, irgendwann im Meer anzukommen.

Beschreiben Sie die Deiche und Dämme, die Wirbel und Strudel, Stromschnellen und Wasserfälle Ihres Lebens. Wo liegen die größten Annäherungen an andere Flüsse oder Gewässer? Wie tief ist Ihr Fluß? Wie sauber? Friert er jemals zu, droht er hier und da auszutrocknen, oder tritt er über die Ufer? Wie lange fließt er unterirdisch? Liefert er Nahrung für die an seinen Ufern Lebenden? Betrachten Sie aufmerksam die Richtung, die Ihr Leben genommen hat. „Hältst du deine Hand in einen Fluß, hast du eben das letzte berührt, was vorbei ist und das erste von dem, was kommt. Und so ist es auch mit der Gegenwart", notierte Leonardo da Vinci.

„Bedenke das Ende wohl"

Nur schwer vorstellbar scheint Vasaris Behauptung, daß Leonardo sich auf dem Totenbett voller Reue dafür entschuldigte, „wie er gegen Gott und die Menschen gefehlt habe, daß er in der Kunst nicht getan hätte, was ihm Pflicht gewesen wäre". Wir wissen, daß der Meister in Momenten der Verzweiflung niederschrieb: „Sag mir, ob je etwas vollendet worden ist?" Obwohl er sehr viel unvollendet hinterließ, konnte Leonardo da Vinci selbst als er in den Armen des französischen Königs starb, sich nicht vorstellen, welche Bedeutung seiner Hinterlassenschaft einst zukommen sollte.

Leonardo war der „Mann der Idee" schlechthin. Wenn auch sein Können auf vielen Gebieten nicht zu überbieten war, entwickelte er doch keine Meisterschaft darin, etwas zum Abschluß zu bringen. Als er älter und seiner eigenen Sterblichkeit gewahr wurde, betonte er nachdrücklich, wie wichtig es sei, sich klare Ziele zu setzen und bis zum Ende zu verfolgen. In seinen späten Jahren schrieb er wiederholt Sätze nieder wie: „Bedenke das Ende wohl".

Sie können Ihre Ziele sehr viel einfacher erreichen, wenn Sie einem einfachen Akronym folgen. Ihre Ziele sollten SMART sein.

S — Sorgfaltspflicht: Sie verpflichten sich, Ihre Ziele mit aller gebotenen Sorgfalt erreichen zu wollen und selbst dafür verantwortlich zu sein. Arbeiten Sie innerhalb eines Teams, tragen Sie dafür Sorge, daß auch dort die Regeln der Sorgfalt und Verantwortlichkeit eingehalten werden.

M — Meßbarkeit: Entwickeln Sie objektive Maßstäbe, mit denen Sie Ihren Fortschritt messen können.

A — Akkuratesse: Definieren Sie präzise und akkurat, was Sie erreichen wollen.

R — Realismus und Relevanz: Setzen Sie sich Ziele, die ehrgeizig, aber erreichbar sind. „Man soll nicht nach dem Unmöglichen streben."

T — Termin: Setzen Sie sich einen Termin, an dem Sie Ihre Ziele erreicht haben wollen.

Bevor Sie mit der letzten Übung beginnen, die Ihnen unter anderem dabei helfen wird, sich SMART-Ziele für Ihr Leben zu setzen, sollten Sie „das Ende bedenken". Wie soll Ihre Hinterlassenschaft aussehen? Schreiben Sie in Ihr Notizbuch eine Lobrede auf sich selbst – aus der Sicht Ihrer Familie, der Freunde, Arbeitskollegen und Nachbarn. Wie soll man sich an Sie erinnern?

Fertigen Sie eine Master-Mind-Map Ihres Lebens an

Eines der Ziele dieses Buches besteht darin, Ihnen Instrumente an die Hand zu geben, die Sie in die Lage versetzen, Ihr schöpferisches Potential zu entfalten. Für das Erreichen dieses Ziels habe ich auch die folgende Übung konzipiert.

In dieser letzten Übung werden Sie Ihr Leben – Ihre Ziele und Wertvorstellungen, Ihre Prioritäten und Absichten – mit den Prinzipien der *Connessione* betrachten. Wir denken natürlich alle von Zeit zu Zeit über unsere Karriere nach, über Beziehungen und unsere Finanzen. Viele Menschen verwenden auch viel Zeit darauf, um in ihrer Firma Visionen, Ziele und Strategien zu entwickeln. Aber selten, falls überhaupt, denken wir darüber nach, wie sich unsere diversen persönlichen Ziele miteinander vereinbaren lassen.

Die Vorteile einer Master-Mind-Map:

- Wenn Sie all Ihre Ziele, Prioritäten und Wertvorstellungen auf einem einzigen Blatt Papier zusammenfassen, erkennen Sie die *Connessione*, die Zusammenhänge in Ihrem Leben.

- Wenn Ihnen bewußt wird, wie in Ihrem Leben alles mit allem zusammenhängt, werden Sie die Konflikte, die unzulänglich funktionierenden Verbindungen und die Schwachstellen, die Sie am Erreichen Ihrer Ziele und Träume hindern, erkennen und überwinden.
- Wenn Sie Ihre Ziele und Prioritäten in Schlüsselbegriffen und Bildern aufzeichnen, werden Sie die Kraft von *Arte* und *Scienza* einsetzen können, um Ihre kreativen Visionen umzusetzen.

Um die Übung, die vielleicht Ihr ganzes Leben verändern wird, so effektiv wie möglich zu gestalten, empfehle ich, daß Sie sich dieser Aufgabe mindestens eine Stunde am Tag über einen Zeitraum von insgesamt einer Woche widmen. Es müssen nicht unbedingt sieben aufeinanderfolgende Tage sein, aber Sie sollten die ganze Übung innerhalb von höchstens drei Wochen abgeschlossen haben. Schaffen Sie sich eine Umgebung, die dem Atelier des Meisters gleicht. Anstatt Pinsel und Leinwand benutzen Sie farbige Filzstifte und große Bögen unlinierten, weißen Papiers. Nutzen Sie zur Arbeit inspirierende Musik, und füllen Sie den Raum mit den von Ihnen bevorzugten Düften.

1. Tag: Skizzieren Sie das Gesamtbild Ihres Lebens

- Entwerfen Sie sich eine eigene *Impresa* (Emblem und Wahlspruch) – eine *Impresa* war in der Renaissance das persönliche „Logo" von Gelehrten, Adligen und Prinzen. Nehmen Sie sich Zeit für die Gestaltung Ihres Emblems. Es wird zu einem zentralen Gestaltungspunkt der Mind Map Ihres Lebens werden.

- Fertigen Sie eine *Sprezzatura*-Karte Ihrer Ziele an (*Sprezzatura* = Ungezwungenheit). Zeichnen Sie Ihr Emblem in die Mitte eines großen Papierbogens. Auf Linien, die von dieser zentralen Darstellung strahlenförmig ausgehen, notieren Sie je einen Schlüsselbegriff oder zeichnen ein Symbol ein für jeden der Ihnen wichtigen Lebensbereiche, z. B. Menschen, Karriere, Finanzen, Heim, Besitz, Glaube, Vergnügen, Gesundheit, Gutes bewirken, Reisen, Lernen und Ich selbst. (Benutzen Sie für diese Lebensbereiche alle Begriffe, die Ihnen einfallen; fügen Sie hinzu, streichen Sie oder tauschen Sie die hier vorgeschlagenen Kategorien gegen andere aus.) Stellen Sie sich für jeden dieser Lebensbereiche die Frage: „Was will ich?"

Betrachten Sie nun die Skizze und fragen Sie sich: „Habe ich alle wichtigen Bereiche eingesetzt? Wenn ich wählen könnte: Was würde ich auswählen?"

2. Tag: Loten Sie Ihre Ziele aus

Beginnen Sie damit, daß Sie Ihr Emblem in die Mitte eines Papierbogens zeichnen. Nun legen Sie eine strukturierte Mind Map Ihrer Lebensziele an, mit lebendigen, farbigen Bildern für jeden der Ihnen wichtigen Lebensbereiche. Von jedem dieser Bereichssymbole oder -bilder (Finanzen, Gesundheit etc.) lassen Sie nun strahlenförmig Linien ausgehen, auf die Sie je Schlüsselbegriffe schreiben oder neue Symbole zeichnen, die Ihre Ziele für jeden dieser Lebensbereiche detaillierter beschreiben. Loten Sie jeden Zweig bis in die Tiefe aus:

- Menschen – Welche Beziehungen sind wichtig? Welche Qualität sollten diese Beziehungen haben?

- Karriere – Was ist mein höchstes Karriereziel? Was sind meine Zwischenziele? Wie könnte mein idealer Beruf oder meine ideale Karriere aussehen?
- Finanzen – Wieviel Geld muß ich aufbringen, um all meine anderen Ziele zu erreichen?
- Heim – Was gehört zu meiner idealen Lebensumgebung?
- Besitz – Welche materiellen Dinge sind wichtig für mich?
- Glauben – Welche Form von Beziehung will ich zu Gott haben? Wie kann ich mich für die göttliche Gnade empfänglicher machen?
- Gesundheit – Wie fit möchte ich werden? Welche Energien wünsche ich mir?
- Vergnügen – Was würde mir die größte Freude bereiten?
- Gutes bewirken – Was möchte ich anderen Gutes tun?
- Reisen – Wohin möchte ich reisen?
- Lernen – Was würde ich gerne lernen?
- Ich selbst – Welche Person wäre ich gerne? Welche Qualitäten möchte ich kultivieren?

Nutzen Sie all Ihre Sinne, um ein lebendiges Bild von jedem der Bereiche zu schaffen. Falls Sie eine gesonderte Mind Map für einige Ihrer Hauptziele erstellen, übertragen Sie das Ergebnis in die Master-Mind Map.

3. Tag: Klären Sie Ihre Wertvorstellungen

Die nunmehr definierten Ziele sind die Antwort auf die Frage: „Was will ich?" Ihre persönlichen Wertvorstellungen resultieren aus der Frage: „Warum will ich es?" Betrachten Sie jedes Ihrer Ziele und unterzie-

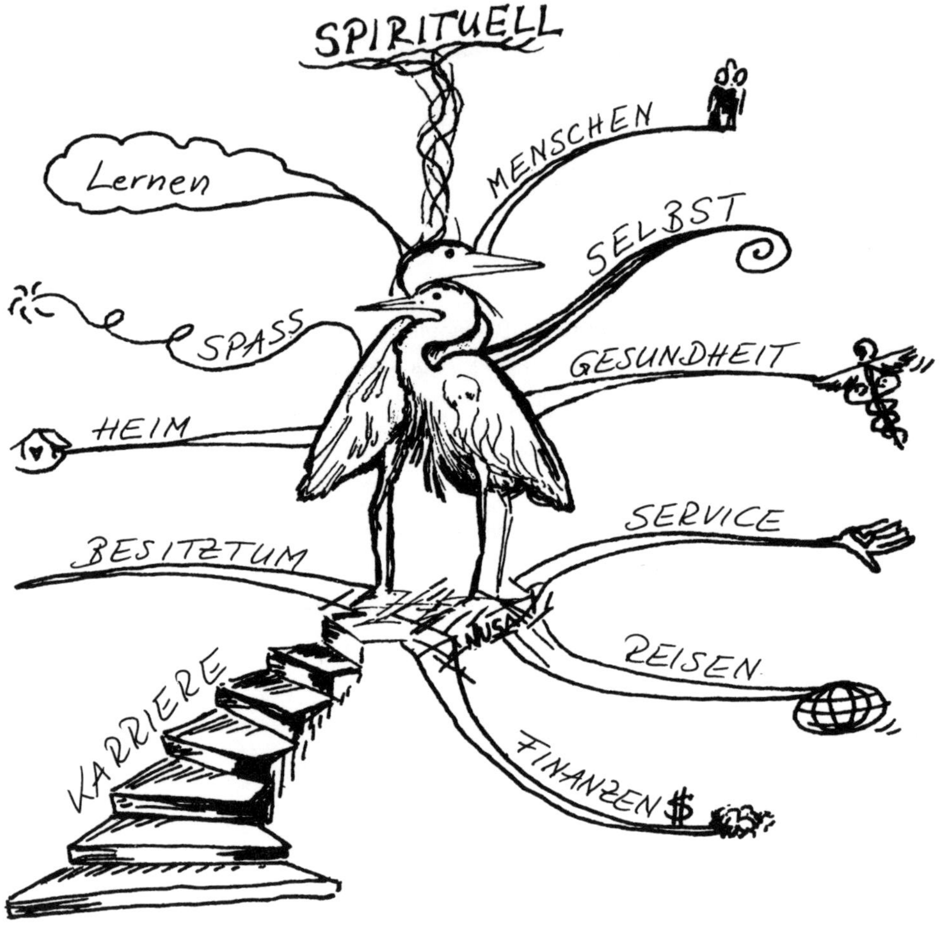

Der Anfang einer Mind Map des Lebens

hen Sie es dabei einer Prüfung, indem Sie die Fragen stellen: „Warum will ich gerade das?" „Warum ist es wichtig?" „Was bedeutet das Erreichen dieses Ziels für mein Leben?"

Nun stellen Sie sich die folgenden Fragen: „Welche der Ziele sind durch die für mich typische Konditionierung bedingt, durch verinnerlichte Regeln und Ansichten, die ich von Eltern, Priestern und Lehrern übernommen habe? Welche meiner Ziele sind bedingt durch eine Reaktion auf oder eine Rebellion gegen meine Konditionierung? Wieviel von dem, was ich wirklich will, entspringt meinem Wesen und ist frei von Reaktionen auf Fremdbestimmung?"

Wenn Sie die Motive betrachten, die einigen ihrer Ziele zugrunde liegen, kristallisieren sich allmählich Ihre Wertvorstellungen heraus. Diese Übung ist darauf ausgelegt, diesen Prozeß zu fördern. Die folgende Liste enthält einige Schlüsselbegriffe, die für Wertvorstellungen stehen (fügen Sie Ihre eigenen Schlüsselbegriffe hinzu.) Lesen Sie die ganze Liste durch und notieren Sie kurz Ihre Reaktion zu jedem einzelnen Schlüsselbegriff. Welche der Begriffe berühren Sie am meisten? Wählen Sie die zehn Begriffe aus, die die meisten Assoziationen auslösen, und schreiben Sie sie in der Reihenfolge ihrer Bedeutung für Sie auf.

Abenteuer
Anerkennung
Arbeit
Aufmerksamkeit
Ausgelassenheit
Authentizität
Demut
Disziplin
Ehrlichkeit
Familie
Freiheit
Freude
Freundlichkeit
Freundschaft
Führung
Gelassenheit
Geld
Gemeinschaft
Gerechtigkeit
Gewinnen
Glauben
Großzügigkeit
Humor
Integrität

Kraft
Kreativität
Leidenschaft
Lernen
Liebe
Loyalität
Mitleid
Nächstenliebe
Natur
Neuheit
Ökologie
Ordnung
Originalität
Patriotismus
Perfektion
Qualität
Religion
Respekt
Schönheit
Sensibilität
Sicherheit
Spannung
Spontaneität
Stabilität
Status
Tradition
Unabhängigkeit
Verantwortung
Vergnügen
Verständnis
Vielfalt
Wachstum
Wahrheit
Weisheit
Wettbewerb
Wissen
Zeit

Denken Sie über Ihre Liste mit den zehn Wertvorstellungen nach. Spiegeln sich Ihre Wertvorstellungen in Ihren Zielen wider? In welchem Ihrer Lebensbereiche sind Ihre Wertvorstellungen am ehesten verwirklicht? Welche Bereiche führen Sie eher von dem weg, was Sie wertschätzen?

Nun erstellen Sie je ein Bild oder ein Symbol, das für jede Ihrer Wertvorstellungen steht.

4. Tag: Denken Sie über Ihre Zielvorstellungen nach

Einige von uns scheinen mit einem ausgeprägten Zielbewußtsein geboren zu werden. Die meisten von uns aber benötigen ein bestimmtes Quantum an Besinnung, um die Ziele ihres Lebens zu erkennen und zu verstehen. Versuchen Sie die einfache Frage „Was sind meine Absichten?" solange in Ihrem Herzen und in Ihrem Verstand festzuhalten, bis die Erleuchtung Sie trifft. Während Sie darauf warten, gehen Sie nach folgendem Verfahren vor:

Die Wertvorstellungen und Lebensweisheiten Leonardo da Vincis

Neben Kommentaren zu seinen künstlerischen und wissenschaftlichen Leistungen schrieb Leonardo auch eine Reihe von Beobachtungen, Einsichten und Ratschlägen zu vielen Themen nieder: Ethik, zwischenmenschliche Beziehungen, spirituelle Erfüllung etc. Während Sie Ihre Master-Mind Map zusammenstellen, sollten Sie einige der Ratschläge des Meisters als Wegweiser nutzen.

Über Materialismus und Ehrgeiz

„Erhoffe und tue irgendwelche Dinge nicht, wenn du einsiehst, daß die Entbehrung derselben dir Qual bereiten würde."

„Den Ehrgeizigen, denen weder der Segen des Lebens noch die Schönheit der Welt genügt, um zufrieden zu sein, widerfährt zur Strafe, daß sie das Leben vergeuden und weder die Güter noch die Schönheit der Welt erfahren."

„Wer das meiste besitzt, der muß den Verlust am meisten fürchten."

Über Ethik und persönliche Verantwortung

„Du kannst keine größere oder geringere Herrschaft haben, als du über dich selbst hast."

„Wer das Unrecht nicht bestraft, der befiehlt, daß man es tun soll."

„Selten fällt, wer richtig geht."

„Lob und Tadel verdient der Mensch nur in den Dingen, die zu tun oder zu unterlassen in seiner Macht steht." (Leonardo lieh diesen Gedanken bei Aristoteles aus.)

Über Beziehungen

„Die Erinnerung an Wohltaten ist schwach gegenüber der Undankbarkeit."

„Tadle den Freund im geheimen und lobe ihn öffentlich."

„Langmut schützt vor Kränkungen, gleichwie Kleider vor Kälte schützen."

Über die Liebe

„Genießen heißt eine Sache um ihrer selbst willen lieben und nicht aus anderen Gründen."

„Die Liebe zu etwas ist die Frucht unseres Wissens davon und wächst, wie unser Wissen sich vertieft."

Leonardo zitierte auch gern und häufig den alten lateinischen Spruch: *Amor vincit omnia* – Die Liebe überwindet alles.

- ✦ Bedienen Sie sich der Methode des assoziativen Schreibens, um alles festzuhalten, was Ihnen zum Thema „Welche Ziele habe ich *nicht*!" einfällt. Es wird Ihnen helfen, Ihre Ziele klar zu definieren.
- ✦ Versuchen Sie, in fünfundzwanzig Worten oder weniger ein „Statement über Ihre Absichten" aufzuschreiben. Schreiben Sie dieses „Statement" monatlich um, bis Sie merken, daß ein Energiestrom Ihren ganzen Körper durchfährt, wenn Sie es lesen.
- ✦ Sie werden merken, wenn Sie Ihr Ziel erreicht haben – dann nämlich, wenn jede Ihrer Zellen „Ja!" sagt.

5. Tag: Beurteilung der Fortschritte

Betrachten Sie noch einmal die wichtigsten Lebensbereiche und schätzen Sie Ihren gegenwärtigen Stand so objektiv wie möglich ein. Es wäre auch hilfreich, wenn Sie eine Fremdbeurteilung von jemandem einholen könnten, dem Sie vertrauen. Stellen Sie folgende Fragen:

- ✦ Menschen – Wie sehen meine Beziehungen jetzt aus?
- ✦ Karriere – Wo stehe ich gegenwärtig in meiner Karriere?
- ✦ Finanzen – Wie ist meine finanzielle Lage? Wie hoch sind Ausgaben, Schulden, Einnahmen?
- ✦ Heim – Wie ist meine Lebenssituation?
- ✦ Besitz – Was besitze ich?
- ✦ Glauben – Welche Beziehung habe ich zu Gott?
- ✦ Gesundheit – Wie fit bin ich? Wie ist es um meinen Energiehaushalt bestellt?
- ✦ Vergnügen – Genieße ich das Leben?
- ✦ Gutes bewirken – Was tue ich anderen Gutes?
- ✦ Reisen – Wo bin ich gewesen?

- Lernen – Wo liegen meine größten Bildungslücken?
- Ich selbst – Welche Person bin ich jetzt? Wo liegen meine Stärken und Schwächen?
- Wertvorstellungen – Wo liegt der Unterschied zwischen den Wertvorstellungen, die ich gerne hätte, und denen, die ich jetzt habe (gemessen an meinen Handlungen und Verhaltensweisen)?

6. Tag: Suchen nach Verbindungen

Fertigen Sie eine neue Mind Map an, die all Ihre Ziele beinhaltet, samt aller Zweige für Wert- und Zielvorstellungen. Zeichnen Sie sorgfältig, so lebendig und schön wie möglich Ihr Emblem und die anderen Symbole. Wenn Sie Ihre Lebensziele, Wertvorstellungen und Absichten auf einem großen Papierbogen niedergebracht haben, hängen Sie Ihre nunmehr fast vollständige Master-Mind-Map in Ihrer Wohnung oder an Ihrem Arbeitsplatz auf. Dann stellen Sie sich die folgenden Fragen:

- Tauchen irgendwelche Schlüsselbegriffe mehrfach auf? Kann man daraus ein Grundthema ableiten?
- Sind meine Ziele auch für meine Wertvorstellungen und Absichten relevant?
- Ist mein Leben im Gleichgewicht? Arbeiten Ziele, Absichten und Wertvorstellungen Hand in Hand und unterstützen sich gegenseitig? „Ebenmaß findet man nicht nur in Zahlen und Maßeinheiten, sondern auch in Tönen, Gewichten, Zeiten und Orten, in jeder Kraft, die existiert", schrieb Leonardo. Fragen Sie sich: In welchem Umfang beeinträchtigt meine Karriere Gesundheit und Energiehaushalt? Wie beeinträchtigen Gesundheit und Energiehaushalt meine Beziehungen? Wie beeinflußt meine finanzielle Si-

tuation die Absicht, zu lernen und zu reisen? Suche ich nach einem Gleichgewicht zwischen Selbstlosigkeit und Vergnügen?

- Wo liegen meine Prioritäten?
- Trägt die Art und Weise, wie ich gegenwärtig arbeite, Beziehungen pflege, lerne, liebe, ausspanne sowie Zeit und Geld einteile, zum Erreichen meiner Ziele und der Befriedigung meiner Absichten bei?

Wenn Sie das Verhältnis zwischen Ihren Zielen und Ihrer derzeitigen Lebenssituation abschließend eingeschätzt haben, versuchen Sie die folgenden Fragen zu beantworten: Wo klaffen die größten Lücken zwischen dem, was ich will, und dem, was ich erreicht habe? Bin ich auf dem richtigen Kurs, um die wichtigsten Ziele zu erreichen? Welche Kurskorrekturen muß ich vornehmen, um mein Leben ins Gleichgewicht zu bringen?

7. Tag: Strategien für den Wechsel

Definieren Sie Ihre Ziele und Visionen, indem Sie die Frage „Was will ich?" beantworten.

Sie klären ihre Wertvorstellungen und Absichten, indem Sie sich die Frage stellen „Warum will ich das?"

Sie entwerfen eine Strategie, indem Sie die Frage beantworten „Wie bekomme ich das, was ich will?"

Rollen Sie Ihre ideale Lobrede von hinten nach vorne auf und gehen Sie dabei Ihre Ziele Schritt für Schritt durch. Überlegen Sie, was Sie investieren müssen, um jedes einzelne Ziel zu erreichen.

- Übertragen Sie nun die Mind Map Ihres Lebens in einen Fünfjahresplan. Dann entwerfen Sie einen Plan für das nächste Jahr.

- Wenn Sie Ihren Einjahresplan aufgestellt haben, überprüfen Sie Ihre Ziele noch einmal daraufhin, ob sie SMART sind. Im nächsten Schritt formulieren Sie eine Bestätigung für jeden wichtigen Bereich Ihres Lebens.
- Entscheiden Sie über die Schritte, die Sie noch in dieser Woche, noch an diesem Tag realisieren wollen, um Ihren Zielen näherzukommen.
- Nehmen Sie sich jeweils zu Wochenbeginn zwanzig bis dreißig Minuten Zeit, um eine Mind Map der Ziele, Prioritäten und Pläne zu erstellen, die Sie in den nächsten sieben Tagen realisieren wollen. Wenn Sie mögen, können Sie die wichtigen Lebensbereiche farbig markieren. Dadurch erhalten Sie sofort ein visuelles Feedback, ob es Ihnen gelungen ist, Ihre Prioritäten auszubalancieren.
- Sehen Sie sich Ihren Wochenplan an. Sind die Farben darauf ausgewogen wie die eines gleichmäßigen Regenbogens oder überwiegt eine einzige Farbe? Haben Sie genügend Zeit für die Pflege von Beziehungen, für Ihre Gesundheit und für Ihre persönliche Entwicklung eingeplant?
- Wenn Sie sich Ihren Wochenplan ansehen, fragen Sie sich, ob jede von Ihnen geplante Aktivität die Realisierung Ihrer Wertvorstellungen und Absichten unterstützt.
- Fertigen Sie schließlich eine Mind Map Ihres Tagesplans an. Wenn es Ihnen gelingt, nur zehn bis fünfzehn Minuten zu Beginn eines jeden Tages oder am vorherigen Abend einzuplanen, um eine Mind Map Ihrer Ziele und Prioritäten zu erstellen, werden Sie eher in der Lage sein, die täglich an Sie herangetragenen Herausforderungen erfolgreich anzugehen.

Nehmen Sie Kurs auf einen Stern

Selbst noch so sorgfältig ausgearbeitete Strategien lassen sich selten nach Plan umsetzen. Doch auch außerordentlich talentierte Meister der Improvisation gehen nicht einfach „drauflos", sondern beginnen mit einem ausgefeilten Konzept, das sie bei Bedarf den Umständen anpassen.

Sie sind zwar Kapitän Ihres eigenen Schiffs, aber Sie haben keine Kontrolle über das Wetter. Manchmal beschert uns das Leben eine ruhige Fahrt; in anderen Phasen dagegen stellen sich uns Unwetter und Stürme entgegen. Leonardo riet: „Wer Kurs auf einen Stern nimmt, wankt nicht." Nehmen Sie Kurs auf einen Stern, und machen Sie sich bereit, durch Stürme zu segeln und an Eisbergen vorbei.

Seit 1975 habe ich von Tausenden von Menschen auf der ganzen Welt gehört, die mit Hilfe der Methode des Mind Mapping ihre Ziele definierten und verwirklichten. Ich selbst habe diese Methode im Laufe der Jahre weiterentwickelt und selbstverständlich auch auf mein eigenes Leben angewandt. 1987, im Alter von fünfunddreißig, entwarf ich eine Master-Mind-Map, bei der ich besonderes Gewicht auf die Ziele legte, die ich bis zu meinem vierzigsten Lebensjahr verwirklichen wollte. Das Schicksal war mir gnädig, und beinahe alles, was ich mir vorgestellt hatte – in beruflicher, finanzieller und persönlicher Hinsicht –, ging in Erfüllung. Mit vierzig entwarf ich wieder eine Mind Map für die nächsten fünf Jahre, und wieder erfüllten sich fast all meine Träume. Jetzt bin ich fünfundvierzig und dabei, einen neuen Plan aufzustellen.

Selbstverständlich haben mich meine Master-Mind Maps nicht wie durch Zauberhand vor Enttäuschung, Angst und Kummer bewahrt, die Bestandteil eines jeden Lebens sind. Auch ich mußte durch Unwetter und Stürme, gelegentlich sogar durch den einen oder anderen Hurrikan segeln. Doch die Methode des Mind Mappings war für mich von unschätzbarem Wert, den Kurs auf meinen Stern einzuhalten – so, wie sie hoffentlich auch Ihnen helfen wird, Ihre Ziele zu erreichen.

Rückblick

Betrachten Sie die Mind Map Ihres Lebens aus der Perspektive der sieben Prinzipien Leonardo da Vincis.

Curiosità – Stelle ich die richtigen Fragen?
Dimostrazione – Wie kann ich meine Fähigkeit verbessern, aus Fehlern und Erfahrungen zu lernen? Wie lerne ich, autonom zu denken?
Sensazione – Wie kann ich mit zunehmendem Alter meine Sinne schärfen?
Sfumato – Wie kann ich die Fähigkeit entwickeln, kreative Spannung auszuhalten und mich den großen Widersprüchen des Lebens zu stellen?
Arte / Scienza – Besteht eine Balance zwischen *Arte* und *Scienza* in meinem persönlichen wie beruflichen Leben?
Corporalità – Wie kann ich für ein Gleichgewicht von Körper und Verstand sorgen?
Connessione – Wie fügen sich die oben genannten Elemente in meinem Leben zusammen? Welche Verbindungen bestehen zwischen ihnen?
Gehen Sie die Fragen zur Selbsteinschätzung in den einzelnen Kapiteln noch einmal durch, und denken Sie darüber nach, inwieweit Ihre Antworten sich geändert haben, nachdem Sie dieses Buch gelesen haben.

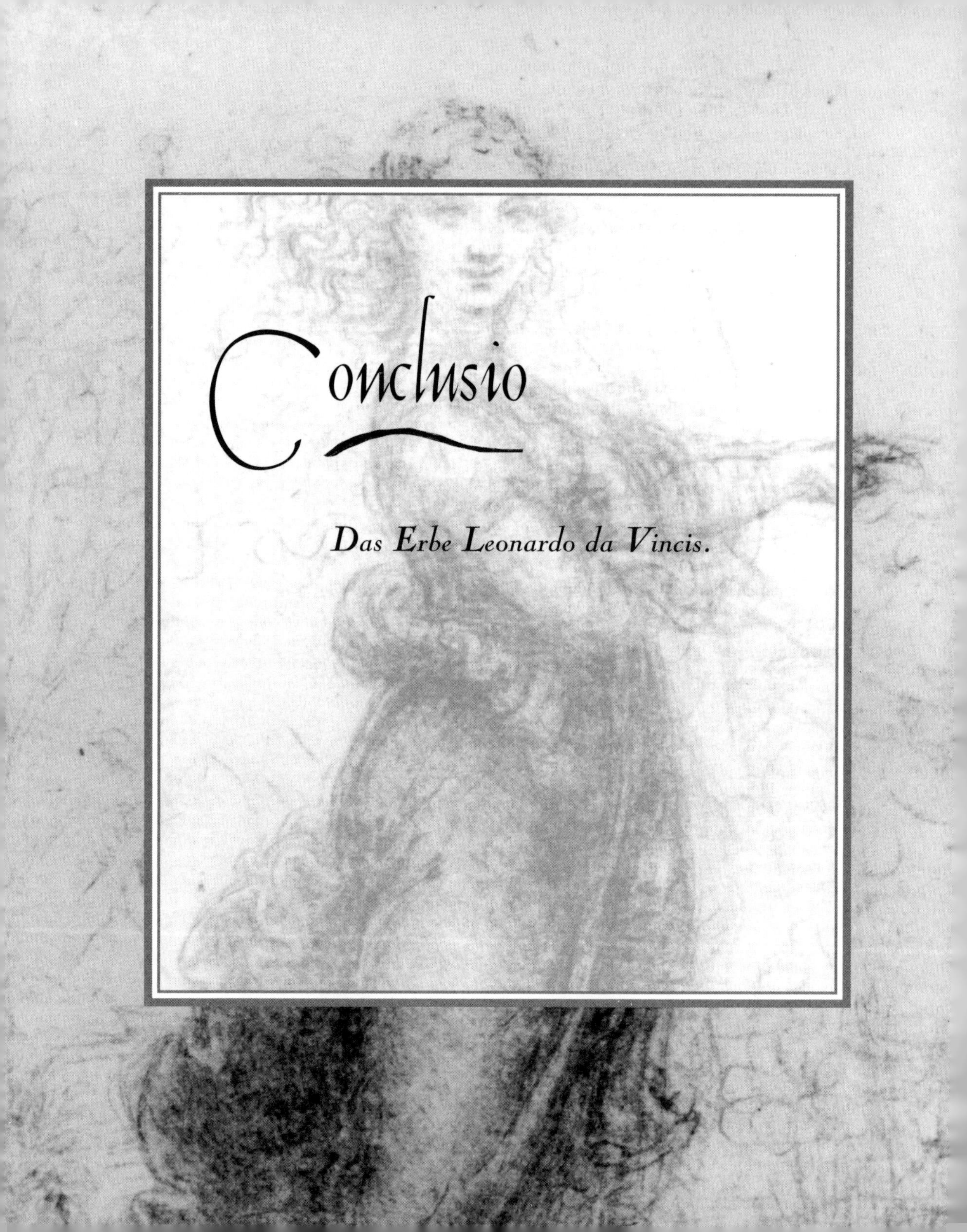

Conclusio

Das Erbe Leonardo da Vincis.

In einer ungewöhnlich persönlichen, an das Höhlengleichnis Platons erinnernden Passage schreibt Leonardo da Vinci: „Und da ich von unbändigem Verlangen dorthin gezogen wurde, stets begierig, die ungeheure Fülle von allerlei seltsamen Formen zu schauen, welche die Natur geschaffen hat, so gelangte ich, nachdem ich eine Weile zwischen den düsteren Klippen umhergewandert war, zum Eingang einer großen Höhle, vor der ich staunend eine Zeitlang stehenblieb, weil ich nichts davon wußte. Mit gekrümmtem Rücken, die linke Hand auf das Knie gestützt und mit der rechten die gesenkte, gerunzelte Stirn überschattend, beugte ich mich immer wieder vor, bald dahin und bald dorthin, um zu sehen, ob dort drinnen irgend etwas zu unterscheiden sei; aber daran wurde ich gehindert durch das tiefe Dunkel, das dort herrschte. Und nachdem ich eine Weile so davorgestanden hatte, regten sich plötzlich zwei Gefühle in mir, nämlich Furcht und Begierde: Furcht vor der düster drohenden Höhle und Begierde, zu erforschen, ob dort drinnen etwas Wunderbares sei ..."

Leonardo da Vincis Erbe sind Weisheit und Erleuchtung, die für den Triumph über Furcht und Dunkelheit stehen. Er, der nie aufhörte, nach dem Wahren und Schönen zu suchen, knüpfte über seine konsequente Orientierung an Erfahrung und Wahrnehmung ein Band zwischen Kunst und Wissenschaft. Die einzigartige Synthese von Logik und Phantasie, Vernunft und Romantik in seinem Werk hat Gelehrte und Forscher über die Jahrhunderte hinweg immer wieder herausgefordert, inspiriert und verblüfft. Der größte Künstler und Wissenschaftler aller Zeiten ist zum Mythos geworden. In unserer Welt der Spezialisierung und Fragmentierung erscheint Leonardo da Vinci wie ein Leuchtfeuer der allumfassenden Synthese.

Die Nymphe Matelda *aus Dantes* Paradiso *von Leonardo da Vinci. Ein Satz aus Dantes Paradiso scheint prädestiniert, die Faszination zu beschreiben, die empfindet, wer sich mit dem Werk des großen Meisters Leonardo da Vinci beschäftigt: „Wer vermag mir derart süße Fesseln anzulegen?" (Che mi ligasse con si dolci vinci?)*

TEIL 3

Leonardo da Vinci
Zeichenkurs für Anfänger

Leonardo betonte wiederholt, daß das Zeichnen nicht nur die Grundlage der Malerei ist, sondern uns auch lehrt zu sehen. Zeichnen war für ihn mehr als bloße Illustration: Es bot einen Zugang zum Verständnis der Schöpfung und war der Schlüssel zur Kreativität. Zeichnen zu lernen ist also die beste Methode, um den eigenen Blick zu schärfen und seine schöpferischen Fähigkeiten zu entwickeln.

„Oh wunderbare Notwendigkeit! … Oh große Tat, welcher Geist wird je deine Natur durchdringen? Welche Zunge diese Wunder erklären können? Wohl keine. Hier erhebt sich das menschliche Denken zur Anschauung des Göttlichen."

– Leonardo da Vinci über das Wunder des menschlichen Auges

Viele Menschen sträuben sich dagegen, weil sie sich für „künstlerisch unbegabt" halten. Ich spreche aus eigener Erfahrung. Als ich auf die Grundschule ging, hatten wir zwei Stunden „Kunstunterricht" in der Woche, und ich haßte diese Stunden. Ich war nicht besonders begabt und zuckte jedes Mal zusammen, wenn der Lehrer meine unbeholfenen Versuche, ein Flugzeug oder ein Haus zu malen, kritisch beurteilte. Ich wuchs in der Überzeugung auf, nicht zeichnen zu können und eben nun mal nicht künstlerisch veranlagt zu sein. Und über viele Jahre hinweg bestätigte sich diese Überzeugung wie eine „self-fulfilling prophecy", bis ich schließlich im Rahmen meiner Studien zur Renaissance begann, Zeichenunterricht zu nehmen. Und dabei fand ich heraus, daß Zeichnen nicht nur Spaß macht, sondern auch wunderbare, neue Perspektiven eröffnet.

Die folgenden sieben Grundannahmen sollen Ihnen helfen, mit Freude ans Zeichnen zu gehen und rasch Fortschritte zu erzielen:

1. *Sie können zeichnen.* Wer zu sehen vermag, kann auch zeichnen. Zeichnen ist einfach, natürlich und macht Spaß. Wie jede andere Fertigkeit erfordert es Bereitschaft zum Lernen, Konzentration und Übung.
2. *Zeichnen heißt entdecken.* Leonardos Zeichnungen sind das Spiegelbild seiner Beobachtungen, der Versuch, die Natur der Dinge zu ergründen.

3. *Sie zeichnen für sich.* Leonardo zeichnete nicht, um anderen zu gefallen, sondern weil er es gern tat.
4. *Möglicherweise wissen Sie nicht, wie die Dinge wirklich aussehen.* Um etwas Neues zu entdecken, muß man bereit sein, sich vom Alten zu verabschieden. Eines der größten Hindernisse beim Zeichnen ist die Annahme, wir wüßten genau, wie etwas aussieht oder auszusehen habe. Doch wenn Sie sich einen Moment Zeit nehmen, um etwas Ihnen ganz und gar Vertrautes – wie zum Beispiel Ihre Hände – genau zu betrachten, werden Sie selbst hier noch etwas Neues entdecken: die zarten Linien auf dem Handrücken, die ein feines Netz bilden, eine winzige Narbe, ein Leberfleck, das Muster der Adern unter der Haut, das sich verändert, wenn Sie die Finger bewegen oder eine Hauttönung, die Sie bisher noch nicht bemerkt haben. Sehen Sie sich nun die andere Hand an. Unterscheiden sich beide Hände voneinander? Dies sind die Details, die uns entgehen, wenn wir auf die in unserem Erinnerungsvermögen gespeicherten Bilder und nicht wie Leonardo da Vinci auf die unmittelbare Erfahrung zurückgreifen.
5. *Vergessen Sie den Kunstkritiker in sich, während Sie die Zeichenübungen machen.* Der kritische Blick auf das eigene Werk erweist sich durchaus als nützlich, wenn man Bilder für eine Ausstellung produziert, doch für den Anfänger sind solche Bewertungsmaßstäbe überzogen. Während Sie sich also den folgenden Zeichenübungen widmen, enthalten Sie sich jeden Urteils über die Qualität Ihrer Zeichnungen. Verbannen Sie Etiketten wie „gut“ oder „schlecht“ aus Ihrem Bewußtsein und zeichnen Sie einfach.
6. *Anleitung hilft.* Die meisten Zeichentechniken sind leicht zu lernen, doch um sie zu beherrschen, benötigt man ein wenig Anleitung. Das Rezept für diesen Zeichenkurs lautet also: Was Sie mitbringen müssen, ist eine gegenüber dem Experiment aufgeschlossene, positive Grundhaltung, Konzentration, die Bereitschaft zum Üben und die Lust, sich selbst ausdrücken zu wollen. Dieser Kurs bietet Ihnen einfache Anleitungen, mit denen Sie Schritt für Schritt Ihre Fähigkeiten und die Freude am Zeichnen entwickeln können.
7. *Zeichnen ist ein lebenslanger Prozeß, bei dem es darauf ankommt, die Dinge immer wieder mit neuen Augen zu sehen.* „Etablierte“ Künstler sind immer

auf der Suche nach dem unverbrauchten „Blick des Anfängers". Falls Sie schon länger nicht mehr gezeichnet haben, ist der „Künstler" in Ihnen noch frisch, Sie verfügen noch über den „Blick des Anfängers" und werden daher mehr Spaß an dem mit dem Zeichnen verbundenen Prozeß des Entdeckens haben.

Handwerkszeug

Die nötigen Utensilien können Sie in einem gut sortierten Schreibwarengeschäft oder einem Laden für Künstlerbedarf kaufen. Folgende Dinge sollten Sie bereitlegen:

Papier

1. Große Papierbögen sind ideal für Skizzen.
2. Ein großer Skizzenblock (je größer desto besser).
3. Ihr Notizbuch – Inspirationen sind nicht kalkulierbar. Leonardo trug deshalb immer ein unliniertes Notizheft bei sich, um jederzeit Skizzen anfertigen zu können. Haben Sie erst einmal mit dem Zeichnen begonnen, werden Sie häufiger als sonst den Drang verspüren, einen spontanen Einfall oder eine Beobachtung auf Papier zu bannen. Sorgen Sie also dafür, daß Sie immer Ihr Notizbuch mit sich führen.

Zeichengeräte

- Bleistifte: Je nach Härtegrad lassen sich kräftige oder feinere Linien zeichnen. Probieren Sie Bleistifte in drei verschiedenen Härten aus: 2B, 3B und einen weiteren Härtegrad Ihrer Wahl. Finden Sie heraus, welche Stifte Ihnen am meisten zusagen.

- Conté-Stifte: Zur Herstellung werden Graphit, Ton, Wasser und Pigmente zu einer Paste vermengt, in Stiftform gepreßt und dann unter Hitzeeinwirkung getrocknet. Erhältlich sind vier verschiedene Rottöne, Sepia, Weiß und Schwarz (in den Härtegraden weich, mittel und hart). Conté-Stifte eignen sich für alle Papiersorten. Mit ihnen lassen sich den Rötelzeichnungen Leonardos vergleichbare Ergebnisse erzielen. Ihre Farben sind satt, die Linien weich.
- Zeichenkohle: Mit Kohle kann man satte, dunkle Linien zeichnen. Wenn man sie verwischt, ergeben sich interessante Effekte.
- Stifte: Die Palette reicht von Kugelschreibern über Faserschreiber bis hin zu Zeichenfedern, die ähnlich wie ein Füllfederhalter funktionieren. Probieren Sie verschiedene Stifte aus: Faserschreiber eignen sich vor allem für rasche Skizzen (achten Sie darauf, daß die Stifte mit wasserlöslichen Farben gefüllt sind). Kugelschreiber sind vor allem zum Kritzeln geeignet. Wenn Sie sich für Zeichenfedern entscheiden, sollten Sie unterschiedliche Stärken verwenden. Mit der Zeichenfeder kommen Sie am ehesten dem Zeichengerät nahe, das Leonardo da Vinci benutzte.
- Pinsel: Feine Pinsel eignen sich eigentlich erst für Fortgeschrittene, doch manchmal sollte auch der Anfänger ihrer Verlockung nicht widerstehen. Legen Sie sich also ein oder zwei verschieden dicke Pinsel (sowie Wasserfarben oder Tinte) zu.
- Ihr Lieblingswerkzeug: Experimentieren Sie mit Bleistiften, Conté-Stiften, Kohle, Buntstiften, Pastellkreiden, Filzstiften oder Kalligraphiefedern. Probieren Sie verschiedene Zeichengeräte aus, um herauszufinden, welches Ihnen am ehesten zusagt.

Hilfsmittel für Korrekturen

- Radiergummi: Mit einem weißen Kautschukradiergummi lassen sich Bleistiftstriche am ehesten sauber und wirkungsvoll ausradieren. Sie sollten es aber nicht zu oft benutzen, denn es geht nicht darum, einen Preis für die sauberste Zeichnung zu gewinnen, sondern darum, Ihre Kreativität zu entfalten.
- Finger: Mit den Fingern können Sie Linien verwischen, und darüber hinaus sind sie immer „zur Hand".

Zeichenhilfen

- Ein Lineal ist hilfreich, wenn man perspektivisch zeichnen will.
- Mit einem Zeichendreieck lassen sich exakte Winkel zeichnen.

Vorbereitung

Sorgen Sie für eine anregende Atmosphäre

Leonardos Atelier glich einer sinnlichen Schatztruhe, erfüllt von Musik und duftenden Blumen. Folgen Sie seinem Vorbild, suchen Sie sich einen friedlichen und gut beleuchteten Raum für Ihre Zeichenübungen.

Mit Verstand und Körper zeichnen

Man zeichnet nicht nur mit dem Verstand, sondern auch mit dem Körper. Sie werden schneller und mit mehr Spaß lernen, wenn Sie zuvor ein paar Aufwärmübungen für Körper und Verstand durchführen. Alle Übungen, die Sie im *Corporalità*-Kapitel kennengelernt haben, sind geeignet, um sich aufs Zeichnen vorzubereiten. Jonglieren und andere auf die Beidhändigkeit zielende Übungen helfen Ihnen, den Verstand und den Körper auf das Zeichnen einzustimmen. Nützlich sind auch die Übungen zur Erweiterung des Blicks aus dem *Sensazione*-Kapitel ebenso wie die Meditation zur *Connessione* aus dem gleichnamigen Kapitel.

Darüber hinaus sollten Sie die folgenden, speziell für die Vorbereitung auf das Zeichnen abzielenden Aufwärmübungen durchführen.

Aufwärmübung 1: Regenbogen des Körpers

Mit welchem Körperteil zeichnen Sie?

Die meisten Menschen antworten auf diese Frage: „Mit meiner Hand." Doch das ist nur die halbe Wahrheit. Wirklich ausdrucksvoll zeichnet man unter Einsatz des gesamten Körpers. Die Hand ist mit dem Arm verbunden, der Arm mit dem Torso, der von den Füßen gestützt wird. Um den Körper zum Zeichnen zu aktivieren, machen Sie folgende Übung:

- Beginnen Sie, indem Sie mit jedem Finger kleine Kreise in die Luft zeichnen.
- Lassen Sie dann die Hände kreisen.
- Es folgen die Unterarme, die nun schon etwas größere Kreise beschreiben.

- Lassen Sie die Arme in großen Bewegungen kreisen.
- Wiederholen Sie die Übung und stellen Sie sich dabei vor, daß aus dem Boden farbige Linien durch Ihren Körper und durch Ihre Fingerspitzen strömen. Füllen Sie das gesamte Universum mit den herrlichsten Regenbögen.

Aufwärmübung 2: Massage

Setzen Sie sich bequem auf einen Stuhl und atmen Sie ein paar Mal entspannt tief ein und aus. Beginnen Sie, die Hand zu massieren, mit der Sie zeichnen werden. Massieren Sie Finger, Knöchel, Handfläche und Handgelenk, bevor Sie zu Unterarm, Ellbogen, Oberarm und Schultergelenk übergehen. Erkunden Sie die Struktur von Knochen, Muskeln und Sehnen. Wiederholen Sie die Übung mit der anderen Hand. Zum Schluß massieren Sie leicht Gesicht, Nacken und Kopfhaut. Achten Sie besonders darauf, daß Stirn und Kiefer entspannt sind.

Aufwärmübung 3: Kritzeln

Wer schreibt uns vor, alles schon im ersten Anlauf perfekt beherrschen zu müssen? Wir selbst, und sei es unbewußt. Einfaches Kritzeln hilft, diesen Zwang abzulegen:

- Nehmen Sie ein weißes Blatt Papier zur Hand und kritzeln Sie die Umrisse und Linien der Gefühle, die Sie im Moment bestimmen. Bringen Sie auch Ängste zum Ausdruck. Kritzeln Sie so lange, bis Ihr Körper sich von allen Spannungen befreit hat.
- Eine Variante für Fortgeschrittene ist das Kritzeln zu Ihrer Lieblingsmusik.

Skizzen aus des Meisters Notizbüchern

Zeichnen

Ein einfacher Ausgangspunkt: Strukturen, die wir kennen

Betrachten Sie einen Moment lang irgendeinen Gegenstand in Ihrer unmittelbaren Umgebung oder etwas, das Sie sehen, wenn Sie aus dem Fenster schauen. Betrachten Sie diesen Gegenstand im Hinblick auf seine geometrischen Formen, aus denen er sich zusammensetzt – Dreiecke, Kreise, Vierecke etc. Gibt es irgend etwas an dem Gegenstand, das nicht in diese geometrischen Grundmuster paßt?

Ein Geheimnis des Zeichnens liegt in der Erkenntnis, daß sich alles, was wir sehen, aus Kreisen, Dreiecken, Vierecken, Linien, Kurven und Punkten zusammensetzt. Der Kunsthistoriker Martin Kemp beschreibt Leonardo da Vincis Überzeugung, daß „die organische Komplexität der lebendigen Natur bis in ihre kleinsten beweglichen Formen im unerschöpflich reichen Zusammenspiel geometrischer Motive im Kontext der Naturgesetze wurzelt".

Machen Sie es sich zur Aufgabe, einen Tag lang nach den Dreiecken, Kreisen und Vierecken in den Dingen zu suchen, die Sie umgeben. An einem anderen Tag suchen Sie nach Linien, Kurven und Punkten. Beobachten Sie, wie sich diese Formen im Alltag manifestieren: in Gesichtern, Bauwerken, Möbelstücken, Kunstwerken und in der Natur.

Nehmen Sie ein Blatt Papier zur Hand und zeichnen Sie rasch – und ohne lange nachzudenken – folgende Formen:

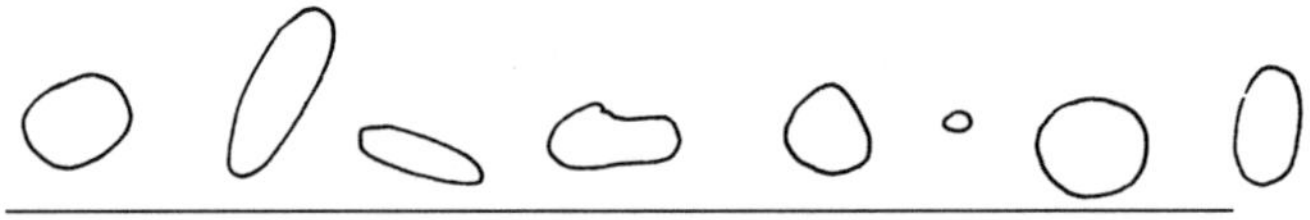

Machen Sie sich keine Gedanken darüber, ob Ihre Kreise vollkommen rund sind. Es geht hier nicht um Genauigkeit, sondern vielmehr darum, daß die Formen organisch sind.

Als ein Viereck bezeichnet man jede Form, die vier Winkel enthält.

Jede Zeichnung setzt sich aus einer Kombination dieser ebenso einfachen wie grundlegenden Elemente zusammen.

Eine neue Qualität des Sehens

Schon Leonardo stellte fest: „Die Menschen sehen, ohne hinzusehen."

Dinge zu betrachten, die man zeichnen will, bedeutet, sie so anzusehen, als habe man sie zuvor noch nie gesehen. Ein Künstler verläßt sich nicht auf das im Gehirn unter einem bestimmten Begriff abgespeicherte Bild eines Gegenstandes, sondern betrachtet die elementaren Eigenschaften des Gegenstandes, das heißt, die Formen, Schattierungen und Oberflächenstrukturen, aus denen er sich zusammensetzt.

Die folgenden Übungen sollen Ihnen helfen, diese Form des Sehens zu erlernen.

Sehübung 1: Ein Bild auf dem Kopf zeichnen

Etwas auf dem Kopf zu zeichnen, befreit von gewohnten, eingefahrenen Sichtweisen. Sehen Sie sich die Linien und Formen der folgenden Zeichnung genau an und kopieren Sie sie auf einem leeren Blatt Papier.

Beachten Sie folgende Regeln:

a) Versuchen Sie nicht darüber nachzudenken, was Sie zeichnen.

b) Drehen Sie das Buch erst auf den Kopf, wenn Sie die Zeichnung komplett kopiert haben.

c) Die Fertigstellung der Zeichnung ist noch nicht der Abschluß der Übung.

d) Legen Sie eine kurze Pause ein, in der Sie mit „weichem" Blick um sich sehen.

e) Drehen Sie erst jetzt Ihr Blatt Papier auf den Kopf, um zu sehen, was Sie gezeichnet haben.

Sehübung 2: Zeichnen mit der anderen Hand

Zeichnen Sie nun mit der anderen Hand noch einmal das Porträt Leonardo da Vincis. Achten Sie darauf, welche Auswirkungen das Zeichnen auf dem Kopf und mit der „falschen" Hand auf Ihre Wahrnehmung, Aufmerksamkeit und Sensibilität im Unterschied auch zu Übung 1 haben. Wenn diese Übungen in Ihnen das Gefühl einer leichten Verunsicherung erwecken, sind Sie auf dem besten Wege, sich eine neue Qualität des Sehens anzueignen.

Wenn Sie Rechtshänder sind, benutzen Sie die linke Hand, wenn Sie normalerweise mit links schreiben, die rechte, um diese Zeichnung zu kopieren.

Dabei sind folgende Regeln zu beachten:

a) Benennen Sie laut, was Sie sehen und zeichnen.

b) Wechseln Sie nicht die Hand. Zeichnen Sie konsequent mit der „falschen" Hand.

Sehübung 3: Licht und Schatten

Einer der bedeutendsten Beiträge Leonardo da Vincis zur Kunst besteht in der Entwicklung des *Chiaroscuro*, des Einsatzes von Licht und Schatten, um dramatische Effekte zu erzielen.

Vor der Renaissance wurde in der Malerei vor allem auf die Hervorhebung des Lichts geachtet, der Ausgestaltung von Schatten wurde kaum Bedeutung beigemessen. Eine Vorgehensweise, die auch von Anfängern allzuoft bevorzugt wird. Doch wie im Leben sollte man sich auch in der Kunst den Schattenseiten stellen. Eine Figur gewinnt erst durch die Ausgestaltung der Schatten an Form und Dimension. Diese Erkenntnis spiegelt sich in Leonardo da Vincis Diktum wider, daß „die Schatten klar definierte Grenzen haben. Der Maler, der dies mißachtet, bringt Werke ohne Relief hervor; und das Relief ist der Gipfel und die Seele der Malerei".

Die folgenden einfachen Übungen werden Ihr Bewußtsein für das *Chiaroscuro* im Alltag schärfen.

- **Schatten beobachten**. Machen Sie Schatten zum Thema eines Tages. Achten Sie darauf, wie sich die Qualität des Schattens im Laufe eines Tages abhängig vom Stand der Sonne verändert. Halten Sie die Beobachtungen in Ihrem Notizbuch fest.
- **Eindrücke von Licht und Schatten**. Machen Sie einen Spaziergang oder setzen Sie sich ins Café, um die Menschen zu beobachten. Kneifen Sie dabei die Augen leicht zusammen, so daß Sie Ihre Umwelt etwas verschwommen, sozusagen „impressionistisch" wahrnehmen. Konzentrieren Sie sich auf Licht und Schatten, als ob Ihre Augen eine Kamera wären, mit der Sie einen Schwarzweißfilm aufnehmen.

Das Geheimnis der Wahrnehmung von Licht und Schatten liegt in der Konzentration auf den Schatten. Das Licht gewinnt erst über den Schatten Kontur.

Sehübung 4: Kaleidoskopische Konfigurationen

Beginnen Sie wie bei der Übung zu Licht und Schatten damit, daß Sie Ihre Umgebung mit zusammengekniffenen Augen beobachten. Doch dieses Mal achten Sie darauf, welche Formen in welchen Farben in Erscheinung treten.

Wenn Sie Ihr Augenmerk auf Farben und Formen richten, nimmt Ihre Umgebung eine herrlich bunte, plastische Qualität an, Sie sehen sie schließlich wie durch ein Kaleidoskop.

Sehübung 5: Der Rahmen des Künstlers

Das Universum scheint unendlich; ein Blatt Papier dagegen hat klar umrissene Grenzen, die die Ausdrucksmöglichkeiten einengen. Dennoch verstehen es Künstler, den durch die Leinwand oder das Papier vorgegebenen Rahmen zu ihrem Vorteil zu nutzen.

Formen Sie mit beiden Händen jeweils ein L, indem Sie Daumen und Zeigefinger im rechten Winkel ausstrecken. Setzen Sie nun die Finger beider Hände so zusammen, daß sie einen Rahmen bilden, durch den Sie das betrachten, was Sie beobachten oder zeichnen wollen.

Experimentieren Sie mit diesem Rahmen, indem Sie ihn mal größer, mal kleiner machen, nach rechts und links, nach oben und unten bewegen. Nutzen Sie die Möglichkeit, Ihren Blick auf Gegenstände durch den Rahmen zu begrenzen und damit zu konzentrieren.

Sehübung 6: Bearbeiten und Konzentrieren

Leonardo da Vincis meisterhafte Gestaltung des Uneindeutigen lenkt den Blick des Betrachters auf das eigentliche Thema seiner Bilder. Einige Jahrhunderte später entwickelte Cézanne eine eigene Methode, die zentralen Bildgegenstände hervorzuheben, indem er alles andere undeutlich und verschwommen erscheinen ließ. Darin liegt vielleicht die eigentliche Macht des Künstlers: Es liegt in seiner Hand, den Blick des Betrachters auf bestimmte Bereiche des Bildes zu lenken.

Betrachten Sie einen Gegenstand. Lassen Sie alles, was ihn umgibt, aber nicht in Ihr Bild paßt, verschwimmen. „Dämpfen" Sie alle anderen Formen und Farben. Lassen Sie einen Schleier über das fallen, was nicht im Zentrum Ihrer Aufmerksamkeit stehen soll.

Machen Sie Ihren Blick „weich". Während Sie sich auf Ihren Gegenstand konzentrieren und alles andere verschwimmen lassen, gewinnt Ihre Vertrautheit mit dem Gegenstand eine neue Qualität.

Konturen und Umrisse

Die Kontur ist der äußere Umriß, sozusagen die „Topographie" eines Gegenstandes.

Konturenübung 1: Durch Berührung zeichnen

Betrachten Sie einen Gegenstand in Ihrer Umgebung, eine Pflanze, ein Buch oder eine Tasse.

- Fahren Sie mit dem Zeigefinger über seine Oberfläche.
- Strecken Sie nun den Arm aus und zeichnen Sie die Konturen des Gegenstands in der Luft nach.

- ✦ Nun ersetzen Sie den Zeigefinger durch Ihren Blick; zeichnen Sie mit dem Blick die Konturen des Gegenstands nach. Verinnerlichen Sie seine Struktur und seine Dreidimensionalität.
- ✦ Schließlich zeichnen Sie den Gegenstand. Zeichnen Sie erneut mit den Augen die Konturen des Gegenstandes nach, verlängern Sie aber dieses Mal Ihren Blick durch einen Stift, der das mit den Augen „Erfühlte“ auf das Papier überträgt.

Dabei sind folgende Regeln zu beachten:

a) Konzentrieren Sie sich ausschließlich auf den Gegenstand, während Sie seine Konturen mit dem Blick nachzeichnen.
b) Lassen Sie Ihren Blick ganz langsam über die Konturen des Gegenstands wandern.
c) Bewegen Sie den Bleistift auf dem Papier genauso langsam, wie der Blick an den Umrissen des Gegenstands entlangwandert.
d) Konzentrieren Sie sich allein auf den Punkt, den Sie gerade mit den Augen „berühren“ und zeichnen.
e) Stellen Sie sich vor, Sie könnten den Gegenstand tatsächlich mit den Augen berühren.
f) Setzen Sie den Stift nicht ab, sehen Sie nicht auf das Blatt, bevor Sie den Umriß vollendet haben.

Die fertige Zeichnung wird zwar aller Wahrscheinlichkeit nach nur wenig Ähnlichkeit mit dem Gegenstand haben, dafür aber verborgene Qualitäten seiner Struktur wie Textur offenlegen.

Folgen Sie dem Rat Leonardo da Vincis und halten Sie beim Zeichnen immer wieder inne, um nicht nur Ihre Zeichnung, sondern auch den Gegenstand aus einem gewissen Abstand, im Spiegel und aus verschiedenen Blickwinkeln, zu betrachten. Achten Sie darauf, wie sich Ihre Wahrnehmung des Gegenstands verändert, und kehren Sie erst dann zu Ihrer Zeichnung zurück.

Konturenübung 2: Erinnern Sie sich noch an Ihre Hand?

An anderer Stelle sprach ich darüber, daß man scheinbar vertraute Dinge wie die eigene Hand nur ungenau wahrnimmt. Deshalb empfahl ich Ihnen, Ihre Hand einmal eingehender zu betrachten. Erinnern Sie sich jetzt noch an alle Details? Gut. Dann schließen Sie jetzt die Augen und lassen Sie das Bild Ihrer Hand vor dem inneren Auge erstehen, bevor Sie sie aus dem Gedächtnis auf ein Blatt Papier zeichnen.

Vergleichen Sie schließlich die Zeichnung mit Ihrer Hand. Es geht hier nicht um Kriterien wie „gut" oder „schlecht". Achten Sie einfach nur auf Ähnlichkeiten und Unterschiede, die Ihnen auffallen.

Konturenübung 3: Zeichnen Sie Ihre Hand mit dem Blick nach

Betrachten Sie jetzt Ihre andere Hand, die, mit der Sie normalerweise nicht schreiben. Stellen Sie sich vor, Ihr forschender Blick berührte die Hand. Zeichnen Sie die Konturen erst mit den Augen, dann mit dem Stift nach, ohne aber den Blick auf das Papier zu senken. Denken Sie daran, nicht nur die Umrisse, sondern auch die Dreidimensionalität der Hand mit dem Blick zu erfassen. Und lassen Sie sich nicht von Schatten irreführen. Folgen Sie den in der ersten Konturenübung aufgelisteten Regeln.

Konturenübung 4: Handkonturen

Jetzt sind Sie soweit, sich an eine Umrißzeichnung Ihrer Hand zu wagen. Im Unterschied zu der vorangegangenen Übung sollen Sie nun den Blick zwischen Hand und Zeichnung hin und her wandern lassen und den Stift zwischendurch immer wieder absetzen.

Zuletzt versuchen Sie den von Ihnen in Übung 1 ausgewählten Gegenstand in gleicher Weise zu zeichnen.

Bewegungen zeichnen

Der Großteil der bis hierher vorgestellten Zeichenübungen erforderte eine langsame, nachdenkliche und meditative Vorgehensweise. Mit dem Zeichnen von Bewegungen kommen wir nun zu einem schnelleren, dynamischeren Ansatz.

Bewegungsübung 1: Fallende Gegenstände

- Lassen Sie ein Taschentuch einen Schal oder eine Feder zu Boden fallen, und beobachten Sie die Bewegung des Fallens. Setzen Sie sich ein paar Stunden an einen Wasserfall oder lassen Sie sich einfach ein Bad ein, und beobachten Sie, wie das Wasser aus dem Hahn strömt. Machen Sie „fallende Gegenstände" zum Thema eines Tages. Versuchen Sie, mindestens drei neue Aspekte über fallende Körper festzuhalten, die Sie in Ihr Notizbuch schreiben.
- Versuchen Sie, die „Spuren" der Bewegung zu zeichnen. Stellen Sie sich vor, Sie könnten diese Spuren körperlich fühlen. Leonardo riet: „Schneide verschiedene Figuren aus Pappe und wirf sie vom Dach deines Hauses in die Luft; dann zeichne die Bewegung, die jede dieser Figuren in den verschiedenen Stadien ihres Falls beschreibt."

Bewegungsübung 2: Bewegung des scheinbar Unbewegten

Zeichnen Sie das Wesen eines unbewegten Objekts, zum Beispiel einer Gardine oder eines Schuhs.

Künstlerische Darstellung eines klingelnden Telefons

Bewegungsübung 3: Menschen in Bewegung

Suchen Sie sich einen Platz, von dem aus Sie das öffentliche Leben und Treiben beobachten können – Bahnhöfe und Flughäfen sind ideal. Machen Sie die folgende von Leonardo da Vinci vorgeschlagene Übung: „Beobachte sich bewegende Gestalten … und skizziere sie rasch und mit wenigen Strichen: das heißt, zeichne nur ein O für den Kopf und gerade oder gebogene Linien für ihre Arme sowie für die Beine und den Körper."

Bewegungszeichnung eines Geschichtenerzählers

Figuren in Bewegung: Beschränkung auf wesentliche Umrisse

Schattieren und Modellieren: Das Wesen der Dinge darstellen

Ein Strich oder Punkt auf einem Stück Papier ist zweidimensional. Das Problem besteht darin, diese Zweidimensionalität in Dreidimensionalität zu übersetzen. Mit Schattieren und Modellieren läßt sich dies erreichen.

Schattierungsübung 1: Licht auf einem kugelförmigen Körper

Wie würden Licht und Schatten eines kugelförmigen Gegenstandes bei unterschiedlich einfallendem Licht aussehen? Bearbeiten Sie Kreise wie unten gezeigt.

Schattierungsübung 2: Apfel in der Sonne

Diese Übung läßt sich mit einem Apfel, aber auch mit anderen einfachen Formen durchführen.

Damit ein Gegenstand „realistisch" aussieht, müssen die Schatten in einer sinnvollen Beziehung zum Lichteinfall stehen. Erinnern Sie sich noch, wie Sie in der Übung zu Licht und Schatten die Augen zusammenkniffen, um verschiedene Schattierungen von hell und dunkel unterscheiden zu lernen? Dieses Wissen können Sie jetzt auf die Darstellung eines Apfels anwenden.

Legen Sie den Apfel auf einen unauffälligen Untergrund (zum Beispiel ein Stück Papier oder ein Stück Stoff). Zeichnen Sie nun, während Sie Ihren Blick zwischen Apfel und Zeichenblock hin und her wandern lassen, die Umrisse des Apfels. (Sie werden feststellen, daß derselbe Apfel aus verschiedenen Blickwinkeln und bei verschiedener Beleuchtung immer wieder anders aussieht.)

Manchmal gibt es mehr als eine Lichtquelle; finden Sie heraus, welche die stärkste ist, und entfernen Sie, wenn möglich, alle anderen. Kneifen Sie die Augen zusammen, um Licht und Schatten zu unterscheiden. Der Schatten muß der Lichtquelle genau gegenüber liegen.

✦ In Ihrer Zeichnung können Sie die Lichtquelle durch eine kleine Sonne kennzeichnen. Beginnen Sie nun, mit einem weichen Bleistift die dunkleren Partien des Apfels zu schattieren. Schattierungen trägt man am besten sehr fein und Schicht um Schicht auf, um sie nicht zu massiv wirken zu lassen. Fügen Sie in dieser Weise die Schatten auf dem Apfel und dem Untergrund in Ihre Zeichnung ein.

Während des Schattierens sollten Sie immer wieder die Augen zusammenkneifen, um zu bewerten, wie hell oder dunkel die einzelnen Partien wirklich sind.

Schattierungsübung 3: Wertskala

Die Wertskala beschreibt in etwa die verschiedenen Abstufungen der Schattierung.

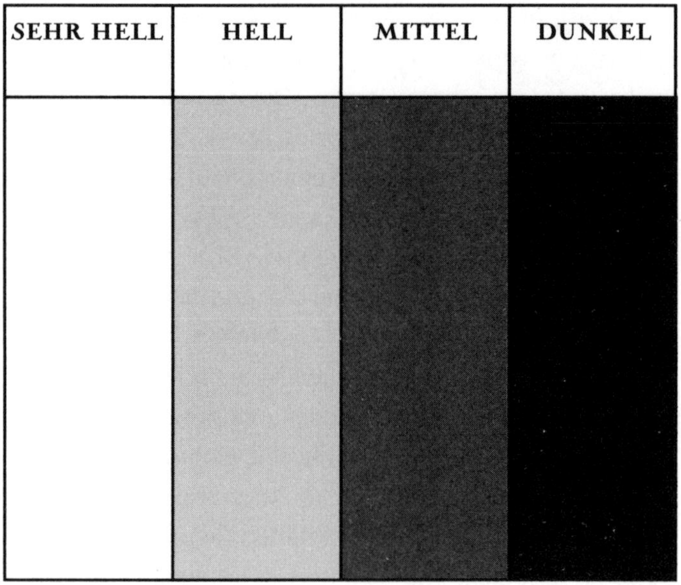

Zeichnen Sie eine grobe Wertskala unter Ihren Apfel, die in etwa der Skala oben entspricht.

Schattierungsübung 4: Werte für einen kugelförmigen Körper

Vergleichen Sie jetzt Ihre schattierte Zeichnung eines Apfels mit der Wertskala und versuchen Sie zu bestimmen, ob Ihre Zeichnung den Werten „sehr hell", „hell", „mittel" und „dunkel" entspricht. In der Zeichnung auf S. 287 lassen sich diese vier Werte wiederfinden. Diese Übung fördert Ihre Fähigkeit, zwischen verschiedenen Helligkeitswerten zu unterscheiden und sie einfachen Kategorien zuzuordnen. Später können Sie dieses Schema noch weiter differenzieren.

Schattierungsübung 5: Noch mehr Obst

Besorgen Sie sich ein paar Äpfel und Birnen. Arrangieren Sie das Obst auf einem Teller. Entscheiden Sie sich für eine Lichtquelle, und markieren Sie deren Standort auf dem Zeichenpapier. Sehen Sie sich das Obst auf dem Teller genau an. Welche Partien ragen hervor, so daß das meiste Licht auf sie fällt? Kneifen Sie die Augen zusammen, um herauszufinden, wo sich die stärksten Schatten befinden. Welche Schattierungswerte brauchen Sie, um Licht und Dunkel möglichst genau wiedergeben zu können?

Legen Sie einen „Rahmen" für Ihr Bild fest, bevor Sie das Stilleben zeichnen. (Vergessen Sie nicht, von Zeit zu Zeit Abstand zu nehmen, um Ihre Arbeit aus der Distanz zu betrachten.)

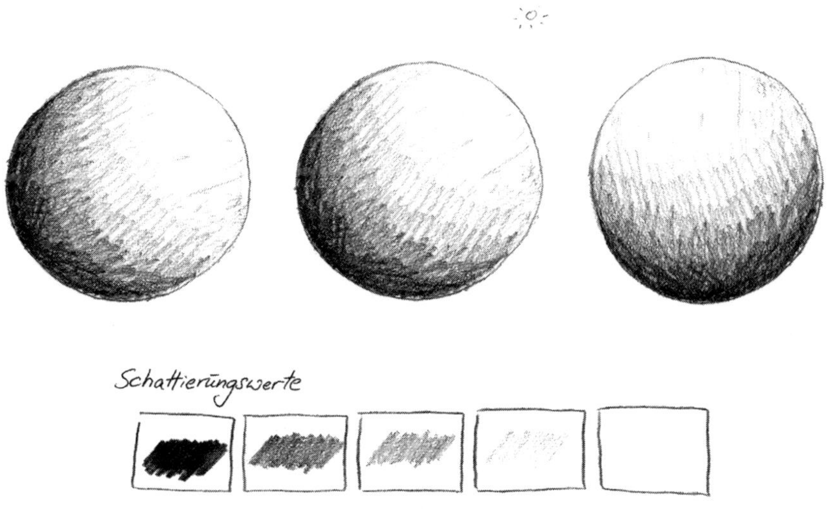

Modellieren

Die Schattierungstechnik ist außerordentlich wirkungsvoll. Um jedoch Gegenstände auf dem Papier oder der Leinwand wirklich plastisch aussehen zu lassen, bedarf es noch einer weiteren Technik, der des Modellierens. Erst durch das Modellieren entsteht der Eindruck, die Gegenstände träten „aus" dem Bild. Ohne Modellierung sehen die Dinge so aus, als ob ihnen die Tiefe nur aufgeschminkt sei.

Modellierungsübung 1: Ein dunkelroter Apfel

Besorgen Sie sich einen schönen, roten Apfel und legen Sie ihn so vor sich hin, daß er gut beleuchtet wird. Nun nehmen Sie einen roten Faserschreiber oder Buntstift zur Hand und zeichnen einen Kreis auf Ihr Papier.

Vergegenwärtigen Sie sich, daß der Apfel lebendige Materie ist; indem Sie sein Rot auf das Papier bannen, begeben Sie sich auf die Suche nach seinem Innersten, seinem Kern. Beginnen Sie jetzt, den Kreis von innen nach außen mit Farbe zu füllen. Malen Sie die dunkelsten Stellen tiefrot und die Ränder, an denen der Apfel scheinbar weniger Farbe „ent-

Einfaches Stilleben

hält", entsprechend heller. Diese Übung vermittelt Ihnen erste Grundkenntnisse im Modellieren.

Modellierungsübung 2: Bildhauern

Bei dieser Übung geht es darum, der Erfahrung eines Bildhauers nachzuspüren, der mit Ton arbeitet. Stellen Sie sich also vor, Sie hätten einen Klumpen Ton vor sich, um daraus mit den Händen eine Figur zu formen.

Entscheiden Sie, wen oder was Sie zeichnen wollen. Am besten eignen sich für diese Übung lebende Modelle (Hund, Katze, Ihr Partner, ein Kind oder ein Freund). Zeichnen Sie die Umrisse nicht mit der Spitze, sondern mit dem flachen Ende eines schwarzen Conté-Stifts aufs Papier.

Modellieren eines schlafendes Hunds

Bei allen konkaven, also nach innen gewölbten Linien drücken Sie den Stift stärker auf, so daß dunklere Linien entstehen; bei den konvexen, nach außen gewölbten Linien dagegen fahren Sie nur leicht über das Papier. Stellen Sie sich vor, Sie modellierten Ihre Zeichnung wie einen Tonklumpen.

Modellierungsübung 3: Anatomie eines Apfels

Bei diesem, nach dem Vorbild Leonardo da Vincis angelegten Experiment geht es darum, das Innere eines Apfels wie seinen Aufbau und seine Form sozusagen wissenschaftlich zu erkunden.

Besorgen Sie sich drei schöne, reife Äpfel. Nehmen Sie jeden einzelnen in die Hand, um sein Gewicht, seine Konsistenz und die Beschaffenheit seiner Oberfläche zu spüren. Betrachten Sie jeden Apfel wie durch eine Lupe, und achten Sie dabei auf Farbe und Struktur seiner Schale. Welche Unterschiede können Sie zwischen den einzelnen Äpfeln feststellen? Halten Sie alles, was Ihnen auffällt, in Ihrem Notizbuch fest. Untersuchen Sie auch die Form, die Einbuchtungen und Dellen der Äpfel. Achten Sie auf die „Eigenheiten", die jeden Apfel einzigartig machen und ihn vom „Bild eines Apfels" unterscheiden, das Sie vor Augen haben, wenn Sie den Begriff „Apfel" hören.

Wenn Sie sich derart mit Ihren Äpfeln vertraut gemacht haben, können Sie nun zur Autopsie schreiten. Dazu werden Sie die Äpfel zerschneiden, um ihr Inneres zu untersuchen. Schneiden Sie einen Apfel horizontal, den zweiten vertikal und den dritten diagonal durch, um drei verschiedene Ansichten zu erhalten.

Legen Sie die Apfelhälften so auf einen Teller, daß genügend Licht auf sie fällt. Bevor Sie mit dem Zeichnen der Apfelhälften beginnen, bestimmen Sie die Helligkeitswerte. Achten Sie darauf, an welchen Stellen das Licht reflektiert und wo es durch die Oberflächenstruktur absorbiert wird. Setzen Sie all diese Beobachtungen in Ihr Stilleben um.

Wenn Sie mit dem Zeichnen der Apfelhälften fertig sind, fertigen Sie noch einmal eine Zeichnung eines intakten Apfels an, die Ihr erworbenes Wissen um sein Inneres, seinen Kern, widerspiegelt.

Perspektive

Durch das Schattieren und Modellieren erhält eine Zeichnung Tiefe und Dimension, aber erst die Perspektive stellt die Verbindung zwischen beiden Elementen her.

1. Übung zu Perspektive: Horizont

Leonardo da Vinci brachte viele Stunden damit zu, den Horizont zu beobachten. Er stellte fest:

- „Von zwei gleich großen Dingen erscheint das kleiner, das weiter entfernt ist."
- „Unter verschiedenen Körpern, alle gleich groß und gleich weit entfernt, erscheint der, der am hellsten erleuchtet ist, dem Auge am nächsten und größten."
- „Ein dunkler Gegenstand wird vergleichsweise blauer erscheinen, da sich zwischen ihm und dem Auge mehr leuchtende Atmosphäre befindet, wie man an der Farbe des Himmels sieht."

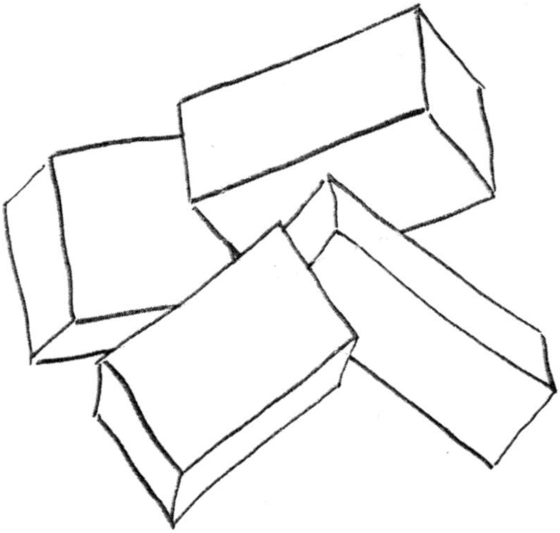

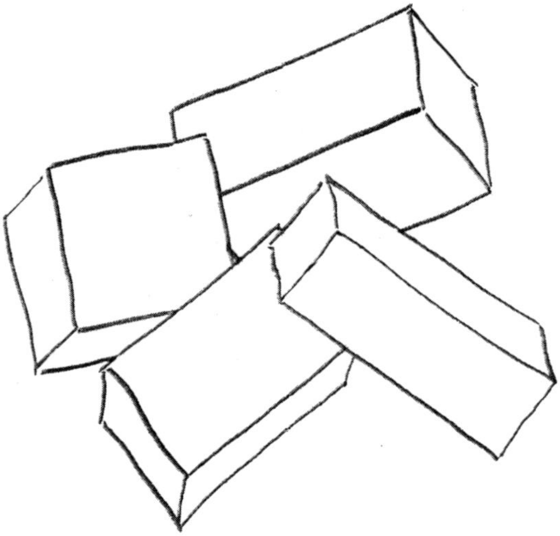

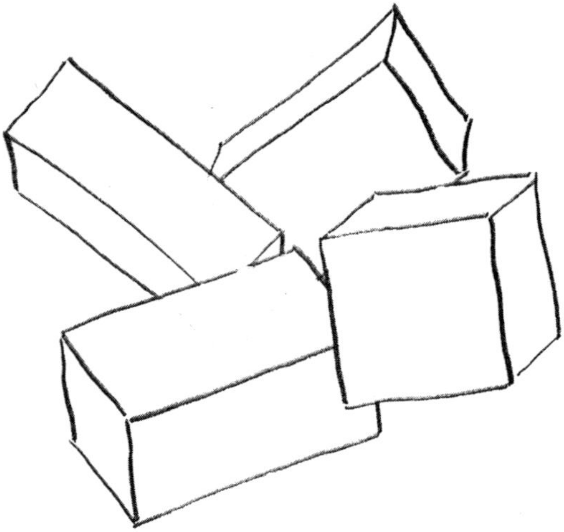

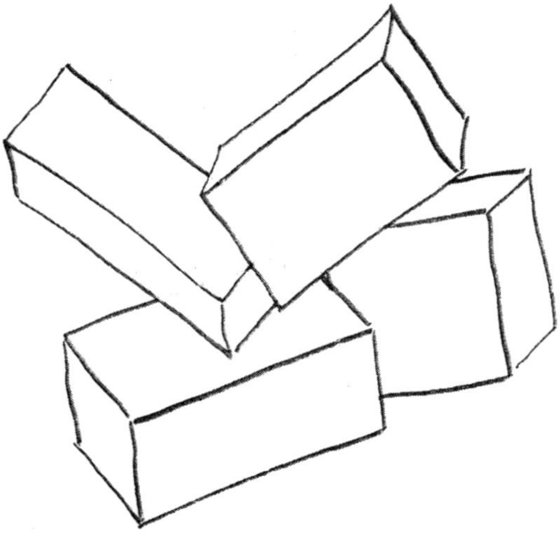

Vor der Renaissance, das heißt vor der Entdeckung der Perspektive, stellte man alle Objekte, gleich ob sie sich im Bildvordergrund oder im Hintergrund befanden, zweidimensional und mit nicht angepaßten Licht- und Schattenwerten dar. Beginnen Sie Ihr Studium der Perspektive, indem Sie zunächst den Horizont betrachten und dann Ihren Blick zu näher gelegenen Objekten schweifen lassen. Machen Sie die Perspektive zum Thema eines Tages und halten Sie Ihre Beobachtungen im Notizbuch fest.

2. Übung zur Perspektive: Einander verdeckende Gegenstände

Der Gegenstand, der dem Betrachter am nächsten ist, befindet sich im Bildvordergrund und verdeckt andere, weit entfernt und hinter ihm plazierte Gegenstände. Es handelt sich dabei um ein so grundlegendes Prinzip, daß man es leicht übersieht. Dabei macht diese einfache Beobachtung den visuellen Zusammenhang zwischen verschiedenen Objekten deutlich. So zeigen die vier Beispiele auf Seite 292 jeweils vier, von Zeichnung zu Zeichnung gleich groß bleibende Kuben, die in jeder denkbaren räumlichen Relation zueinander stehen können. Indem man sie so zeichnet, daß sie sich teilweise verdecken, werden einige Würfel scheinbar in den Hintergrund, andere in den Vordergrund gerückt.

Zeichnen Sie zunächst die Umrisse eines Kubus, dann die eines zweiten, teilweise verdeckten Kubus, indem Sie jene Außenlinien auslassen, die „hinter" dem ersten Kubus liegen. Den dritten und vierten Kubus zeichnen Sie entsprechend. Für die zweite Zeichnung wählen Sie einen anderen Kubus, der dem Betrachter am nächsten stehen soll.

3. Übung zur Perspektive: Der Zeichenblock steht zwischen mir und dem Objekt

Wenn man den „Rahmen" für sein Sujet gewählt hat, fällt es oft schwer, über einen längeren Zeitraum hinweg dieselbe Perspektive einzuhalten, besonders dann, wenn der Zeichenblock flach auf einem Tisch liegt oder auf einer Staffelei steht. Ignorieren Sie einfach, in welcher Position sich Ihr Zeichenblock oder Ihre Leinwand zum Bildgegenstand befindet. Stellen Sie sich den Zeichenblock oder die Leinwand einfach als Fenster zwischen Ihnen und dem abzubildenden Gegenstand vor, durch das Sie geradewegs hindurch auf Ihren Bildgegenstand sehen können.

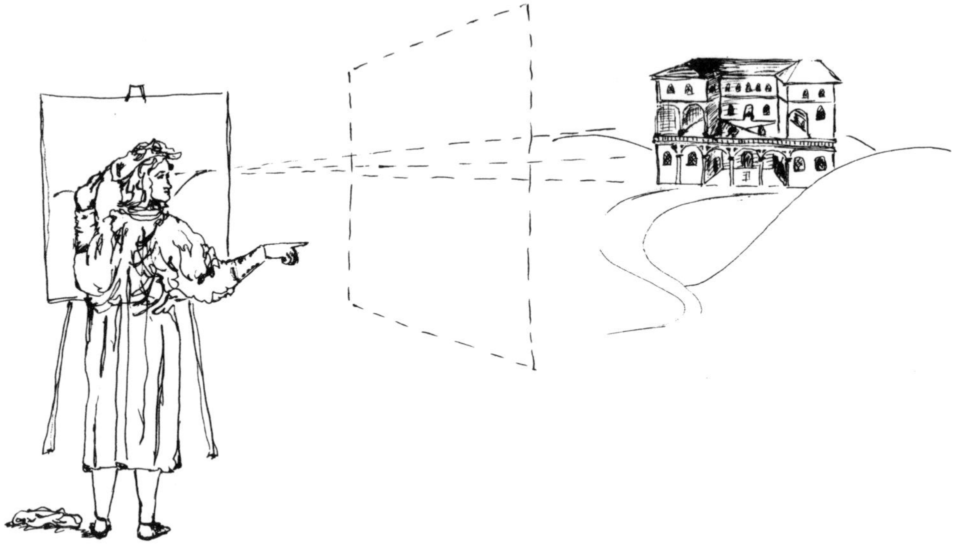

4. Übung zur Perspektive: klein – weit, groß – nah

Es ist Ihnen sicherlich schon aufgefallen, daß Objekte immer kleiner zu werden scheinen, je weiter entfernt sie sind. Daher schätzen wir Entfernungen automatisch nach der Größe des beobachteten Gegenstandes. In den Übungen zu sich verdeckenden Objekten haben wir gelernt, daß die relative Position der Gegenstände zueinander einiges verrät. Doch nicht nur die Reihenfolge, sondern auch die Größe der Gegenstände sagt etwas über Nähe und Distanz des Abgebildeten aus. Sehen Sie sich auf der folgenden Abbildung an, welche Wirkung dadurch hervorgerufen wird, daß die Bäume im Bildhintergrund immer kleiner werden.

In der Zeichnung ergänzen gepunktete Linien die fehlenden Zaunpfähle und zeitigen beim Betrachter ein intuitives „Gefühl" für durch die Größe und räumliche Anordnung der Gegenstände erzeugte Perspektive.

Die folgenden Übungen werden Sie mit zwei wichtigen Parametern der Perspektive vertraut machen: Horizontale und Fluchtpunkt.

5. Übung zur Perspektive: Horizont

Zeichnen Sie mit Hilfe des Lineals eine horizontale Linie auf ein Blatt Papier. Experimentieren Sie mit Horizontalen in verschiedenen Höhen.

Der Horizont ist für die perspektivisch richtige Darstellung von größter Bedeutung, da alle Linien eines Bildes auf ihn ausgerichtet werden. Es empfiehlt sich also, die Höhe des Horizonts vor Beginn der Arbeit an einem Bild festzulegen.

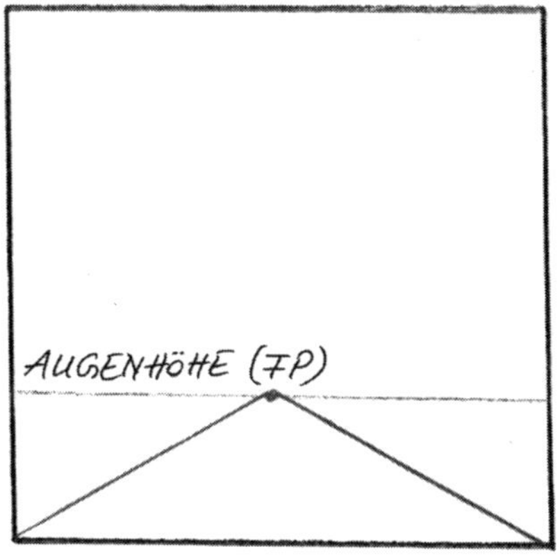

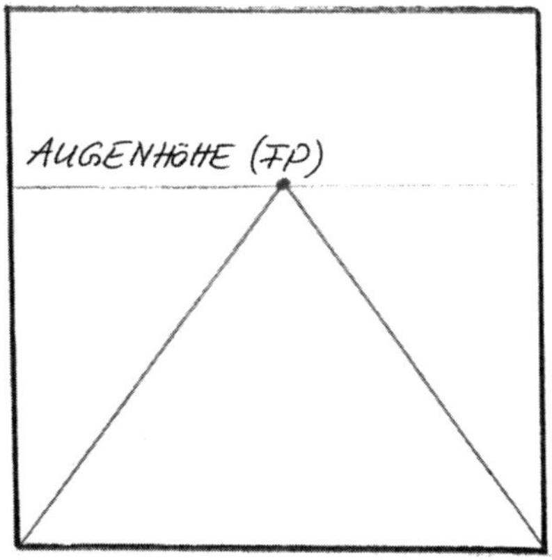

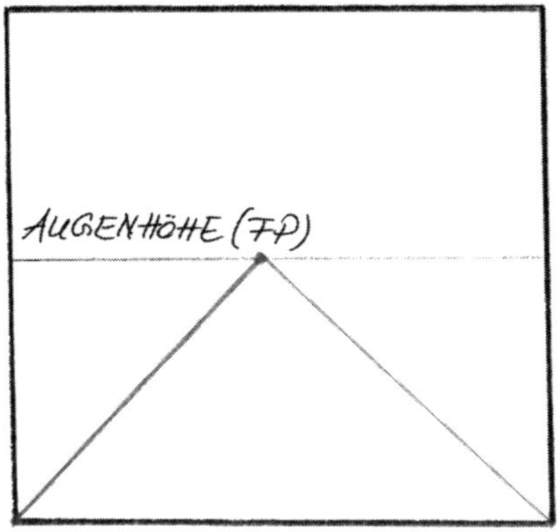

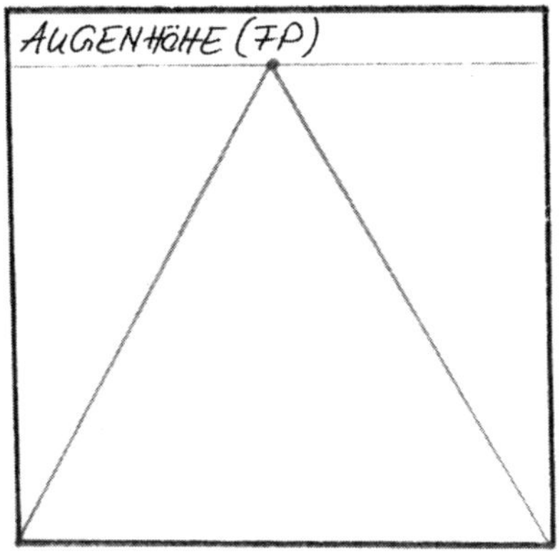

6. Übung zur Perspektive: Fluchtpunkt

Markieren Sie nun etwa in der Mitte des Horizonts einen Punkt, den „Fluchtpunkt".

Zeichnen Sie von diesem Punkt aus jeweils eine Linie bis in die unteren Ecken des Blattes. Was entsteht, sieht aus wie eine sich in der Ferne verlierende, breite Straße. Beachten Sie, welche Wirkung der Horizont auf die „Straße" hat.

7. Übung zur Perspektive: Perspektivische Darstellung geometrischer Figuren

Zeichnen Sie mit Hilfe des Lineals eine gepunktete Horizontlinie und markieren Sie den Fluchtpunkt. Dann zeichnen Sie ein Dreieck, ein Quadrat und einen Kreis auf Ihr Blatt. Fertigen Sie nun eine dreidimensionale Zeichnung der geometrischen Figuren an, die auf den Fluchtpunkt ausgerichtet ist. Treten Sie von Ihrer Zeichnung zurück, um zu überprüfen, ob die Perspektive „stimmt".

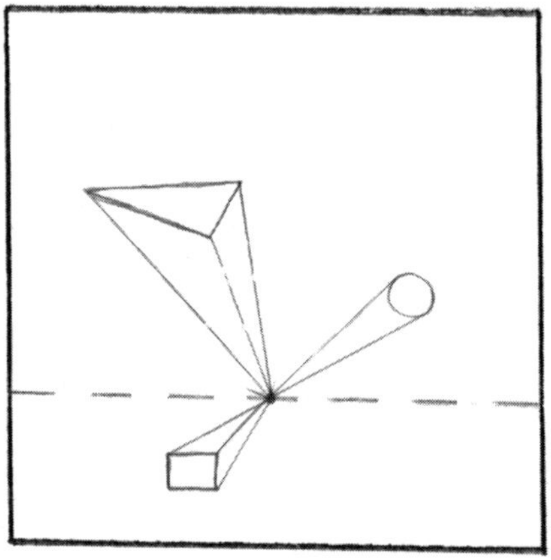

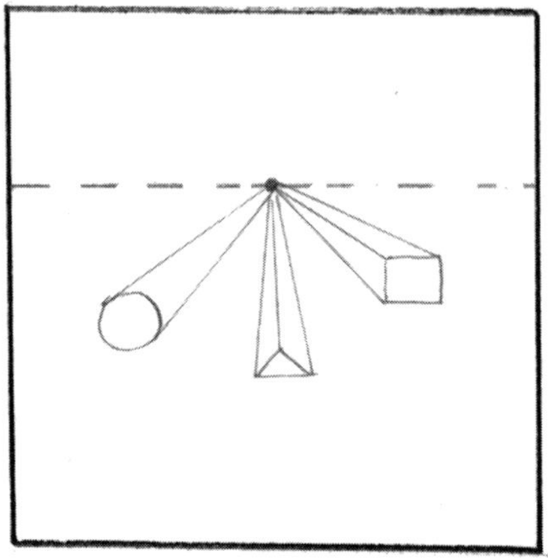

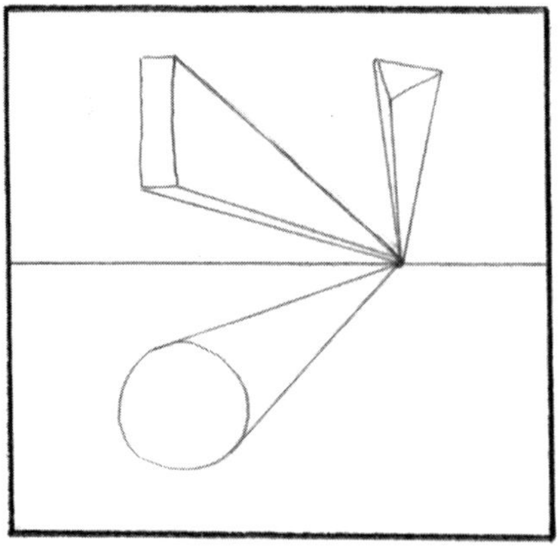

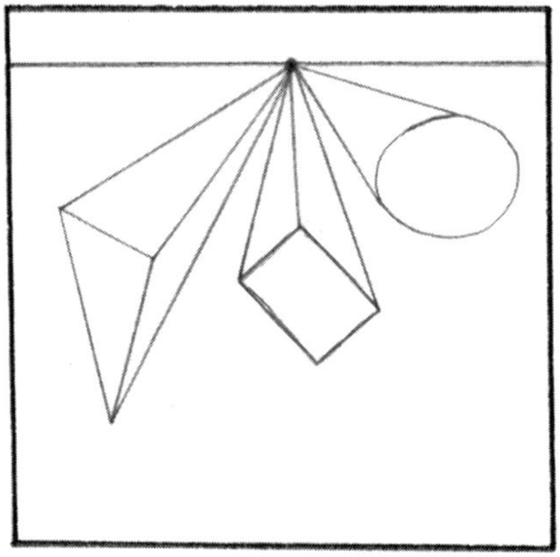

Markieren Sie nun eine Lichtquelle, die Sie als kleine Sonne einzeichnen. Schraffieren Sie nun mit einem weichen Bleistift die Schatten, die die dreidimensionalen Figuren aufweisen müßten.

Zeichnen Sie noch andere Formen nach dem gleichen Muster perspektivisch.

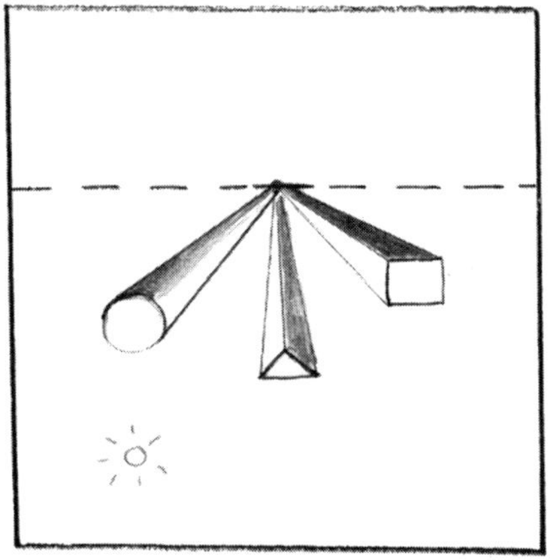

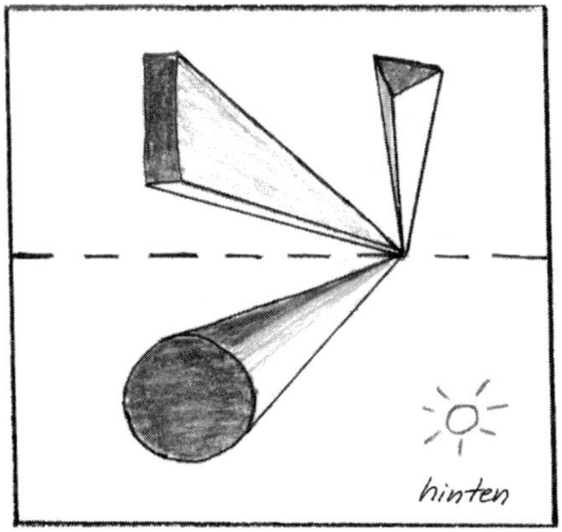

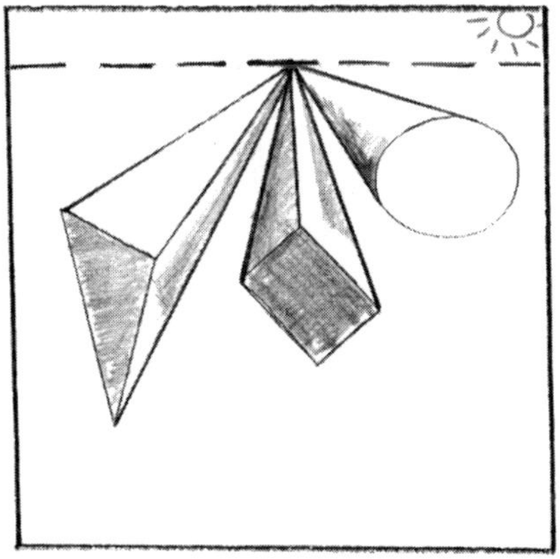

8. Übung zur Perspektive: Eine interessante Straße

Zeichnen Sie Horizont und Fluchtpunkt ein. Vom Fluchtpunkt aus ziehen Sie Linien bis in die vier Ecken des vorgegebenen Rahmens.

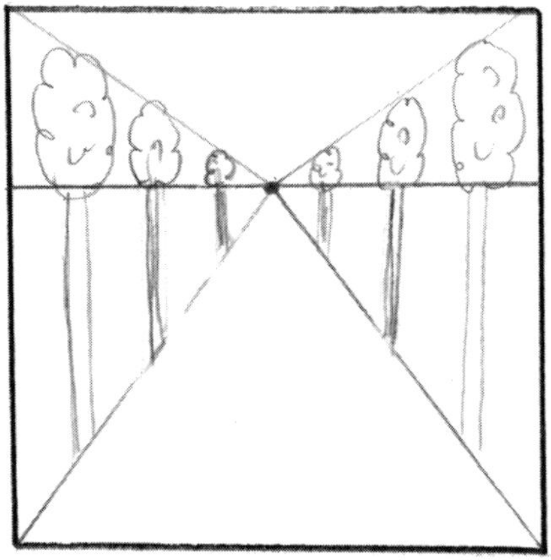

Zeichnen Sie nun auf die eine Seite der so entstandenen Straße eine Reihe immer kleiner werdende Bäume. Auf die andere Seite der Straße zeichnen Sie, wie Sie es in der Übung mit den dreidimensionalen geometrischen Figuren gelernt haben, einige hintereinander stehende Häuser. Denken Sie daran, daß alle vertikalen Linien parallel verlaufen und die Dächer in einer Linie auf den Fluchtpunkt ausgerichtet sein müssen.

9. Übung zur Perspektive: Landschaft

Betrachten Sie verschiedene Landschaftspanoramen, um Ihre Kenntnisse der Perspektive zu vertiefen. Üben Sie in Ihrem Notizbuch.

Landschaft ohne „Tiefe"

Landschaft mit „Tiefe"

Aus dem Gedächtnis zeichnen

1. Übung zum Zeichnen ohne Modell: Das eigene Gesicht zeichnen

Ohne in einen Spiegel zu schauen, zeichnen Sie Ihr eigenes Gesicht aus dem Gedächtnis. Versehen Sie es mit Ihrer Unterschrift und dem Datum.

2. Übung zum Zeichnen ohne Modell: Das Gesicht eines Freundes oder einer Freundin zeichnen

Denken Sie an einen Freund oder an eine Freundin. Rufen Sie sich das Gesicht dieses Menschen ins Gedächtnis. Achten Sie auf die wesentlichen Merkmale und ihre Beziehungen untereinander. Welche Merkmale sind besonders auffallend? Wo erkennen Sie Symmetrie, wo Asymmetrie?

Denken Sie in Umrissen. Treten die Wangenknochen deutlich hervor? Sind die Wangen selbst eher eingefallen? Liegen die Augen tief? Wo erkennen Sie aufsteigende und absteigende Linien in diesem Gesicht? Stellen Sie sich vor, Sie berührten es mit den Blicken und strichen über seine Konturen. Halten Sie Ihren imaginären Blick im Fluß, verlieren Sie sich nicht in Details.

Fertigen Sie nun aus dem Gedächtnis eine Zeichnung dieses Gesichts an.

Studieren Sie das Gesicht Ihres Freundes oder ihrer Freundin aufmerksam, wenn er oder sie das nächste Mal vor Ihnen steht. Notieren Sie, was Ihrer Erinnerung entgangen ist. Jede aus dem Gedächtnis erstellte Zeichnung schärft Ihre Beobachtungsgabe.

3. Übung zum Zeichnen ohne Modell: Nasen

Leonardo zufolge „...gibt es elf Arten von Nasen: ebenmäßig, dick in der Mitte, dünn in der Mitte, dick an der Spitze und dünn am Ansatz, dünn an der Spitze und dick am Ansatz, mit breiten oder schmalen Flügeln, mit langen oder kurzen, mit sichtbaren oder unter der Spitze verborgenen Nasenlöchern. Auch an andern Partien wirst du solche Unterschiede finden. Die mußt du alle nach der Natur abzeichnen und dir gut merken".

Machen Sie Gesichter zum Thema eines Tages. Widmen Sie sich am nächsten Tag ganz und gar den Nasen. Skizzieren Sie die verschiedenen Typen im Profil

„Wenn du dir etwas, das du studiert hast, gut einprägen willst, dann halte das folgende Verfahren ein: Wenn du einen und denselben Gegenstand so oft gezeichnet hast, daß du ihn genau im Gedächtnis zu haben glaubst, dann versuche ihn ohne das Vorbild zu zeichnen. Aber pause vorher dein Vorbild auf eine dünne Glasplatte, lege sie dann auf das, was du ohne das Vorbild gemacht hast, und prüfe genau, wo die Pause mit deiner Zeichnung nicht übereinstimmt. Falls du findest, daß du einen Fehler gemacht hast, so merke ihn dir gut, um ihn nicht wieder zu machen. Ja, noch mehr: kehre zum Modell zurück, und zeichne den falsch gezeichneten Teil so oft ab, bis du eine richtige Vorstellung davon hast."

—Leonardo da Vinci

Leonardo da Vincis Profilstudien aus der Windsor Collection

„Der Liebende wird durch das Geliebte bewegt, wie der Sinn durch das Sinnlich-Wahrnehmbare …“
– Leonardo da Vinci

Studie des Gesichts von Franceso Sforza

und von vorn. Wiederholen Sie die Übung mit Augen, Mündern etc.

4. Übung zum Zeichnen ohne Modell: Studium eines Gesichtes

Nachdem Sie sich einige Tage dem Studium von Gesichtern und ihren Details gewidmet haben, betrachten Sie noch einmal das Gesicht des Freundes oder der Freundin, das Sie in der zweiten Übung aus dem Gedächtnis gezeichnet haben:

Betrachten Sie das Gesicht unter dem Aspekt der Geometrie. Suchen Sie nach Dreiecken, Kreisen und Vierecken. Achten Sie auf Linien, Kurven und Punkte. Die Zustimmung Ihres Freundes oder Ihrer Freundin vorausgesetzt, streichen Sie sanft mit den Fingerspitzen über das Gesicht und erforschen dabei Kontur und Textur.

Treten Sie einen Schritt zurück und „befühlen" Sie mit den Augen das Gesicht.

Nun studieren Sie Schatten und Schattierungen im Gesicht. Fertigen Sie eine Skizze zu den beobachteten Helligkeitswerten an.

Dann machen Sie mit einem weichen Conté-Stift eine flüchtige, abstrakte Skizze des Gesichts, in der Sie Modellierungen vornehmen. Heben Sie konkave und konvexe Linien hervor.

Als vorletzten Schritt fertigen Sie mit Ihrer „falschen" Hand eine Skizze des Gesichts an.

Zu guter Letzt porträtieren Sie das Gesicht Ihres Freundes und lassen dabei alle in den vorangegangenen Schritten geübten Elemente einfließen.

5. Übung zum Zeichnen ohne Modell: Selbstbildnis

Wenden Sie alle in der 4. Übung erklärten Schritte an, um Ihr eigenes Gesicht im Spiegel zu studieren und dann zu zeichnen.

Der Leonardo-da-Vinci-Zeichenkurs für Anfänger soll Sie mit der Kunst des richtigen Sehens vertraut machen. Geben Sie sich der verführerischen Lust an Farben und Formen, der Romantik von Licht und Schatten hin. Üben und experimentieren Sie, liefern Sie sich aus und genießen Sie. Bauen Sie eine Beziehung zu Ihren Bildern auf, indem Sie jedes einzelne signieren, datieren und archivieren.

Il Cavallo –
Das Pferd
Wiedergeburt eines Traumes.
ECCE

Im Jahre 1977 veröffentlichte die Zeitschrift *National Geographic* einen Artikel mit dem Titel „The Horse That Never Was“ (Das Pferd, das es nie gab). Darin wurden Leonardo da Vincis Pläne für die Reiterstatue für Francesco Sforza und die Zerstörung des Modells im Jahr 1499 beschrieben. Charles Dent, Pilot und Kunstsammler, las den Artikel, und hatte fortan einen Traum: Er wollte das Pferd Leonardos – *Il Cavallo* – anfertigen lassen und dem italienischen Volk schenken, als Dank für die Schätze der Renaissance.

Dent versammelte ein Team hervorragender Renaissance-Experten, Bildhauer, Metallurgen und Förderer um sich und machte sich daran, seinen Traum zu verwirklichen. Er griff tief in die eigenen Taschen, verkaufte sogar einige Kunstgegenstände aus seiner Sammlung und betätigte sich als eifriger Spendensammler, um, wie er sich auszudrücken pflegte, „dem Pferd Futter zu geben“. Als das Projekt immer konkretere Formen annahm, wuchs auch die weltweite Resonanz in den Medien. Im August 1992 gelang es der Tallix Art Foundry, ein Modell des *Cavallo* in Originalgröße herzustellen. Ironie des Schicksals: Charles Dent starb, als das Modell unter dem Beifall der Öffentlichkeit vorgestellt, die Skulptur aber noch nicht gegossen worden war. Das Projekt befand sich also im gleichen Stadium wie Leonardos tönernes Modell, das von den Bogenschützen aus der Gascogne als Zielscheibe mißbraucht und zerstört worden war. Doch kurz vor seinem Tod hatten ihm Freunde und Förderer seines Projektes das Versprechen gegeben, es zu vollenden.

Dents Mitstreitern, die sich in der von ihm 1982 gegründeten gemeinnützigen Organisation Leonardo da Vinci’s Horse, Inc., kurz LDVHI, zusammengefunden haben, wollen *Il Cavallo* tatsächlich am 10. September 1999 in Mailand enthüllen – auf den Tag genau fünf Jahrhunderte nach der Zerstörung von Leonardos Modell. Die folgende Presseerklärung macht die Absichten der LDVHI deutlich:

Wir wollen durch dieses Projekt das Genie Leonardo da Vinci ehren und ihm mit diesem gewaltigen Pferd, das auf Basis seiner Entwürfe entsteht, unsere Achtung erweisen. Mit diesem Geschenk des amerikanischen Volkes an das italienische verleihen wir unserer Anerkennung Ausdruck für das großartige kulturelle, künstlerische und wissenschaftliche Vermächtnis der italienischen Renaissance, das uns Amerikaner auch heute noch zu Neugier, Phantasie und Kreativität anregt.

Die Bedeutung der Statue weist ähnlich der Freiheitsstatue weit über alle nationalen Grenzen hinaus. Tausend Jahre lang soll *Il Cavallo* als Mahnmal gegen Krieg und als Symbol für die Freundschaft der Völker bestehen.

Wenn Sie an diesem historischen Vorhaben teilhaben wollen, wenden Sie sich an Leonardo da Vinci's Horse, Inc., P. O. Box 396, Fogelsville, PA 18051–0396, USA. Telefon: (001) 610 395–4060. Wir sehen uns in Mailand …

Rekonstruktion der Reiterstatue für Francesco Sforza nach den Entwürfen Leonardo da Vincis

ZEITTAFEL ZUM LEBEN LEONARDO DA VINCIS

1452	15. April	Geburt Leonardos
1453		Fall von Byzanz
1469		Geburt Machiavellis/Tod von Piero de Medici – Lorenzo der Prächtige und Giuliano erlangen die Herrschaft über Florenz
1472		Geburt von Kopernikus/Leonardo wird in die Zunft des hl. Lukas als unabhängiger Maler aufgenommen
1475		Geburt Michelangelos
1480		Geburt Magellans
1481		Arbeit an der *Anbetung der Könige*
1483		Geburt Raffaels
1488		Geburt Tizians
1490		Leonardo eröffnet seine eigene Werkstatt
1492		Kolumbus entdeckt die Neue Welt
1497		Arbeit am *Abendmahl*
1499		Zerstörung des Modells der Reiterstatue für Francesco Sforza
1504		Michelangelo vollendet den *David*; Leonardo wird für die Wahl des Standortes zu Rate gezogen
	9. Juli	Leonardos Vater stirbt, er hinterläßt zehn Söhne und zwei Töchter
1506		Vollendung der *Mona Lisa*
1512		Michelangelo beendet die Arbeit an den Deckengemälden der Sixtinischen Kapelle
1516		Leonardo verläßt Italien und zieht nach Amboise
1519	23. April	Leonardo setzt sein Testament auf
	2. Mai	Tod Leonardo da Vincis

LITERATURVERZEICHNIS

Curiosità

Adams, Kathleen: *Journal to the Self*, New York 1990
Fuller, Buckminster: *Critical Path*, New York 1981
Goldberg, Merrilee: *The Art of the Question: A Guide to Short-Term Question-Centered Therapy*, New York 1998
Gross, Ron: *Peak Learning*, Los Angeles 1991
Progoff, Ira: *At a Journal Workshop*, New York 1975

Dimostrazione

Alexander, F. M.: *The Use of the Self*, New York 1932
McCormack, Mark: *What They Don't Teach You at Harvard Business School*, New York 1984
McCormack, Mark: *Die Schule des Management*, Frankfurt a. M. 1998
Seligman, Martin: *Pessimisten küßt man nicht. Optimismus kann man lernen*, München 1993
Shah, Idries: *The Wisdom of the Idiots*, New York 1971

Sensazione

Ackerman, Diane: *A Natural History of the Senses*, New York 1991
Broadbent, Michael: *Complete Guide to Wine Tasting and Wine Cellars*, New York 1984
Broadbent, Michael: *Broadbents Weinnotizen*, Ostfildern 1994
Broadbent, Michael: *Weine prüfen, kennen, genießen*, Ostfildern 1996
Campbell, Don: *The Mozart Effect: Tapping the Power of Music to Heal the Body, Strengthen the Mind, and Unlock the Creative Spirit*, New York 1997
Campbell, Don: *Die Heilkraft der Musik. Klänge für Körper und Seele*, München 1998
Campbell, Don: *Der Seele Klang. Die heilende Kraft von Atem, Ton und Musik*, München 1997
Collins, Terah Kathryn: *The Western Guide to Fêng Shui*, Carlsbad 1996

Cytowic, Richard: *The Man Who Tasted Shapes*, New York 1993
Cytowic, Richard E.: *Farben hören, Töne schmecken. Die bizarre Welt der Sinne*, München 1996
Gregory, R. L.: *Eye and Brain: The Psychology of Seeing*, New York 1990
Nicolaides, Kimon: *The Natural Way to Draw*, Boston 1941
Rossbach, Sarah: *Interior Design with Fêng Shui*, New York 1987
Rossbach, Sarah: *Wohnen ist Leben*, München 1989
Rossbach, Sarah: *Fêng Shui. Die chinesische Kunst des gesunden Wohnens*, München 1998

Sfumato

Agor, Weston: *The Logic of Intuitive Decision Making*, Westport 1986
Agor, Weston: *Intuitives Management*, Offenbach 1995
Gelb, Michael: *Thinking for a Change: Discovering the Power to Create, Communicate, and Lead*, New York 1996
Gelb, Michael: *Körperdynamik. Eine Einführung in die Alexander-Technik*, Berlin 1999
Gelb, Michael: *Sich selbst präsentieren. Mit Mind Mapping und Alexander-Technik*, Offenbach 1997
Johnson, Barry: *Polarity Management: Identifying and Managing Unsolvable Problems*, Anherst 1992
May, Rollo: *Der Mut zur Kreativität*, Paderborn 1987

Arte/Scienza

Buzan, Tony: *Use Both Sides of Your Brain*, New York 1989
Buzan, Tony: *Nichts vergessen! Kopftraining für ein Supergedächtnis*, München 1995
Buzan, Tony: *Kopftraining. Anleitung zum kreativen Denken*, München 1995
Buzan, Tony/Buzan, Barry: *Das Mind-Map-Buch*, Landsberg 1997
Edwards, Betty: *Garantiert Zeichnen lernen. Das Geheimnis der rechten Hirn-Hemisphäre und die Befreiung unserer schöpferischen Gestaltungskräfte*, Reinbek 1998
Wonder, Jacqueline: *Whole Brain Thinking*, New York 1985

Corporalità

Anderson, Bob: *Stretching*, München 1997
Conable, Barbara/Conable,William: *How to Learn the Alexander Technique*, Columbus 1991
Cooper, Kenneth: *New Aerobics*, New York 1970
Cooper, Kenneth: *Bewegungstraining*, Frankfurt a. M. 1997
Cooper, Kenneth: *Die neuen Gesundmacher. Antioxidantien. Das Ernährungs- und Fitneßprogramm gegen freie Radikale*, München 1997
Fincher, Jack: *Lefties: The Origin and Consequences of Being Left-Handed*, New York 1977
Gelb, Michael: *Körperdynamik. Eine Einführung in die Alexander-Technik*, Berlin 1999
Gelb, Michael: *Sich selbst präsentieren. Mit Mind Mapping und Alexander-Technik*, Offenbach 1997
Gelb, Michael/Buzan, Tony: *Die Kunst des Jonglierens*, München 1996

Connessione

Kodish, Susan/Kodish, Bruce: *Drive Yourself Sane: Using the Uncommon Sense of General Semantics*, Englewood 1993
Lao-Tzu: *Tao Te Ching: A New Englisch Version*, New York 1988
Russell, Peter: *Alles ist beseelt*, Norderstedt 1996
Senge, Peter: *Die fünfte Disziplin: Kunst und Praxis der lernenden Organisation*, Stuttgart 1998
Wheatley, Margaret: *Quantensprung der Führungskunst*, Reinbek 1997

Die Renaissance

Burke, Peter: *Die Renaissance in Italien*, Berlin 1992
Burkhardt, Jacob: *The Civilization of the Renaissance in Italy*, New York 1935
Durant, Will: *The Story of Civilization*, New York o. J.
Gombrich, E. H.: *Die Geschichte der Kunst*, Frankfurt a. M. 1996
Hibbert, Christopher: *The House of Medici: Its Rise and Fall*, New York 1974

Janson, H. W.: *History of Art*. Englewood Cliffs 1982
Jardine, Lisa: *Worldly Goods: A New History of the Renasisssance*, New York 1996
Manchester, William: *A World Lit Only by Fire: The Medieval Mind and the Renaissance*, Boston 1992
Schwartz, Lillian: *The Computer Artist's Handbook*, New York 1992
Tarnas, Richard: *Idee und Leidenschaft: Die Wege des westlichen Denkens*, Hamburg 1997
Tuchmann, Barbara: *Der ferne Spiegel. Das dramatische 14. Jahrhundert*, München 1994
Vasari, Giorgio: *Lebensläufe der berühmtesten Maler, Bildhauer und Architekten*, Zürich 1996
Vasari, Giorgio: *Künstler der Renaissance*, Köln 1997
Vasari, Giorgio: *Das Leben von Leonardo da Vinci, Michelangelo Buonarroti und Raffael von Urbino*, Ditzingen 1996

Leonardo da Vinci

Beck, James: *Leonardo's Rules of Painting: An Unconventional Approach to Modern Art*, New York 1979
Bramly, Serge: *Leonardo da Vinci – Eine Biographie*, Reinbek 1995
Clark, Kenneth: *Leonardo da Vinci*, Reinbek 1998
Costantino, Maria: *Leonardo*, Leicester 1994
Freud, Sigmund: *Leonardo da Vinci: A Study in Psychosexuality*, New York 1961
Merezhkovsky, Dmitry: *The Romance of Leonardo da Vinci*, New York 1928
Philipson, Morris: *Leonardo da Vinci: Aspects of the Renaissance Genius*, New York 1966
Reti, Ladislao (Hrsg.): *The Unknown Leonardo*, New York 1974
Richter, Irma A. (Hrsg): *The Notebooks of Leonardo da Vinci*, Oxford 1952
Richter, Jean Paul (Hrsg): *The Notebooks of Leonardo da Vinci*, New York 1970
Stites, Raymond: *The Sublimations of Leonardo da Vinci*, Washington 1970
Vallentin, Antonina: *Leonardo da Vinci: The Tragic Pursuit of Perfection*, New York 1938

Intelligenz und Genius

Boorstin, Daniel: *The Creators: A History of Heroes of the Imagination*, New York 1993

Briggs, John: *Fire in the Crucible*, Los Angeles 1990

Buzan, Tony/Keene, Raymond: *Buzan's Book of Genius (And How You Can Become One)*, London 1994

Dilts, Robert: *Strategies of Genius*, Capitola 1995

Gardener, Howard: *Creating Minds: An Anatomy of Creativity Seen Through the Lives of Freud, Einstein, Picasso, Stravinsky, Eliot, Graham, and Gandhi*, New York 1993

Gardener, Howard: *Frames of Mind: The Theory of Multiple Intelligences*, New York 1993

Pert, Candace: *Molecules of Emotion*, New York 1997

Restak, Richard M.: *The Brain: The Last Frontier*, New York 1979

von Oech, Roger: *Der kreative Kick*, Paderborn 1994

ANSPRECHPARTNER

Mental Literacy und Radiant Thinking
(vgl. Seite 19)
Ausgezeichnete Kurse wie Veröffentlichungen zu diesen wichtigen Themen bietet:

Buzan Centres Ltd.
37 Waterloo Road
Bournemouth BH9 IBD
Großbritannien
Tel.: (0044) 202 – 533 593

Alexander-Technik
Wenn Sie einen anerkannten Lehrer der Alexander-Technik suchen, wenden Sie sich an:

Doris Dietschy
Bäumleingasse 6
CH-4051 Basel
Schweiz

Kurse oder Workshops – auch für Firmen oder einzelne Abteilungen – zum Thema „Denken wie Leonardo da Vinci" bietet an:

Michael J. Gelb
The High Performance Learning® Center
7903 Curtis Street
Chevy Chase, MD 20815
USA
Tel.: (001) 301 – 961 5805
Fax: (001) 301 – 961 5806
e-mail: DaVincian@aol.com
internet: http://www.HiPerformLearning.com

Visuelle Synthese
Es handelt sich dabei um die simultane künstlerische Interpretation und Umsetzung der Inhalte von Meetings, Konferenzen und Sitzungen zur Strategieplanung. Kontaktadresse:

Nusa Maal c/o I. M.I
4611 Morgan Street
Bethesda, MD 20814
USA
Tel.: (001) 301 – 652 8464

Zentrum für High Performance Learning® (HPL)

Das 1982 von Michael J. Gelb gegründete Unternehmen für Consulting und Managementtraining leitet Einzelpersonen wie Firmen dazu an, ihre Ziele zu definieren und zu realisieren. HLP fördert Teamwork, Kreativität, Kommunikation und die Optimierung organisatorischer Strukturen. Als Katalysator für kreative Veränderungen und Reformen stellt HLP eine Verbindung zwischen außergewöhnlichen Visionen, ausgezeichnetem Service und persönlicher Erfüllung wie dem Verhalten im Alltag her. Das HLP-Zentrum bietet eine Reihe von Kursen an, die alle auf die Bedürfnisse der Klienten zugeschnitten wurden. Dazu gehören:

- Denken wie Leonardo da Vinci
- Die Methode des Mind Mapping und kreative Problemlösungsverfahren
- Perfekte Präsentationen
- Lektionen in der Kunst des Jonglierens
- Aikido im Alltag: Neue Wege in der Verhandlungsführung und bei interpersonellen Problemlösungen
- Samurai-Schach: Geheimnisse strategischer Planung (unter Mitwirkung des Großmeisters Raymond Keene O. B. E.)
- Renaissance-Seminar für Führungspersonen

Arbeitsmaterialien erhältlich beim HLP-Zentrum

- *Putting Your Creative Genius to Work* (sechs Audiokassetten, bei Nightingale-Conant)
- *Mind Mapping: How to Liberate Your Natural Genius* (vier Audiokassetten, bei Nightingale-Conant)
- *Mind Mapping and the Balanced Brain* (zwei Audiokassetten mit „Musik für eine die Denkleistung fördernde Umgebung")
- The New Mind Map (eine „Straßenkarte" zu Ihrem Bewußtsein)
- Folgende Bücher:
  - *BodyLearning: An Introduction to the Alexander Technique*
  - *Present Yourself: Captivate Your Audience with Great Presentation Skills*
  - *Lessons from the Art of Juggling: How to Achieve Your Full Potential in Business, Learning, and Life* (mit Tony Buzan)
  - *Thinking for a Change: Discovering the Power to Create, Communicate and Lead*
  - *Samurai Chess: Mastering the Martial Art of the Mind* (mit Großmeister Raymond Keene O. B. E.)

Kontaktadresse:

Michael J. Gelb
The High Performance Learning® Center
7903 Curtis Street
Chevy Chase, MD 20815
USA
Tel.: (001) 301 – 961 5805
Fax: (001) 301 – 961 5806
e-mail: DaVincian@aol.com
internet: http://www.HiPerformLearning.com

BILDNACHWEIS

TEIL 1

Einleitung

Selbstbildnis. The Royal Collection (Her Majesty Queen Elizabeth II.)

Die Renaissance damals und heute

Masaccio (1401 – 1429). *Vertreibung aus dem Paradies*. Brancacci-Kapelle, Santa Maria del Carmine, Florenz. Photo: Scala/Art Resource, NY.

Das Leben Leonardo da Vincis

Leonardo da Vinci. *Selbstbildnis*. Palazzo Reale, Turin. Photo: Alinari/Art Resource, NY.

Andrea Verrocchio und Leonardo da Vinci. *Die Taufe Christi*. Uffizien, Florenz. Photo: Alinari/Art Resource, NY.

Andrea Verrocchio. *Büste des Piero di Lorenzo de Medici*. Museo Nazionale del Bargello, Florenz. Photo: Alinari/Art Resource, NY.

Leonardo da Vinci. *Verkündigung*. Uffizien, Florenz. Photo: Alinari/Art Resource, NY.

Leonardo da Vinci. *Heiliger Hieronymus*. Vatikanische Pinakothek. Photo: Scala/Art Resource, NY.

Leonardo da Vinci. *Anbetung der Könige*. Uffizien, Florenz. Photo: Alinari/Art Resource, NY.

Leonardo da Vinci. *Studie für Anbetung der Könige*. Photo: Scala/Art Resource, NY.

Leonardo da Vinci. *Abendmahl*. Santa Maria delle Grazie, Mailand. Photo:Alinari/Art Resource, NY.

Leonardo da Vinci. *Studie zum Reiterstandbild Francesco Sforzas*. Royal Library, Windsor. Photo: Scala/Art Resource, NY.

Boltraffio. *Bildnis des Ludovico il Moro*. Photo: Alinari/Art Resource, NY.

Leonardo da Vinci. Entwurf: *Die Jungfrau und die hl. Anna*. Photo: Scala/Art Resource, NY.

Anonym. *Portrait von Niccolò Machiavelli*. Uffizien, Florenz. Photo: Alinari/Art Resource, NY.

Portrait von Cesare Borgia. Accademia Carrara, Bergamo. Photo: Alinari/Art Resource, NY.

Peter Paul Rubens. *Episode mit der Fahne in der „Schlacht von Anghiari" von Leonardo da Vinci*. Louvre, Paris. Photo: Giraudon/Art Resource, NY.

Jean Clouet. *Franz I*. Louvre, Paris. Photo: Alinari/Art Resource, NY.

Leonardo da Vinci. *Landschaft*, datiert auf den 5. August 1473. Gabinetto dei Disegni e delle Stampe, Florenz. Photo: Scala/Art Resource, NY.

Raphael. Ausschnitt: *Schule von Athen*. Stanza di Raffaello, Vatikanpalast. Photo: Alinari/Art Resource, NY.

Leonardo da Vinci. *Sichel und Panzerwagen* (vol 73 1860 6 16 99) Britisches Museum, London. Photo: Alinari/Art Resource, NY.

Leonardo da Vinci. *Bombarden mit explodierenden Projektilen*. Codex Atlanticus 9v-a. Photo: Art Resource, NY.

TEIL 2

Curiosità

Leonardo da Vinci. *Viola Odorata – Pyrus – Spighatta di Graminacea*. Accademia, Venedig. Photo: Alinari/Art Resource, NY.

Leonardo da Vinci. *Leonardos Luftschraube*. Codex Atlanticus. Biblioteca Ambrosiana, Mailand. Photo: Art Resource, NY.

Leonardo da Vinci. *Vogelflugstudien*. E-fol 22-V 23-R. Bibliothèque de L'Institut de France, Paris. Photo: Giraudon/Art Resource, NY.

Seite aus Leonardo da Vincis Notizbüchern. The Royal Collection (Her Majesty Queen Elizabeth II.)

Sfumato

Leonardo da Vinci. *Felsgrottenmadonna*. Louvre, Paris. Photo: Alinari/Art Resource, NY.

Leonardo da Vinci. *Zwei Köpfe (No. 423)*. Gabinetto dei Disegni e delle Stampe, Florence, Italy. Photo: Scala/Art Resource, NY.

Leonardo da Vinci. *Johannes der Täufer*. Louvre, Paris. Photo: Giraudon/Art Resource, NY.

Leonardo da Vinci. *Mona Lisa (La Gioconda)*. Louvre, Paris. Photo: Giraudon/Art Resource, NY.

Lillian Schwartz. *Juxtaposition of Leonardo's self-portrait and Mona Lisa*. Copyright 1998 Computer Creations Corporation. All rights reserved. Reprinted by permission.

Arte/Scienza

Leonardo da Vinci. *Karte von Imola*. Photo: Scala/Art Resource, NY.

Mind Mapping. Illustrationen: Nusa Maal

Corporalità

Leonardo da Vinci. *Kanon der Proportionen*. Photo: Alinari/Art Resource, NY.

Leonardo da Vinci. *Rückenansicht*. The Royal Collection (Her Majesty Queen Elizabeth II.)

Spiegelschrift. Illustration: Joan Gelb.

Jongleur. Illustration: Nusa Maal.

Connessione

Drachen. The Royal Collection (Her Majesty Queen Elizabeth II.)

Leonardo da Vinci. *Ornitholagum umbellatum – Euphorbie*. (Faksimile, Original Windsor Collection). Gabinetto dei Disegni e delle Stampe, Florence, Italy. Photo: Scala/Art Resource, NY.

Leonardo da Vinci. *Eine gewaltige Explosion* (Faksimile). Gabinetto dei Disegni e delle Stampe, Florence, Italy. Photo: Scala/Art Resource, NY.

Leonardo da Vinci. *Strudel*. The Royal Collection (Her Majesty Queen Elizabeth II.)

Leonardo da Vinci. *Studie für den Kopf der Leda*. (Faksimile, Original Windsor Collection). Gabinetto dei Disegni e delle Stampe, Florenz. Photo: Scala/Art Resource, NY.

Mind Mapping. Illustrationen: Nusa Maal.

Conclusio: Das Erbe Leonardo da Vincis

Leonardo da Vinci. *Die Nymphe Matelda aus Dantes Paradiso*. The Royal Collection (Her Majesty Queen Elizabeth II.)

TEIL 3

Leonard da Vinci – Zeichenkurs für Anfänger

Illustrationen: Nusa Maal.

Leonardo da Vinci. *Studien und Positionen von Katzen* (no. 12 363). Windsor Castle. Photo: Art Resource, NY.

Leonardo da Vinci. *Profilstudien*. v. 12 276. Royal Library, Windsor. Photo: Alinari/Art Resource, NY.

Leonardo da Vinci. *Portrait des Francesco Sforza, Sohn des Gian Galeazzo*. Gabinetto dei Disegni e delle Stampe, Florenz. Photo: Scala/Art Resource, NY.

Das Pferd – Wiedergeburt eines Traumes

Nachbau des Modells für das Sforza-Pferd, basierend auf den Zeichnungen von Leonardo da Vinci. Photo: Mit freundlicher Genehmigung Leonardo da Vinci's Horse, Inc.

ÜBER DEN AUTOR

Michael J. Gelb ist ein moderner Renaissancemensch mit einem leidenschaftlichem Interesse für das Wesen der menschlichen Kreativität, die Ausgewogenheit von Körper und Geist sowie das Ausschöpfen menschlicher Potentiale. Nach einem mit Auszeichnung abgeschlossenen Studium der Psychologie und Philosophie an der Clark University verbrachte er ein Jahr in England an der International Academy for Continuous Education, wo er gemeinsam mit J. G. Bennett die esoterischen Traditionen der Weltkulturen erforschte.

Neben einer dreijährigen Ausbildung zum Lehrer der Alexander-Technik – einer Methode zur Entwicklung der Koordinierung von Körper und Geist – schloß Gelb sein Studium in psycho-physischer Erziehung am Goddard College mit dem Master's Degree ab. Aus seiner Abschlußarbeit ging sein erstes Buch hervor, *Body Learning: An Introduction to the Alexander Technique*, das 1981 veröffentlicht wurde. Es folgte eine zweite Publikation unter dem Titel *Present Yourself: Captivate Your Audience with Great Presentation Skills*.

Gelbs praxisorientierte Forschungen zum Gleichgewichts von Körper und Geist führte zu seiner Faszination für die Kunst des Jonglierens. So finanzierte er nicht nur sein Studium durch Auftritte als professioneller Jongleur, sondern stand auch live mit den Rolling Stones und Bob Dylan auf der Bühne. 1994 veröffentlichte er gemeinsam mit Tony Buzan *Lessons from the Art of Juggling: How to Achieve Your Full Potential in Business, Learning and Life*. Zwei Jahre später, 1996, stellte er mit *Thinking for a Change: Discovering Your Power to Create, Communicate and Lead* erstmalig sein Konzept des „Synvergenten Denkens" vor. Auch seine Hörkassetten „Mind Mapping" und „Putting Your Creative Genius to Work" sind internationale Bestseller. Seit 1978 ist Gelb für verschiedene Unternehmen auf der ganzen Welt als Berater tätig und führt Schulungen für deren Mitarbeiter durch. Zu seinen Klienten zählen unter anderem Amoco, AT&T, DuPont, IBM, Lucent Technologies, Merck, NPR und Xerox.

Gelb ist nicht nur leidenschaftlicher Schüler und Lehrer der Kampfkunst Aikido – er ist Träger des Schwarzen Gürtels dritten Grades –, sondern auch begeisterter Schachspieler. Sein gemeinsam mit dem Großmeister Raymond Keene geschriebenes Buch *Samurai Chess: Mastering Strategy Through the Martial Art of the Mind* ist kürzlich bei Walker Books erschienen.